我国行业
反垄断和公共行政改革研究

Study on Industry Anti-trust and
Reforms in Public Administration in China

谢国旺 著

经济管理出版社
ECONOMY & MANAGEMENT PUBLISHING HOUSE

图书在版编目（CIP）数据

我国行业反垄断和公共行政改革研究/谢国旺著．—北京：经济管理出版社，2014.10
ISBN 978 - 7 - 5096 - 3236 - 9

Ⅰ.①我… Ⅱ.①谢… Ⅲ.①行业管理—反垄断—研究—中国②行政管理—政治体制
改革—研究—中国 Ⅳ.①F279.21②D63

中国版本图书馆 CIP 数据核字（2014）第 167525 号

组稿编辑：宋　娜
责任编辑：魏晨红
责任印制：黄章平
责任校对：赵天宇

出版发行：经济管理出版社
　　　　　（北京市海淀区北蜂窝 8 号中雅大厦 A 座 11 层　100038）
网　　址：www. E - mp. com. cn
电　　话：（010）51915602
印　　刷：北京晨旭印刷厂
经　　销：新华书店
开　　本：720mm×1000mm/16
印　　张：19.75
字　　数：324 千字
版　　次：2014 年 10 月第 1 版　　2014 年 10 月第 1 次印刷
书　　号：ISBN 978 - 7 - 5096 - 3236 - 9
定　　价：88.00 元

序 一

博士后制度是 19 世纪下半叶首先在若干发达国家逐渐形成的一种培养高级优秀专业人才的制度，至今已有一百多年历史。

20 世纪 80 年代初，由著名物理学家李政道先生积极倡导，在邓小平同志大力支持下，中国开始酝酿实施博士后制度。1985 年，首批博士后研究人员进站。

中国的博士后制度最初仅覆盖了自然科学诸领域。经过若干年实践，为了适应国家加快改革开放和建设社会主义市场经济制度的需要，全国博士后管理委员会决定，将设站领域拓展至社会科学。1992 年，首批社会科学博士后人员进站，至今已整整 20 年。

20 世纪 90 年代初期，正是中国经济社会发展和改革开放突飞猛进之时。理论突破和实践跨越的双重需求，使中国的社会科学工作者们获得了前所未有的发展空间。毋庸讳言，与发达国家相比，中国的社会科学在理论体系、研究方法乃至研究手段上均存在较大的差距。正是这种差距，激励中国的社会科学界正视国外，大量引进，兼收并蓄，同时，不忘植根本土，深究国情，开拓创新，从而开创了中国社会科学发展历史上最为繁荣的时期。在短短 20 余年内，随着学术交流渠道的拓宽、交流方式的创新和交流频率的提高，中国的社会科学不仅基本完成了理论上从传统体制向社会主义市场经济体制的转换，而且在中国丰富实践的基础上展开了自己的伟大创造。中国的社会科学和社会科学工作者们在改革开放和现代化建设事业中发挥了不可替代的重要作用。在这个波澜壮阔的历史进程中，中国社会科学博士后制度功不可没。

值此中国实施社会科学博士后制度20周年之际，为了充分展示中国社会科学博士后的研究成果，推动中国社会科学博士后制度进一步发展，全国博士后管理委员会和中国社会科学院经反复磋商，并征求了多家设站单位的意见，决定推出《中国社会科学博士后文库》（以下简称《文库》）。作为一个集中、系统、全面展示社会科学领域博士后优秀成果的学术平台，《文库》将成为展示中国社会科学博士后学术风采、扩大博士后群体的学术影响力和社会影响力的园地，成为调动广大博士后科研人员的积极性和创造力的加速器，成为培养中国社会科学领域各学科领军人才的孵化器。

创新、影响和规范，是《文库》的基本追求。

我们提倡创新，首先就是要求，入选的著作应能提供经过严密论证的新结论，或者提供有助于对所述论题进一步深入研究的新材料、新方法和新思路。与当前社会上一些机构对学术成果的要求不同，我们不提倡在一部著作中提出多少观点，一般地，我们甚至也不追求观点之"新"。我们需要的是有翔实的资料支撑，经过科学论证，而且能够被证实或证伪的论点。对于那些缺少严格的前提设定，没有充分的资料支撑，缺乏合乎逻辑的推理过程，仅仅凭借少数来路模糊的资料和数据，便一下子导出几个很"强"的结论的论著，我们概不收录。因为，在我们看来，提出一种观点和论证一种观点相比较，后者可能更为重要：观点未经论证，至多只是天才的猜测；经过论证的观点，才能成为科学。

我们提倡创新，还表现在研究方法之新上。这里所说的方法，显然不是指那种在时下的课题论证书中常见的老调重弹，诸如"历史与逻辑并重"、"演绎与归纳统一"之类；也不是我们在很多论文中见到的那种敷衍塞责的表述，诸如"理论研究与实证分析的统一"等等。我们所说的方法，就理论研究而论，指的是在某一研究领域中确定或建立基本事实以及这些事实之间关系的假设、模型、推论及其检验；就应用研究而言，则指的是根据某一理论假设，为了完成一个既定目标，所使用的具体模型、技术、工具或程序。众所周知，在方法上求新如同在理论上创新一样，殊非易事。因此，我们亦不强求提出全新的理论方法，我们的最低要求，是要按照现代社会科学的研究规范来展开研究并构造论著。

我们支持那些有影响力的著述入选。这里说的影响力，既包括学术影响力，也包括社会影响力和国际影响力。就学术影响力而言，入选的成果应达到公认的学科高水平，要在本学科领域得到学术界的普遍认可，还要经得起历史和时间的检验，若干年后仍然能够为学者引用或参考。就社会影响力而言，入选的成果应能向正在进行着的社会经济进程转化。哲学社会科学与自然科学一样，也有一个转化问题。其研究成果要向现实生产力转化，要向现实政策转化，要向和谐社会建设转化，要向文化产业转化，要向人才培养转化。就国际影响力而言，中国哲学社会科学要想发挥巨大影响，就要瞄准国际一流水平，站在学术高峰，为世界文明的发展作出贡献。

我们尊奉严谨治学、实事求是的学风。我们强调恪守学术规范，尊重知识产权，坚决抵制各种学术不端之风，自觉维护哲学社会科学工作者的良好形象。当此学术界世风日下之时，我们希望本《文库》能通过自己良好的学术形象，为整肃不良学风贡献力量。

李扬

中国社会科学院副院长
中国社会科学院博士后管理委员会主任
2012 年 9 月

序　二

　　在 21 世纪的全球化时代，人才已成为国家的核心竞争力之一。从人才培养和学科发展的历史来看，哲学社会科学的发展水平体现着一个国家或民族的思维能力、精神状况和文明素质。

　　培养优秀的哲学社会科学人才，是我国可持续发展战略的重要内容之一。哲学社会科学的人才队伍、科研能力和研究成果作为国家的"软实力"，在综合国力体系中占据越来越重要的地位。在全面建设小康社会、加快推进社会主义现代化、实现中华民族伟大复兴的历史进程中，哲学社会科学具有不可替代的重大作用。胡锦涛同志强调，一定要从党和国家事业发展全局的战略高度，把繁荣发展哲学社会科学作为一项重大而紧迫的战略任务切实抓紧抓好，推动我国哲学社会科学新的更大的发展，为中国特色社会主义事业提供强有力的思想保证、精神动力和智力支持。因此，国家与社会要实现可持续健康发展，必须切实重视哲学社会科学，"努力建设具有中国特色、中国风格、中国气派的哲学社会科学"，充分展示当代中国哲学社会科学的本土情怀与世界眼光，力争在当代世界思想与学术的舞台上赢得应有的尊严与地位。

　　在培养和造就哲学社会科学人才的战略与实践上，博士后制度发挥了重要作用。我国的博士后制度是在世界著名物理学家、诺贝尔奖获得者李政道先生的建议下，由邓小平同志亲自决策，经国务院批准于 1985 年开始实施的。这也是我国有计划、有目的地培养高层次青年人才的一项重要制度。二十多年来，在党中央、国务院的领导下，经过各方共同努力，我国已建立了科学、完备的博士后制度体系，同时，形成了培养和使用相结合，产学研相结合，政府调控和社会参与相结合，服务物质文明与精神文明建设的鲜明特色。通过实施博士后制度，我国培养了一支优秀的高素质哲学社会科学人才队伍。他们在科研机构或高等院校依托自身优势和兴趣，自主从事开拓性、创新性研究工作，从而具有宽广的学术视野、突出的研究能力和强烈的探索精神。其中，一些出站博士后已成为哲学社会科学领域的科研骨干和学术带头人，在"长江学者"、"新世纪百千万人才工程"等国家重大科研人才梯队中占据越来越大的比重。可以说，博士后制度已成为国家培养哲学社会科学拔尖人才的重要途径，而且为哲学社会科学的发展造就了一支新的生力军。

哲学社会科学领域部分博士后的优秀研究成果不仅具有重要的学术价值，而且具有解决当前社会问题的现实意义，但往往因为一些客观因素，这些成果不能尽快问世，不能发挥其应有的现实作用，着实令人痛惜。

可喜的是，今天我们在支持哲学社会科学领域博士后研究成果出版方面迈出了坚实的一步。全国博士后管理委员会与中国社会科学院共同设立了《中国社会科学博士后文库》，每年在全国范围内择优出版哲学社会科学博士后的科研成果，并为其提供出版资助。这一举措不仅在建立以质量为导向的人才培养机制上具有积极的示范作用，而且有益于提升博士后青年科研人才的学术地位，扩大其学术影响力和社会影响力，更有益于人才强国战略的实施。

今天，借《中国社会科学博士后文库》出版之际，我衷心地希望更多的人、更多的部门与机构能够了解和关心哲学社会科学领域博士后及其研究成果，积极支持博士后工作。可以预见，我国的博士后事业也将取得新的更大的发展。让我们携起手来，共同努力，推动实现社会主义现代化事业的可持续发展与中华民族的伟大复兴。

人力资源和社会保障部副部长
全国博士后管理委员会主任
2012 年 9 月

摘　要

　　行业垄断严重阻碍了我国经济体制的转型，也造成了我国社会福利的巨大耗散。30 多年的经济体制改革并没有从根本上解决行业垄断的问题。行业垄断产生的原因涉及市场化、政治体制转型、意识形态等诸多因素，而国内很多学者对行业反垄断的研究没有突破行政性垄断的局限。本书以产业组织形式为视角，从自然垄断理论和管制经济学的角度对我国行业垄断进行全面分析：首先分析我国行业垄断的成因、程度以及损害等，在此基础上，界定政府干预垄断行业的边界和使用的政策工具。为研究行业垄断公共治理的改革方向，本书选择典型的领域进行实证性和经验性研究，并对典型的国家垄断行业公共治理进行比较。同时，本书将政府介入行业垄断治理的边界和法律约束框架有机结合，使治理改革不仅具有科学性，而且能有效降低治理成本。在进行层层分析之后，本书将反行业垄断的制度体系和我国公共行政体系有机结合，把对垄断行业的规制和公共行政改革统一起来，从政府要扮演的角色、法律所起到的作用以及特定政策工具的选择等方面指出我国行政管理体制改革的路径：行业垄断治理制度体系的价值选择应该是多样化的、分层次的；制度结构应该实现政府—市场—社会三维结构的平衡，并利用一系列的法律机制提供制度结构的支撑；治理制度的选择应该是多样化的，行业垄断因其特点不同应选择不同的治理制度和工具。

　　关键词：行业垄断　产业结构　公共行政　干预边界　改革

Abstract

Industry monopoly not only hinders the economic system transformation seriously, but also causes a great social welfare dissipation. The reforms of economic system in recent 30 years, hasn't solved the problem of industry monopoly completely. The causes of industry monopoly include many complex factors such as the process marketization, the transformation of political structure, and the ideology, while domestic studies on industry monopoly is only confined to administrative monopoly. This book will focus on industry monopoly study from the perspective of the Natural Monopoly Theory, Economics of Regulation and the forms of industrial organization. The book examines the cause, damage and degree of industry monopoly in China. On this basis, the book outlines the limits of government interfering boundary and choice of policy instruments. To study the reforms in public administration in industry monopoly, the book chooses typical fields for practical and empirical research, and compares the different pubic administration in industry monopoly of typical countries. Meanwhile, the book links the limits of governmental regulation in industry monopoly and the legally bindings, so as to making the reform both scientific and cost-saving. Finally, by combining the public administration and the industry anti-trust system, this book, from the perspective of the government, law and policy, indicates the way of administrative system reforms: Firstly, the value of the public administration in industry monopoly should be varied and hierarchical. Secondly, the structure should reach the balance of three powers—government, market and society—with the support of legal system. Lastly, the choices of the public administrative instruments should be diversified which varies according to the characteristics of different industry monopolies.

Key Words: Industry Monopoly; Industrial Structure; Public Administration; Interfering Boundary; Reforms

目　录

Contents

第一章　导论

第一节　"国退民进"

市场结构的转型往往是以政府与市场之间职能组合为基础的，有效的市场需要有效的国家，这是一个非常重要的事实①。现代西方民族国家是以社会和市场为基础组织起来的：现代西方国家首先具备了一个相对成熟的市场结构，同时也具备了自身的社会组织基础，二者相互促进为市场经济的有效运转奠定了基础。特别是西方城市经济的发展、"资本主义经济伦理"以及宗教组织等社会基础，为西方市场经济的发展提供了重要条件②。随着市场经济的进一步发展，市场本身的需要为国家权力的介入提供了基础，所以现代西方民族国家普遍表现为一种"国进民退"的过程，即一个国家逐渐为市场经济过程建立规则、建立基础设施，以及保障有效市场运转的过程③——这

---

① ［美］琳达·约斯、约翰·M. 霍布森：《国家与经济发展》，黄兆辉等译，吉林出版集团2009年版，第1－2页；［美］道格拉斯·C. 诺思、罗伯特·托马斯：《西方世界的兴起》，厉以平、黄磊译，华夏出版社2009年版，第4－5页。

② ［德］马克斯·韦伯：《新教伦理与资本主义精神》，康乐、简惠美译，广西师范大学出版社2007年版，第340页；［德］米歇尔·鲍曼：《道德的市场》，肖君、黄承业译，中国社会科学出版社2003年版，第521页。

③ 有关这一历史的研究，可以参考：［英］卡尔·波兰尼：《大转型：我们时代的政治与经济起源》，刘阳、冯钢译，浙江人民出版社2007年版，第196页；［德］马克斯·韦伯：《新教伦理与资本主义精神》，康乐、简惠美译，广西师范大学出版社2007年版，第53页；秦晖：《问题与主义》，吉林出版社1999年版，第5－7页；［美］查尔斯·蒂利：《强制、资本与欧洲国家》，魏洪钟译，上海人民出版社2007年版，第192页；［英］迈克尔·曼：《社会权力的来源（第二卷）》，陈海宏等译，上海人民出版社2007年版，第792－796页。

一过程表现为一种渐进的"国进民退",特别是西欧国家逐渐走上"第三条道路",国家职能逐渐进一步扩展①。

但对于中国来说,新中国成立的前30年,国家是建立在市场和社会之上的:即国家的行政结构既吞没了传统社会结构的存在空间,又消除了市场存在的条件。这在根本上决定了我国市场经济改革的过程需要对国家和市场之间的边界进行重新界定,即国家需要进行"自我革命",而这往往是复杂的。所以,我国的市场化改革过程因为曾经的政府结构而面临非常大的困境,特别是面临与我国行政权力有关的行业垄断。

虽然西方国家普遍经历的是一个"国进民退"的过程,但20世纪70年代却是一个重要的转折。西方国家在20世纪70年代逐渐掀起了"市场化"运动:要求国家逐渐放松管制、对一些公有企业进行民营化和私有化,英国的撒切尔夫人以及美国的罗纳德·里根都适时地推出了"向右转"的偏向市场化政策。恰在此时,我国逐渐放松了对市场的控制,这与西方国家的市场化改革过程不谋而合。西方国家强调去除国家垄断和国家对经济结构的过分管制;同样,我国也在强调国家需要逐渐退出对电信、水、原油、邮政、电力以及烟草等严格实行行业管制或行业性的国家垄断行业。西方国家的市场化改革过程不仅为我们提供了理论上的支持,而且也为中国的市场化改革提供了经验上的借鉴。

随着西方国家市场化改革的推进,我国的"国退民进"也在一步步走上正式的日程。十一届三中全会以后,我国明确提出推行经济体制转轨,随后国务院制定了一系列含有政策性导向的规范性文件:1980年7月,国务院颁布了《关于推动经济联合的暂行规定》;同年10月,国务院颁布了《关于开展和保护社会主义竞争的暂行规定》,两个规定对我国的经济体制改革具有重要的启示意义。这两个《暂行规定》以我国经济体制的特点以及我国国民经济发展现状为基础规定了在计划经济体制转向市场经济体制前期过程中的基本改革内容②。

然而,对于和我国的政治体制联系最紧密的一系列行业的垄断问题一直是我国市场化进程中的"大问题",多年来也没有找到解决这些问题的"大办

---

① [美]尼古拉斯·施普尔伯:《国家职能的变迁》,杨俊峰等译,辽宁教育出版社2004年版,第11页;[英]安东尼·吉登斯:《第三条道路》,郑戈译,北京大学出版社2000年版,第253页。
② 详见国务院颁布的《关于推动经济联合的暂行规定》和《关于开展和保护社会主义竞争的暂行规定》。

法"。在一连串的有关政企不分、国家和市场不分、垄断性行业的超额利润等指责之后，无论是学术界还是民众都对行业垄断的改革抱有很大的期望①。尽管我国一直在强调"国退民进"，社会各界对此也抱有很大的期望，而且我国关于行业反垄断的改革也早在20世纪80年代就提出了"行政垄断"的问题，但从90年代开始的意图破除行业垄断问题的各种改革尝试，都没有达到理想的效果。2007年8月30日，我国颁布了《中华人民共和国反垄断法》，意图利用国家法律来解决行业垄断问题。然而无论从法律的界定、法律的实施以及这部法律本身的严肃程度，《反垄断法》对于问题的解决都没有实质性的进展。因此，《反垄断法》最大的意义也就是仅限于其具有的历史意义。

中共十七大报告明确指出"深化垄断行业改革，引入竞争机制，加强政府监管和社会监督"，但由于我国特殊的历史背景、制度结构以及意识形态因素，破除行业垄断的政治基础本身就非常困难；而且我国的行业垄断与行政体制高度相关，而二者往往形成"利益联盟"，使行业反垄断的问题变得更加复杂；另外，我国特殊的产业政策以及国家经济发展策略、国家安全等问题与行业垄断密切关联，进一步使我国的行业垄断进入团团迷雾。西方国家在"国进民退"之后迅速重新寻找国家的适当边界，实行"国退民进"；而对于我国来说，实现"国退民进"，为市场功能的有效发挥、为国家与市场之间的关系寻找有效的边界具有非常重要的意义。但是，我国的国家与市场之间的最大障碍就在于国家与市场之间的职能划分不完善，而"行业性的行政垄断"就是这一不完善的集中体现。所以，对我国的行业性行政垄断机制、有效的反行业垄断政策结构进行深入研究，对建立有效的市场经济结构具有非常重要的意义。

第二节 垄断：概念争论

在对我国的行业垄断进行研究之前，需要对垄断这一概念进行回顾；

---

① 例如，从最近有关水电价格的听证会、油价上涨等问题的抱怨和关注中可以发现，民众对我国的这些垄断性的行业抱怨颇多：邮政的投递效率、电信的"漫游费"、水价的"虚假听证"、电力部门的"天价抄表工人"、"两桶油"的"百姓喜迎油价涨"的闹剧，仅仅是对行业垄断不满的冰山一角而已。

由于我国的行业垄断是与另外一种现象，即我国的行政垄断联系在一起的，所以需要对"行政垄断"这一概念进行深入的剖析；最后，需要对一系列与"行业垄断"有关的概念进行辨析。

一、垄断

在根本上来说，垄断与经济学强调的"市场失灵"有关，在"垄断"的状态下，市场无法充分发挥资源有效配置的角色，而这一问题最早就被古典经济学的教父亚当·斯密所认识。根据德姆塞茨的统计，在亚当·斯密的《国民财富的性质和原因的研究》——古典经济学的圣经中，"垄断"被引用了903次。亚当·斯密的《国民财富的性质和原因的研究》中最经常被引用的一段话是"进行同一种贸易活动的人们甚至为了娱乐或消遣也很少聚集在一起，但他们聚会的结果，往往不是阴谋对付公众便是筹划抬高价格"①。从亚当·斯密的观点中可见，当时有关垄断的危害就已经为经济学家所见了，特别是亚当·斯密对当时国家特许经营的重商主义政策的抨击，以及对企业联合起来对有效市场竞争造成损害方面有相当深刻的洞见，而这些洞见也为后来的学者所继承。

欧文·费雪曾把垄断简单定义为"竞争的缺乏"②，当然这种观点抓住了问题的一个方面，而没有真正认识到垄断对市场造成危害的本质；而对垄断"本质"的不同认识则与不同学者对"垄断"这一事实所考察的视角有关。如果对"垄断"进行严格的定义，那么垄断表示为一种市场状态，即"垄断者只是面对着一定的需求的独立卖家，而需求高低既绝对不受垄断者自己行动的影响，也不受其他企业对垄断者们的行动的反行动的影响"③。这种严格的定义并不被熊彼特等学者认可，熊彼特认为，纯粹的长期垄断是非常罕见的，考虑到市场的动态特征以及技术等要素，在短期内实现市场的支配似乎更为现实④。米尔顿·弗里德曼认为：当一个特殊的个

① [英] 亚当·斯密：《国民财富的性质和原因的研究》，郭大力译，商务印书馆1972年版，第351页。
② Irving Fisher, "The Business Cycle Largely a ' Dance of the Dollar' ", *Journal of the American Statistical Association*, 1923, 18：1025.
③ [美] 保罗·萨缪尔森：《经济学》（第18版），萧琛等译，人民邮电出版社2008年版，第496页。
④ [美] 约瑟夫·熊彼特：《资本主义、社会主义与民主》，吴良健译，商务印书馆1999年版，第326页。

人或企业对一个特殊的物品或劳务具有足够的控制力在很大程度上来决定其他个人获得物品或劳务的条件时，垄断就存在①。按照弗里德曼的看法，垄断与市场结构或者市场的动态性质关系不大，而是与市场中的选择权联系在一起的，特别是与"机会成本"联系在一起的，特别是当由于技术、政府的直接和间接支援、私人之间的相互勾结造成个人没有选择权，或者实现选择权的成本非常高昂时，垄断就存在。

　　无论按照何种视角来理解垄断这种现象，在现代经济学上比较通行的是将"垄断"与市场势力、经济势力或垄断力、垄断力量等变量联系起来，这是"哈佛学派"对垄断最重要的整合努力。其中，美国经济学家、哈佛学派的主要代表人物谢泼德（William G. Shepherd）将市场势力解释为市场的一个或一群参与者（自然人、公司、全体合伙人或其他）影响市场上产品的价格、数量和性质的能力②。波斯纳在《法律的经济分析》一书中将"垄断力量"界定为将市场价格抬高到高于竞争水平的力量，即判断垄断力量的基础是竞争市场的价格。获得这种垄断力量的方式与企业数量有关：如果市场中只有一个企业，那么它就具有垄断力；如果市场中有多个企业能通过串通而像一个企业那样行动，那么它们就联合拥有垄断力③。德国新自由主义学派的代表人物之一路德维希·艾哈德将"经济势力"的来源划分为三种形式④：第一，通过法律、组织或商业合同，独立的各公司联合起来，以影响市场因素的方式来限制各自的独立性，即"串谋"限制或取消相互间的竞争。第二，通过股权的形式，使一个在法律上独立的企业的决定权受到连锁企业或另一个控股公司的牵制，使它在市场上不能充分发挥其作用。这种形式往往与一系列的"相互持股"等形式联系在一起，包括各种"横向一体化"，极端的情况是在产权结构上实现纵向一体化。第三，单独出现一个大公司，利用它在市场上的强大地位，对供应商品与确定价格起着支配性的作用。可见，垄断性是指这样一种状态，单个企业或者企业之间依靠一定的方式联合起来形成影响市场供需的市场力量，从而影响

①　[美] 米尔顿·弗里德曼：《资本主义与自由》，张瑞玉译，商务印书馆2004年版，第87页。

②　[美] 威廉·G. 谢泼德、乔安娜·M. 谢泼德：《产业组织经济学》，张志奇等译，中国人民大学出版社2007年版，第36页。

③　[美] 理查德·A. 波斯纳：《法律的经济分析》，蒋兆康译，中国大百科全书出版社1997年版，第253页。

④　[德] 路德维希·艾哈德：《来自竞争的繁荣》，祝世康译，商务印书馆1983年版，第69页。

正常的竞争性的市场结构。

二、行政垄断

　　一般地，人们将垄断分为自然垄断、经济垄断和行政垄断，这与每种行业本身的特征有关。例如，某些行业处理的是稀缺战略性资源类（如石油、有色金属等），这种资源必然与国家的强力介入为特征，是一种典型的垄断产业；与战略性资源类似，某些行业对国家战略具有重要意义，如铁路、民航等行业政府也有介入的足够理由，使其形成垄断；网络类产业往往由于边际成本趋于零的特征，使得企业之间的竞争往往造成对资源的浪费，这是自然垄断的典型状态（如铁路、电力、电信等）；战略性垄断（如军工）则往往与国家安全有关，所以国家垄断是典型的；垄断还包括对劳动等资源供给的垄断，各种工会可能也是垄断的表现形式。

　　在我国最广泛引起人们争议的是行政垄断。其表现为企业利用政府的政策、法规和公共权力形成垄断的市场结构，这也是当前我国垄断的主要形式，是我国反垄断所要针对的主要对象。行政垄断之所以成为当前我国垄断的主要形式，主要取决于我国垄断行业所表现出来的几个主要特点①：①我国的大多数垄断行业都是国有独资或国家绝对控股企业，如中国电网、中石油、中石化。②这些行业往往是由政府直接经营的，政府在人事、资源分配以及生产经营等方面对企业具有控制权，具有"政企不分"的特点。③这种垄断市场力量的来源与行政机构利用行政权力手段以及法律手段使得这种垄断性的市场结构"合法化"。④垄断企业即作为纳税人向国家提交赋税，同时向政府上缴利润，这也是"政企不分"的表现形式之一。⑤垄断企业之间的竞争是一种低效率的市场竞争，竞争的低效率既表现在竞争的市场结果方面，如中国的电话费并没有随着电信三分而降低；也表现在竞争的手段方面，如陕西地电和国家电网在黄土高原上展开的"武斗"②。"行政垄断"在我国垄断行业中的支配地位既与我国的市场结构本身不完善有关，也与我国"国退民进"式的、在国家的包围中实现"市场突围"的

---

① 余晖：《行政性垄断如何终结》，《中国经济时报》2001年4月25日第8版。
② 冯洁：《陕西地电与国网武斗背后：输电线路引爆多年积怨》，《南方周末》2012年5月17日第13版。

路径有关。虽然"行政垄断"现象是一个事实，并且对我国的经济生活造成的影响也是"明显"的，学界虽对其进行了深入的研究，但这是需要深入挖掘的。

1. 行政垄断的概念

在我国，行政垄断这一概念是 20 世纪 80 年代末由经济学学者胡汝银界定的。他认为，"行政垄断"是指"通过行政手段和具有严格等级制的行政组织来维持的垄断"①，而这一概念的提出本身就与当时我国特殊的产业结构和政府—市场的复杂关系联系在一起的，因为这一概念是为了与一般性的市场垄断即所谓的"经济垄断"相区别而提出的。后来有关"行政垄断"的研究基本上没有突破这个概念的基本指涉，即"通过行政手段"实施的垄断，但对于行政垄断的准确定义则有所分歧，特别是在法律学者之间引起了一些争论。大体上来说，可以将这些争论区分为三种观点，即"状态说"、"行为说"以及"状态与行为结合说"。

（1）状态说。状态说不强调政府行为的特征，只强调政府行为所造成的后果，即政府的行政行为最终导致的"市场状态"，胡汝银和胡薇薇等学者力倡此说。胡汝银认为："行政垄断是通过行政手段和具有严格等级制的行政组织的垄断。"② 胡薇薇认为："行政垄断是凭借行政权力而形成的垄断，是特殊的垄断。"③

（2）行为说。行为说更强调政府行政行为的特征，特别是通过政府采用的行政手段是否具有合理性来界定行政垄断，而无论这种行为造成了什么样的市场状态，或者说，这种界定其实已经假定了"行政垄断"行为必将导致一种"不合理"的市场状态，种明钊、王晓晔和王旸等学者力倡此说。种明钊认为，"行政垄断是指地方政府、政府经济主管部门或其他政府职能部门或者是具有某些政府管理职能的行政性公司，凭借行政权力排斥、限制或妨碍市场竞争的行为"。④ 王晓晔认为，"行政垄断是指政府及其部门滥用行政权力限制竞争的行为"。⑤ 王旸认为，"行政垄断是指国家运用公共

① 胡汝银：《竞争与垄断：社会主义微观经济分析》，上海三联书店 1988 年版，第 3 页。
② 胡汝银：《竞争与垄断：社会主义微观经济分析》，上海三联书店 1988 年版，第 4 页。
③ 胡薇薇：《我国制定反垄断法势在必行》，《法学》1995 年第 3 期，第 35 页。
④ 种明钊：《竞争法》，法律出版社 1997 年版，第 2 页。
⑤ 王晓晔：《我国反垄断法立法框架》，《法学研究》1996 年第 4 期，第 4 页。

权力实施并保护的排除或限制竞争的行为"。①

（3）状态和行为结合说。但更多的学者强调两者都是构成"行政垄断"概念的要素，即行政垄断既是政府对特定市场行为的行政干预，也会造成对有效市场状态的破坏，使得垄断性的市场状态得以出现，漆多俊、张淑芳等学者力倡此说。漆多俊教授认为，"行政性垄断是指凭借政府行政机关或其授权的单位所拥有的行政权力，滥施行政行为，而使某些企业得以实现垄断的限制竞争的一种状态和行为"。② 张淑芳则认为，行政垄断是"指政府及其所属部门或其授权的单位凭借行政权力扶持或培植一定范围的经营者，使其限制竞争形成垄断的状态和行为"③。石淑华认为，"行政垄断是指中国在经济市场化进程中，企业与行政机构以某种形式联合起来利用行政权力构筑政治壁垒而形成的一种排他性控制"。④ 杨兰品认为，"行政垄断是指国家机构运用公共权力对市场竞争的禁止、限制或排斥"。⑤

虽然对行政垄断的定义有一定的分歧，但总的来说对行政垄断的定义具有相当程度的共性，这种共性在胡汝银提出时就已经清楚了。首先，行政垄断表现为行政权力对行业的介入，无论其介入的方式如何（可能是国家所有的形式、价格管制政策、设置进入壁垒）。其次，行政垄断往往表现为行政权力的不当进入，并且这种不当进入往往会对有效的市场结构造成危害，即行政垄断对有效市场结构和状态的破坏。最后，行政垄断与我国的行政体制有关，与我国国家—市场关系以及国家职能的不明确有关。或者说，我国的行政垄断是国家对市场的非法入侵，是不合理的。

2. 行政垄断的特殊性

如上所述，由于行政垄断是在我国比较特殊的经济结构变迁的背景下提出来的，其具有一定的"中国特色"，所以行政垄断具有一定的特殊性。行政垄断与其他垄断形式相比，它的特殊性在于：行政垄断是政府部门以规章制度、行政命令等形式维持着某些行业的垄断地位。按照过勇和胡鞍钢的界定，政府部门的反竞争行为主要表现在以下几个方面⑥：①对本不属

---

① 王晓：《论反垄断法一般理论及基本制度》，《中国法学》1997 年第 2 版，第 89 页。

② 漆多俊：《中国反垄断立法问题研究》，《法学评论》1997 年第 4 期，第 54 – 55 页。

③ 张淑芳：《行政垄断的成因分析及法律对策》，《法学研究》1999 年第 4 期，第 101 页。

④ 石淑华：《行政垄断的经济学分析》，社会科学文献出版社 2006 年版，第 12 页。

⑤ 杨兰品：《中国行政垄断问题研究》，经济科学出版社 2006 年版，第 9 页。

⑥ 过勇、胡鞍钢：《行政垄断、寻租与腐败》，《经济社会体制比较》2003 年第 2 期，第 62 页。

于自然垄断的行业实行准入限制。②对不同企业实行歧视性对待,特别是对私有企业和非直属企业实行歧视。③由政府部门出面帮助企业进行卡特尔定价。④对公共资源实行垄断。⑤用行政手段实行地区间的封锁。不仅如此,郑鹏程依循行政垄断的法学路径,进一步界定了行政垄断的如下特征①:①行政垄断实施主体地位的特殊性,行政垄断的主体一般都与掌握公权力的政府有关。②行政垄断具有较强的强制性和隐蔽性,强制性是政府权力的本质,隐蔽性则表现在政府所利用的"合法化"手段相对较为隐蔽。③行政垄断的动机和目的呈现多样性,既有"公共利益"的追求(如国家安全),也有部门利益的推动②。④行政垄断具有更严重的危害性③。可见,对于行政垄断的判定,学者之间似乎有一定的共识:行政垄断是非法的,对市场造成了破坏效应。它甚至还会导致更大的危害(如腐败),所以必须破除行政垄断。

由于行政垄断的特殊性,所以行政垄断与其他类型的垄断是有一定差异的,但某些学者往往混淆行政垄断与其他类型垄断之间的关系,这些垄断类型包括经济垄断、自然垄断、国家垄断以及国有企业的经营行为。

(1)行政垄断与经济垄断。研究行政垄断的学者之所以提出行政垄断这一概念就是为了使其区别于经济垄断,如王保树认为:"行政垄断是相对经济垄断而言,是指国家经济主管部门和地方政府滥用行政权,排除、限制或妨碍企业间的合法竞争。"④但经济垄断一般是指在竞争性领域中,作为市场主体的企业或企业集团通过合谋或市场兼并等方式,在生产和流通领域里限制竞争从而实现对市场结构的控制以达到操纵市场价格的目的而形成的垄断。

行政垄断与经济垄断的区别表现在两个方面。第一,实现垄断所依靠的力量是有差异的。行政垄断依靠的是行政主体所掌握的行政权力,所以,行政垄断所获得的优势地位不是在竞争中形成的,而是由法律、行政法规的规定而获得的,并因为法律的存在具备不受竞争威胁的地位,从而可能获得某种永久垄断的地位。但经济垄断所依靠的力量是经济主体的经

---

① 郑鹏程:《行政垄断的法律控制研究》,北京大学出版社 2002 年版,第 3 页。
② 部门利益是诸多研究行政垄断的"共识",即行政垄断的产生和维持,以及打破行政垄断的难点都与行政部门的利益高度相关,有关部门利益的问题,本书将在第二章进一步讨论。
③ 有关行政垄断的危害,本书第二章会进一步研究。
④ 王保树:《论反垄断法对行政垄断的规制》,《法学家》1998 年第 3 期,第 50 页。

济实力（以集中的经济实力或联合的经济实力）支配市场，从而有使他人成为经济从属者的可能①。这种优势地位一般是在竞争的过程中形成的，在具有有效的外部进入威胁的条件下，这种垄断地位往往会因为新技术或者新市场的进入破坏原有的市场结构，从而打破单一企业或企业集团的垄断地位，所以市场垄断实现永占性的可能性要低很多。第二，排斥他人进入市场机会的形式不同。行政垄断排斥他人进入市场机会主要依靠两种力量：要么赋予一定的企业以排他性的垄断经营权，使行业领域之中只存在唯一的合法经营者；要么政府利用法律法规对市场结构予以限制，使得其他企业没有进入相关行业的合法性或者通过国有企业的方式实现行政垄断。而经济垄断排斥他人进入市场的机会表现为经济主体独占进入市场的机会，主要表现为两个方面：一方面，新进入者可能面临高昂的进入成本，而这种进入成本就成为"市场壁垒"②；另一方面，独占者依赖于对新进入者的"价格威胁"从而成本进一步上升，使得新进入者放弃挑战在位者的努力。

（2）行政垄断与自然垄断。区分经济垄断和行政垄断相对比较容易——毕竟行政垄断的概念本身就是为了与经济垄断相区分的；但区分行政垄断与自然垄断则相对困难，因为"行政垄断"本身就具有很强的自然垄断特性。我国饱受诟病的一些行政性垄断行业，都是以全国性、行政性的大公司或主管部门为主的行业，例如电力、电信、铁路、民航、天然气、有线电视等行业都既有自然垄断的特质，也有"行政性"的特点，这使得我国行政垄断与自然垄断的区分更加困难。

首先，自然垄断是经济垄断的一种特殊形式；其次，其也具有自身的特征。曼昆将自然垄断定义为："自然垄断是当一个企业能以低于两个或更多企业的成本为整个市场供给一种物品和劳务时形成的垄断，在自然垄断行业，一般存在行业设施布局规模大、投资额大、投资回收期长等特点。"③三个原因使得自然垄断与传统的经济垄断相区别：第一，自然垄断表现为边际成本趋于零而平均成本持续下降，规模报酬持续递增，所以边际成本

① ［日］本之锦哉等：《经济法》，日本青林书院 1986 年版，第 21 页。
② ［美］斯蒂格勒：《政府管制与信息经济学》，潘振民译，上海三联书店 1996 年版，第 152 页。
③ ［美］格里高利·曼昆：《经济学原理》（第 5 版），梁小民译，北京大学出版社 2009 年版，第 397 页。

定价往往行不通，多家企业进入往往造成重复投资导致对资源的浪费①；第二，自然垄断往往表现为长期投资和巨额投资的特点，"沉淀成本"非常高昂，投资的可转移性非常低，这也导致了进入壁垒非常高；第三，自然垄断行业往往与基本公共服务的供给有关，与整个基本经济系统的稳定性有关。所以，如果有多家经营企业在这些行业进行竞争，不但不能降低价格、带来经济效益的提高和消费者福利的增加，反而可能起到完全相反的作用。例如，一个地区设置一个供电系统、一个自来水管道供应系统往往是经济的，此时运营商会形成对供电、供水的自然垄断，这种市场结构可能比建立几个并行的供电、供水系统更经济、更有效。所以，国家往往对自然垄断的行业给予行政性的管制，这无论在中国还是在西方国家都具有共同的特征。

但自然垄断和行政垄断还是有一定差异的，这些差异表现在如下两个方面：第一，形成垄断的机制是有差异的。行政垄断大都依赖于行政主体权力的运用，但作为经济垄断的一种形式，自然垄断在很大程度上是由于"沉淀成本"以及行业本身投资规模过于庞大等经济因素形成的，而依赖于行政权力的介入往往是一种垄断策略的表达②，或者说表现为一种管制的"政治经济学"特点③。第二，二者存在的行业是有差异的。行政垄断存在的行业非常广泛，并且行政垄断在不同的国家是不同的，这与特定国家的经济政策以及政治结构有关，在很多国家（如中国）行政垄断的行业比自然垄断的行业要多得多。但自然垄断行业往往是行业本身决定了不适宜竞争的存在，这与特定国家的市场范围等因素有关④，而与政治结构以及行政结构关系不大。

（3）行政垄断与国家垄断。一些学者认为行政垄断和国家垄断是可以相互替代的概念，西方国家的国家垄断是在资本主义经济的发展过程中逐

① 目前，经济学家用弱可加性（Subadditivity）重新界定了自然垄断行业：如果单一企业生产所有产品的总成本小于多个企业分别生产这些产品的成本之和，企业的成本方程就是弱可加的，如果在所有有关的产量上企业的成本都是弱可加的，某行业就是自然垄断行业。参见张帆：《对自然垄断的管制》，载汤敏、茅于轼：《现代经济学前沿专题》，商务印书馆1993年版，第97页。
② ［美］杰弗里·菲佛、杰勒尔德·R. 萨兰基克：《组织的外部控制：对组织资源依赖的分析》，东方出版社2006年版，第162页。
③ ［美］斯蒂格勒：《产业组织与政府管制》，潘振民译，上海三联书店1996年版，第72页。
④ ［英］亚当·斯密：《国民财富的性质和原因的研究》，郭大力译，商务印书馆1972年版，第283页；［美］斯蒂格勒：《产业组织与政府管制》，潘振民译，上海三联书店1996年版，第93页。

渐形成的，而我国的行政垄断则是在社会主义国家背景中出现的，虽然动力机制有差异，但按照胡汝银等学者的看法，行政垄断在西方国家也是在更大范围内以国家垄断的形式出现的，以大一统的集权体制为其制度背景①。因而，在社会主义经济体制下产生的一切非市场垄断都包容在这种集权经济中，都是以行政手段和具有严格等级制的行政组织来维持的，因此都属于国家垄断或行政垄断；王保树教授也认为"全局性的国家垄断和行政垄断在本质上是一致的"②。

进一步分析在西方国家提出的"国家垄断"概念与在我国转轨经济中提出的行政垄断概念，我们可以发现行政垄断与国家垄断的关系其实是一种包含的关系。严格的国家垄断是国家依据具体的法律规定，出于政治和社会安定、国防安全等原因对某些经济行业采取特殊的行政手段进行控制，这些被控制的行业主要包括涉及国计民生和重大公共利益的领域，如重要的国防工业、需要保密的高科技行业和产品；需要禁止和限制在社会流通的产品，如国家对烟草和盐业的专卖、对某些军工行业的控制等，是政府行政机关或行政主体依法对某些经济领域实施的全面干预，是一种受法律保护的行政垄断。但行政垄断的范围更加广泛，其不仅包括行政机构对某些特殊行业实行的合法的行政垄断，还包括国家对某些完全不需要行政控制的行业进行的垄断；另外，行政垄断的表现方式不仅包括对某些特殊行业的垄断，还包括利用其他不合法的手段进行的行政垄断，如利用行政权力分割全国市场、地方保护主义等国家明令禁止的对市场进行的控制行为。

（4）行政垄断与国有企业经营。这一对概念之间的关系与国有企业经营有关。国有企业的经营行为主要表现在国家既是企业出资人又是社会公共事务的管理人，二者的角色混合往往使国有企业的经营行为与行政垄断之间的关系变得比较含混。但是，对于大多数学者来说，行政垄断的主体是"行政机关"而非"国有企业"，行政机关往往利用"允许"、"批准"甚至是"默认"等方式使国有企业实现了对某一行业的垄断。所以，对于国有企业来说，国有企业的经营行为至少在法学上来说并不具备"非法"的性质。一方面，其确实成为了"行政垄断"的受益者；另一方面，国有企业仅仅是行政垄断实施的工具。确实，这二者之间的关系往往具有"官

---

① 胡汝银：《竞争与垄断：社会主义微观经济分析》，上海三联书店1988年版，第192页。
② 王保树：《论反垄断法对行政垄断的规制》，《法学家》1998年第3期，第50页。

商勾结"的"官商垄断"特点①，但这不能从根本上混淆国有企业经营行为的经济行为本质，而这与行政垄断"行政性"之间还是有本质的差异，无论这种差异在表现形式上有多么相似。并且，在这种情况下，国有企业也不应该承担"行政垄断"的法律责任。

总之，大多数学者的观点是一致的，即行政垄断具有自身的特征，正是因为这些特征，所以其与其他相关的现象，包括经济垄断、自然垄断、国家垄断以及国有企业的经营行为等都有本质的区别。

三、行政性行业垄断

上文对行政垄断的概念进行了深入剖析，这是因为我们的研究主题是我国的行业垄断问题，而我国行业垄断界定的提出就是建立在对行政垄断进行研究的基础上的，或者说，行业垄断的问题是建立在我国有关行政垄断的"类型学"研究基础之上的，所以对行业垄断进行研究时首先需要了解有关行政垄断的"类型学"问题。

当前学界对行政垄断进行的归类由于缺乏具体标准而显得较为混乱。姜彦君是根据行政垄断的主体对行政垄断进行分类的，他认为："行政垄断是政府公权力干预所形成的垄断，既可以表现为政府作为直接主体的垄断。也可以表现为政府作为间接主体，企业和其他组织作为直接主体的垄断。政府作为直接主体的行政垄断是指政府作为一方当事人运用禁令直接参与限制经营活动的行为，主要是地方行政垄断、强制联合限制竞争、行政强制经营行为。政府作为间接主体的行政垄断是指政府授予某类企业以垄断经营权或指定某种产品只能由某类企业经营的行为，主要有行政性公司垄断、国家指定专营、行业垄断。"② 其他学者往往按照政府限制竞争或者政府干预行业的手段来分类。邓保同将行政垄断分为地区性行政垄断与行业部门行政垄断两类③；王保树将行政垄断分为地方贸易壁垒、部门贸易壁垒、政府限定交易、设立行政公司④；郑鹏程将行政垄断分为地区封锁、部

① 胡薇薇：《我国制定反垄断法势在必行》，《法学》1995 年第 3 期，第 35 页。
② 姜彦君：《中外行政性垄断与反垄断立法比较研究》，《政法论坛》2002 年第 3 期，第 80 页。
③ 邓保同：《论行政性垄断》，《法学评论》1998 年第 4 期，第 62 页。
④ 王保树：《论反垄断法对行政垄断的规制》，《法学家》1998 年第 3 期，第 51 页。

门垄断、强制交易、强制联合限制竞争[1]；包锡妹将行政垄断分为行业垄断、地区垄断、行政性公司垄断[2]。杨兰品则进一步从不同的角度对行政垄断进行了分类：①从行政垄断行为是否合法的角度，可分为合法的行政垄断和违法的行政垄断。②从行政垄断的合理性角度，可分为合理的行政垄断和不合理的行政垄断。③从垄断主体实施行政垄断的空间范围的角度，可分为国内地区性行政垄断、国家行政垄断和国际性行政垄断[3]。

杨兰品的分类与对行政垄断问题研究的分歧有关，所以这种分类方式需要进一步讨论。综观学者们已有的观点和界说[4]，我们就会发现，所谓的"行政垄断"大体上可以概括为以下三种具体的表现形态：①行政机关滥用行政权力导致了垄断行为。②地方政府分割地域市场形成了区域性的垄断市场结构的行为。③包括自然垄断行业在内的特定行业的主管部门及其经营者滥用其法定的优势地位限制市场竞争的行为。地方垄断和行业垄断比较常见，这与我国特殊的行政管理体制——条块关系是契合的，这两种垄断也可以形象地称为"条条垄断"和"块块垄断"。行业垄断是国家基于职能划分而形成的，所以行业垄断往往与特定的政府职能有关，而地区垄断往往是基于地域划分而形成的，这种地区垄断往往与"地方主义"联系在一起。行业垄断是指纵向的在行业内完成的，且特定的行业往往与特定的政府部门联系在一起（如银行业和中央银行、电信业与工信部），特定的政府部门为了保护所属部门的行业利益排除、限制其他部门参与本部门的市场竞争[5]。地区垄断则是指横向区域内的地方保护主义，其主要表现为地方政府或者禁止其他地区的产品进入本地区市场，如各省对烟酒等市场的地方保护，或者禁止本地区的原材料进入其他地区，如一些自然资源（如煤、电等）[6]。而行政机关滥用行政

---

[1] 郑鹏程：《行政垄断的法律控制研究》，北京大学出版社 2002 年版，第 18 页。

[2] 包锡妹：《反垄断法的经济分析》，中国社会科学出版社 2003 年版，第 13 页。

[3] 杨兰品：《中国行政垄断问题研究》，经济科学出版社 2006 年版，第 6 页。

[4] 王晓晔：《依法规范行政性限制竞争行为》，载王晓晔《反垄断与市场经济》，法律出版社 1998 年版，第 27 页。

[5] 例如，"三网融合"问题一直是我国的大问题，并且技术上并没有无法突破之处，但由于工信部和广电总局之间的部门利益问题，二者都会想方设法保护部门内行业的利益，所以三网融合因为这种行业之间的利益困局而无法推进。广电总局发出"41 号文"对"IP 电视"进行封杀就是利用行政手段排除竞争者的典型案例。参见：21 世纪经济报道：《广电下令清查 IPTV，三网融合难局》2010 年 4 月 23 日，http://www.21cbh.com/HTML/2010-4-26/zOMDAwMDE3NDMzOQ.html。

[6] 王晓晔：《依法规范行政性限制竞争行为》，《法学研究》1998 年第 3 期，第 90 页。

权力导致的行政垄断不仅体现在地方保护主义和部门化的行业垄断之中，也表现在政府利用各种直接的或间接的行政行为导致行政垄断结果的一系列行政垄断形式。

本书关注的焦点即上文界定的行业垄断，也可称为部门壁垒、部门垄断，即政府及其所属部门滥用行政权力，限制经营者的市场准入，以排除或限制某一行业（部门）市场竞争的行为。或者说，我们最好将这种行为界定为"行政性的行业垄断"。

四、真的有这么大的区别吗

行业垄断的概念是在"行政垄断"的概念基础上提出来的，或者说是在与"经济垄断"相区别的基础上提出来的，所以"行业垄断"这一概念的提出具有非常鲜明的法学特征以及价值判断的特点。首先，这一概念强调行业垄断的"行政性"和非法性；其次，这种判断是建立在"有效市场"和"国家和市场之间的职能划分"这两个论断基础之上的。这种界定方式有两个问题：第一，认为我国具有行业垄断特征的行业中国家的介入是对行政权力的滥用，这是一个无法证明的假设，因为这样的论断是建立在那两个价值判断基础之上的；第二，不仅对行业垄断的"非经济"判断无法完全界定清晰，而且，对市场本身的缺陷以及行政介入的得失缺乏经验考虑，因为其基础是建立在国家必然为恶，而市场必然可以有效解决问题的假设基础之上的。

对于行业垄断来说，大企业、企业联合组织和企业建立自律性的产业组织实施的贸易壁垒，也是可以形成"行业垄断"的，这种"行业垄断"如果不是更甚于行政机关滥用行政权力，限制某一行业或某些业务的市场准入形成的"行业垄断"，也至少是其中的重要组成部分。但按照我国学者的分析，前者属于"经济垄断"，与我国的"行业垄断"无涉，从而不构成"行业垄断"分析的对象。

其实，对于与行政垄断相关的问题并非没有争议，这些争议至少包括如下三点：①行政垄断实施的主体认定的争论，某些学者认为垄断主体为政府，但某些学者认为主体应该是行政垄断的企业。②行政垄断是合法性问题[①]，包

[①] 曹海晶、周昕：《行政垄断的法律界定及规制》，《江苏行政学院学报》2002 年第 1 期，第 116 页。

括是否有合法的行政垄断的存在,如果存在,区分合法的行政垄断与非法的行政垄断的标准是什么等。③强调行政垄断的形成原因,某些学者强调利益问题,更多的学者强调我国的特殊行政体制。这些争论进一步说明了我国有关行业垄断的研究并不具有坚定的经验基础和概念基础。

这些争论是由于我国学者对行政垄断这一现象的观察视角的差异引起的,如果我们进一步对这些概念进行分析就会发现,利用法学视角研究行政垄断的学者与利用经济学视角研究行政垄断的学者对行政垄断的定义是有差异的,这说明了我国有关行政垄断这一概念在法学和经济学上的争论必须从根本上进行再分析。

这种再分析体现在现有研究取得的几项共识之中:①行政垄断的实施主体是行政权力的拥有者。如上所述,如果按照经济学的定义,行政垄断的主体至少应该包括行政垄断的公司——它们才是行政垄断的行为者。②行政垄断的实施过程具体体现为对行政权力的利用或滥用。"利用或滥用"完全是一个非常难以界定的标准,因为很多行政垄断在我国都是"合法的",将这些行为利用"合法性"这个标签进行认定是缺乏分析能力的。③行政垄断是一种限制竞争的行为。行政垄断确实是一种限制竞争的行为。④行政垄断危害社会经济发展,应当受到规制。首先,正如对③的驳斥一样,行政垄断是否会给经济发展造成危害,依然需要经验验证;其次,行政垄断本身就是一种规制行为,这种再规制是基于什么理论基础呢?

第三节　垄断、管制与产业组织:一个新基础

综观我国有关"行政垄断"和"行业垄断"的研究,其价值特征和非经验性是非常明显的,这在根本上损害了我国有关行业垄断的真正经验研究。在本节,首先要说明的是,行业垄断并不具备特殊性;其次要说明的是,行业垄断或者对行业垄断的管制应该建立在管制理论的基础上,而不是建立在"非法垄断"的基础上。

一、行业垄断是特殊的吗

我国的历史就是一个行业管制的历史，我国历史上一般都对特殊的行业实行行业管制，例如，曾经对冶铁行业实行管制，因为它是与国家安全有关的，具有国家垄断的性质；我国对食盐等关系民生的行业也是实行垄断的，因为这既可以保证国家的财政，也可以规避市场性的投机行为；对铸币行业也是国家垄断的，因为这是保障国家对经济控制的有效手段。我国明朝时期对航海贸易的特殊管制也是行业垄断的一种表现形式。

我国的学者研究行业垄断时，常常强调西方国家的行业垄断并不具备行政性，这是对西方国家经济结构的极大误解。首先，西方国家并非没有行政性垄断，美国各州之间的地方垄断一直是美国反垄断的攻坚战之一；其次，西方国家国家职能的扩张就是利用"公共企业"的形式实现对特定行业的垄断，很难说这种垄断就一定不是"行业垄断"。因为这些"公共企业"与我国的行业垄断几乎具有全部的一致性：特定的政府部门、特定的企业——或者是国家投资，或者是专营公司以及特定的法律，强行将这种垄断形式纳入"经济垄断"而将中国的相似现象纳入"行政性行业垄断"似乎并没有经验基础。

行业性行政垄断在转轨经济中更是具有普遍性。东欧国家在走向市场化的过程中，社会主义体制造成的行政垄断非常普遍。Laffont 在研究东欧转轨国家的经济特点时就认为，"作为转轨过程中的一种特定现象，行政垄断不但刻画了诸多行业的产业特征，而且构成了转轨经济国家进行竞争政策设计时所必须考虑的问题"[1]。

二、视角的革新

似乎行政垄断并不具备中国的"特殊性"，也不具备"非法"的神圣性，问题的关键不是行政性行业垄断的问题，因为行政性行业垄断没有任何的特殊性。行政性的行业垄断只是一种市场状态而已，特意强调行政性行业垄断的特殊性是有缺陷的。首先，行业垄断的存在是非常普遍的，无

---

[1] J. J. Laffont, *Regulation and Development*, Cambridge : Cambridge University Press, 2005：62.

论是其存在的时间维度还是空间维度都不具有特殊性；其次，区分合法的行政垄断和非法的行政垄断似乎是重要的，但需要找到一个有效的标准，特别是在"合法性"这一概念存在如此大的分歧的情况下。相反，我们认为将政府和企业都作为市场中的行为者，这种视角更有利于对经济垄断、国家垄断以及行政性的行业垄断进行有效的分析。

100多年前，德国学者瓦格纳在对几个国家的公共支出情况进行分析后得出如下论断：进入工业化之后，公共部门在数量上和比例上都会持续增长，公共支出也会持续增长，这就是著名的"瓦格纳定律"①。随后"瓦格纳定律"在各个国家和各个时间段基本上得到了一致的经验检验②。现代西方国家有关国家职能的研究也说明了政府的公共职能是持续上升的，这在侧面也验证了"瓦格纳定律"③。这说明，国家对经济领域的干预是不可避免的，这种干预无论在西方国家还是在中国都是存在的，所以国家的经济角色没有任何神秘性可言，唯一需要改变的是我们认识国家经济角色的视角和方式。

所以，国家的经济角色本身就没有恒定的结论，特别是在西方国家内部对于国家扮演的经济角色，以及扮演经济角色的方式也存在很大的争议。从亚当·斯密以来的自由主义经济政策、凯恩斯主义的国家干预革命，以及芝加哥学派开启的市场革命都说明了这些争论，既有经济学的争论，也有政治学的争论。但理论争论并没有改变国家对经济领域全面入侵的事实，例如"3Q"大战中工信部扮演的调停者角色，以及2008年经济危机中美国政府和中国政府扮演的角色都说明了这个问题：国家对经济领域的入侵是全面的、手段是多样化的、效果是经验性的。

这对我国行业垄断研究的启示是什么呢？这说明按照法学视角界定的"行政垄断"强调行政垄断的"特殊性"和"非法性"并不是很好的解决

---

① A. Wagner, *Three Extracts on Public Finance*, In Musgrave and Peacock, ed. Classics in the Theory of Public Finance, New York: Macmillan Co., 1958: 83.

② A. T. Peacock and J. Wiseman, The Growth of Public Expenditure in the United Kingdom, London: George Allen and Unwin Ltd, 1967: 92; William J. Baumol, "Macroeconomics of Unbalanced Growth: the Anatomy of Urban Crisis", *American Economic Review*, 1967: 62; ［美］保罗·萨缪尔森：《经济学》（第18版），萧琛等译，人民邮电出版社2008年版，第451页；R. A. Musgrave, Financial System, New Heaven: Yale University Press, 1969: 172.

③ ［美］尼古拉斯·施普尔伯：《国家职能的变迁》，杨俊峰等译，辽宁教育出版社2004年版，第271页。

问题的方法。研究的重点不在于行政性的行业垄断，而是关注国家在每一个特定的行业其中扮演的角色，特别是扮演角色的方式和程度。因此，无论是经济垄断、行业垄断还是行政性的行业垄断，国家都在特定的行业中扮演了一定的角色，这是本书研究行业垄断问题的前提。或者说，在行业垄断研究中并没有一个统一的将经济垄断和行政垄断截然区分的基础；相反，每一种行业垄断既是经济的也是"行政的"，如果某一行业（如铁路）确实是强的"行政垄断"，也不在经验上假定其是"非法的"，或者对市场经济具有破坏作用。我们将行政性的行业垄断视为一种经济组织形式或特定行业的市场结构。现在的问题不是要区分出行政垄断或者行政性的行业垄断的特殊性，而是关注这种特定的行业结构存在的逻辑。

这种将政府的经济行为纳入统一的产业组织结构中去分析的视角与当下研究产业结构的组织理论研究路径是一致的，即将特定行业的结构界定为"组织场域"，关注特定场域的组织结构，其中政府在一定的场域中扮演着关键角色[1]。这种视角与当下研究市场结构的新制度主义分析方法也是一致的，即强调特定产业的生产制度结构[2]问题以及特定行业的经济治理结构问题[3]，本书的研究也会借鉴相关的分析方法。

这一视角认为，对政府扮演的经济角色进行性质上的区分是非常困难的，也是不必要的，特别是讨论政府角色的"合法性"问题时；相反，在特定的行业中将政府扮演的经济角色视为一种介入程度更为适当：政府对行业的介入程度是不同的，这种程度的差异是由政府对特定行业选择的管制工具的差异引起的。政府对特定行业的介入程度的一个极端是政府对行业几乎没有介入，即特定行业中的经济行为完全受市场规律的支配，只在一定的法律框架中运作，如日常生活用品行业；另一个极端是政府本身就是生产性的，即政府既作为出资人和所有者，也是特定行业的完全管制者，这种行业的产业结构是国家垄断的，如我国的铁路行业。但零介入和完全介入的行业都是非常少见的，更常见的是介于二者之间的一系列中间状态，这些中间状态得以区分的标准与政府对特定行业的管制政策有关。本书的分

---

① Walt W. Powell and Paul DiMaggio eds. , *The New Institutionalism in Organizational Analysis*, Chicago: University of Chicago Press, 1991: 65.

② ［美］罗纳德·科斯：《企业、市场与法律》，盛洪、陈郁译，上海人民出版社 2009 年版，第 2 页。

③ ［美］约翰·L. 坎贝尔、J. 罗杰斯·霍林斯沃斯、科恩·N. 林德伯格：《美国经济治理》，董运生译，上海人民出版社 2009 年版，第 16 页。

析主要是基于管制经济学的内容，特别是政府管制的政策工具问题。首先，政府对行业的管制是非常普遍的，没有任何特殊性，无论是中国还是西方国家都存在政府管制；其次，行业垄断或者行政性的行业垄断仅仅是政府对经济管制的一种方式。产业组织理论和政府管制理论与垄断理论的结合构成了本书的分析视角，即产业结构，或市场的组织结构与政府管制工具之间是紧密相关的，行业垄断以及反行业垄断的政策工具都需要在特定的产业结构形成的机制中去寻找。而特定产业结构形成的机制往往与行业的属性有关，自然垄断和"行政性的行业垄断"之间具有天然的亲和关系，并不是因为我国具有特殊的"行政体制"，更可能是因为这些行业本身的特性。

　　行政性的行业垄断的概念在这一视角下就需要更新了。这里界定的"行政性行业垄断"（或行业垄断）是指国家利用管制性的国家政策，包括限制竞争、价格管制等手段对特定的行业实行管制的行为。首先，这个概念是中性的，它承认政府对行业进行管制的合理性，不假设政府对特定行业介入的"非法性"。其次，这个概念是分析性的，不将合法与非法视为解决问题的办法，而是将国家对行业的管制行为、管制政策和管制方式与特定的行业属性结合起来，将丰富的国家管制政策工具放入反行业垄断的分析中，从而为我国的行业垄断政策提供了一个能经受经验检验的分析框架。

三、超越

　　将政府的经济角色纳入特定行业的产业结构中，这种视角在以下两个方面超越了传统的对行业垄断的分析：①非法与合法问题；②经济垄断还是行政垄断。

　　（1）合理行政垄断的边界是什么。传统的有关行政垄断的研究对行政垄断的"合法性"问题并非没有质疑（参见全文），研究者在一定程度上承认合理的行政垄断的存在，但无法找到有效的边界。如果按照上文的视角，问题的核心不是非法的行政垄断问题，而是政府管制（宽泛意义上的）特定行业利用的手段是否有效的问题。虽然什么是"有效的"这一概念需要进一步澄清，但是这一框架给出了一个分析行业垄断有效性的更加经验性的框架，利用这一框架可以分析我国任一给定的行业中政府的有关管制手段（或者是零管制，或者是完全管制）是否有效，如果没有效果，我们应该怎样更改政策工具。例如，我国电信行业虽然经历了"强拆"，但学界研究普遍认为其政策并没有效果，且对进一步改革的路径没有更经验性的理论指导。但本书的视角可以为电信行业的改革给出比《反垄断法》包含更多内容的政策工具选择。

（2）经济垄断还是行政垄断。传统的行业垄断由于按照行政垄断的分析而将其与经济垄断相互区别，这往往损害实质性的分析，因为二者往往是结合在一起的。管制经济学的研究也证明了这一论断：特定行业的企业会想方设法寻求政府的干预，这进一步使得经济垄断和行政垄断之间的关系变得模糊不清[①]。但是，按照本书的框架，这种区分是没有必要的，因为任何行业都有行政性管制的介入，只不过介入的程度和方式有差异而已，经济垄断—行业垄断—行政垄断—国家垄断可以视为一个序列，进一步的问题在于：需要找到一个能够有效分析政府管制边界的框架。

当然，行政性行业垄断的行业不仅具有自然垄断的特征，而且某些行业在西方国家并没有政府管制。例如石油业，西方国家更多是依靠市场驱动的，但中国却是强管制行业。当西方国家与我国对某些行业都进行管制时，我国的管制程度往往更大，例如铁路行业，西方国家的管制程度和范围就比我国小很多。所以，总的来看我国的管制力度确实大于西方国家，但需要注意的是，这并不能在理论上推导出我国需要西方国家的政策实践，因为特定行业的政府介入程度和手段与许多因素相关，如行业管制的历史、特定国家的法律框架和制度结构等。我们的目的就是要找出解释不同国家特定行业管制有效政策的条件，那么这些条件也是必须要考虑的。并且，特定政策在特定制度条件下的有效性也是经验性的。

第四节　要研究的问题

奥斯特罗姆遵循西蒙的界定，将社会科学研究的目标界定为三个过程：本体论框架、诊断、设计[②]。如果遵循这一路径，本书对我国行业垄断的研

---

① ［美］丹尼尔·F. 史普博：《管制与市场》，余晖等译，上海人民出版社 2008 年版，第 391 页。

② ［美］赫伯特·A. 西蒙：《管理行为》，詹正茂译，机械工业出版社 2004 年版，第 39 页；Elinor Ostrom, "A Diagnosis Approach for Going Beyond Panaceas", *Processings of the National Academy of Sciences*, 2007, 104 (39): 92.

究也主要包括这三个问题：①行业垄断的机制和有效的反行业垄断政策的条件，构成了本体论框架。②我国反行业垄断政策的缺陷诊断。③根据行业垄断的本体论框架得出的结果以及我国反行业垄断政策的缺陷，设计有效反行业垄断的政策结构。

上文已经对我国行业垄断的"行政垄断"取向进行了粗略的分析，认为这一路径没有抓住问题的本质。所以我们需要一个更加精确的理论框架来分析我国行业垄断的形成机制，这与行业垄断的政治经济学有关。所以，首先要解决的问题是影响特定行业的产业结构的因素是什么？政府在特定行业的产业结构中扮演了什么角色？政府可以采纳的政策工具是什么？政府有效管制的条件是什么？或者说，问题的关键在于需要为我国行业垄断寻找微观经济基础，特别是产业组织的微观经济基础，从而为我国的行业垄断改革寻找方向。

目前，对我国行业反垄断政策缺陷的研究非常多，但这些研究的价值却值得怀疑——这些研究既缺乏微观理论基础，也缺乏经验基础。所以，我们需要提出这样的问题：我国当下的行业反垄断政策主要包括哪些内容？是否可以达到预期的目标？如果不能达到预期目标，原因是什么？

根据对这些问题的分析和诊断，第三个问题在于设计怎样一个有效的政策框架来解决我国的行业垄断问题，这个问题是最重要的，但也是最缺乏分析性的。

第二章　行业反垄断：理论与现实

导论部分说明了我国学者对行业垄断的研究主要集中于"行政性"，而我们将行业垄断仅仅视为一种特殊的产业组织形式，这种视角的研究需要我们将垄断，特别是自然垄断与政府管制纳入一个框架进行分析，所以本章首先要对垄断理论、自然垄断理论以及管制经济学进行讨论。以这些理论为基础，我国学者对我国行业垄断进行了全方位的研究，包括我国行业垄断的成因、程度以及损害等，这些研究为我们进一步研究行业垄断问题奠定了基础，所以本章的第三部分将主要综述这些研究。以我国行业垄断的成因、程度以及损害的讨论为基础，我国学者也对我国行业垄断的政策手段给出了一系列的结论。从垄断和管制理论到以这些理论为基础的对我国的行业垄断的研究，再到以这些研究为基础提出的政策建议，都得出了重要的结论，但我们也需要正视这些研究的不足。这就是我们需要新方法的原因。

第一节　垄断和自然垄断

一、垄断与竞争

如前所述，垄断（Monopoly）是指不完全竞争市场达到极端所呈现出的市场结构，此时，单一的卖者完全控制某一行业（这个单一的卖者称为"垄断者"，"垄断者"这个词来源于希腊语中的"单个"和"卖者"这两个词)，单一的卖者是它所在行业的唯一的生产者，同时没有任何一个行业能够生产出相近的替代品。① 垄断一般来源于两个途径：①受政府保护，如特许经营。②没有替代品，如微软。可见，垄断与竞争是联系在一起的，垄断成立与否的标准就是垄断对市场竞争的破坏效应：如果市场竞争完全不存在，那么垄断就是完全的；如果市场竞争是不完全的，那么垄断就变成不完全的。所以，垄断理论是与竞争理论联系在一起的，竞争理论的发展过程也是垄断理论的发展过程。竞争理论主要经历了以下三个阶段，这三个阶段对垄断的理解是有本质差异的。

1. 完全竞争理论

完全竞争理论是建立在"价格理论"基础上的，"价格理论"是新古典经济学最重要的发展成果。自亚当·斯密开创古典经济学以来，随着帕累托、马歇尔和赖特等的逐渐完善，市场的作用逐渐被理论化。市场是依靠"看不见的手"运转的，在新古典经济学家眼中，"看不见的手"依靠价格作为有效的协调手段可以实现充分竞争或完全竞争，达到资源最有效的配置。完全竞争市场首先被假定为没有经济摩擦：没有垄断，市场的参与主体可以有完全的信息和完全的偏好，没有摩擦的市场可以依靠价格机制保持完全均衡。任何对这种完全市场的"理想模式"的外来干扰都被视为干扰有效市场运转的因素被排斥，政府的主要经济作用就在于保证有效市场的运转，而任何违背这些前提条件的管制都被视为对市场经济的不恰当干预。

坚持价格理论和完全竞争理论的学者坚持认为垄断与有效市场之间的不兼容性，例如萨缪尔森和其他主流的经济学家指出，不能依靠竞争去削弱或克服那些由经济生活中的巨大规模而产生的美国经济制度的寡头垄断的缺陷②。但这样的理论逐渐遭受批评：无论其对"有效市场"的抽象讨论多么有效、多么有启发意义，毕竟其描述的不是真实的市场经济情境。早在1926年，斯拉法就在《竞争条件下的收益规律》一文中批评了完全竞争理论。他认为，完全竞争理论有两个非常重大的缺陷：第一，完全竞争没有有效处理规模经济的问题，按照完全竞争理论，完全竞争与规模经济是不兼容的，而这显然是有问题的；第二，与规模经济类似，总体的市场实际上是由若干局部的小市场组成的，并且可以无限细分，因此，在一些局部市场上只形成少数企业，这也会形成一种垄断，而完全竞争理论没有解

---

① [美] 保罗·萨缪尔森：《经济学》（第18版），萧琛等译，人民邮电出版社2008年版，第531页。
② [美] 保罗·萨缪尔森：《经济学》（第18版），萧琛等译，人民邮电出版社2008年版，第532页。

释这种现状①。这开启了不完全竞争理论研究的开端，但总的来说，完全竞争市场以及以此为基础的价格理论仍然是现代西方经济理论的基础，这一基础仍然是我们讨论经济问题的起点。

2. 不完全竞争理论

完全竞争理论虽然构成了现代经济学的基础，其对"看不见的手"的理论化和模型化也具有非常重要的意义，但其对真实的市场竞争状况的假设确实具有不完备性。现实中我们至少可以区分出四种市场结构，包括完全竞争、垄断竞争、寡头垄断和纯粹垄断（完全垄断）。完全竞争与完全垄断都极为罕见，而垄断竞争与寡头垄断则是常见的市场结构，这就是不完全竞争理论的基础。张伯伦的《垄断竞争理论》和琼·罗宾逊的《不完全竞争经济学》最先对不完全竞争的市场结构进行了分析。

张伯伦在《垄断竞争理论》中分析不完全的竞争市场结构时认为，垄断和竞争力量的结构与产品差异性高度相关。产品差别是张伯伦理论的核心，也是决定市场结构呈现出垄断竞争或纯粹竞争的唯一前提条件，所以在张伯伦看来，产品差别是造成垄断状态的决定因素，一种产品的差异性越大，则替代性产品存在的可能性就越小，卖者对这些产品拥有垄断权的可能性就越大：产品差别越大，垄断程度越高。当然，所有的产品都会遭受替代品的竞争，只是竞争的可能性有差异，如是，每个卖者既是垄断者又是竞争者②。总的来说，在产品差异性概念的基础上，张伯伦建立了他的垄断竞争的价值论，对广泛存在的非价格竞争也进行了分析。琼·罗宾逊则认为，从来没有完全竞争，现实的竞争就是不完全竞争，不完全竞争的存在是因为市场的不完全性。市场之所以不完全就是因为竞争的存在，所以竞争和完全市场之间的关系是辩证的，因为生产者之间在质量、便利和广告等方面也进行着与价格方面相似的竞争，质量、便利程度以及广告等方面的竞争越激烈，越会迫使他们用各种可能的方式吸引顾客，这种行为本身就破坏有效市场，并且使"那些由于得到一个企业提供的好处，因而对它抱有不同程度好感的顾客，不至于因为某一竞争对手稍微降低同一商品的价格，立即全部被吸引过去"③。所以，罗宾逊在《不完全竞争经济学》

① A. Roncaglia. *Sraffa and the Theory of Price*. Chichester：John Wiley & Sons，1978：51.

② ［美］张伯伦：《垄断竞争理论》，郭家麟译，北京三联书店1980年版，第39页。

③ ［英］琼·罗宾逊：《不完全竞争经济学》，陈良璧译，商务印书馆1961年版，第281页。

中认为，研究市场应该"先分析垄断，而把完全竞争当作一个特殊事例更加合适"①，并且《不完全竞争经济学》中的大部分都是考察垄断问题的，着重分析了在完全竞争理论中被忽视的价格歧视以及买方垄断问题。

3. 现代竞争理论

与不完全竞争理论类似，现代竞争理论始于对传统的完全竞争理论的质疑；但与不完全竞争理论的不同点在于处理竞争的效果方面。熊彼特在批评完全竞争理论的基础上于20世纪20年代创立了"创新与动态竞争理论"。熊彼特认为，完全竞争不仅是不可能的（类似于不完全竞争理论），并且是低劣的，因为在完全竞争中，竞争者完全没有必要，也没有能力开发新产品、运用新技术，完全竞争无法实现经济和技术进步。"因为垄断地位，特别在制造业中一般地不能高枕无忧。由于垄断地位能够设法赚得，所以只有用警惕与精力才能保持它②"。所以从长期的动态过程看，由于竞争压力和使用新技术、新生产组织形式，这些大规模生产的企业决定的"垄断价格和垄断产量与那种和竞争假设相一致的企业能达到的生产效率和组织效率水平上的竞争价格和竞争产量相比，价格不一定较高，产量不一定较小"。③由于新的生产厂家没有动力、没有能力更新技术结构，没有能力改变组织形式，技术和组织形式的创新变得困难，所以，传统的完全竞争理论所倡导的"静态均衡"由于没有给动态发展注入足够的动力和空间，导致动态的经济发展成为问题。

按照熊彼特的观点，市场竞争的关键在于竞争的有效性，这进一步促成了有效竞争理论的出现。有效竞争理论是20世纪五六十年代由克拉克在熊彼特的创新与动态竞争观点的影响下，提出和形成的有关现代竞争理论的一个完整理论体系。克拉克等进一步将竞争的动态过程分为"突进行动"和"追踪反应"两个阶段，且这两个阶段是相互交替的。首先，在竞争过程中的一段可以自由反应时期内存在垄断的市场结构是必要的、合理的，因为这是由企业创新形成的市场优先地位，创新企业获得优先利润，并在一定时期内保持垄断地位是对这种创新行为的奖励，以激励企业的创新行为，所以这种垄断结构不是非效率垄断，即不是由企业间相互勾结串通来

---

① ［英］琼·罗宾逊：《不完全竞争经济学》，陈良璧译，商务印书馆1961年版，第282页。

②③［美］约瑟夫·熊彼特：《资本主义、社会主义与民主》，吴良健译，商务印书馆1999年版，第89页。

干预市场行为，也不是依靠独占及非经济因素形成的市场权力。但这种"效率垄断"并非长期不变的，随着新的企业对成功企业的模仿，以及新的竞争因素的加入，原有垄断地位也应随之消失①。克拉克等的竞争动态过程理论较科学地解释了竞争和垄断的动态关系，成为现代竞争理论的真正开端。

以竞争过程理论为基础，垄断理论进入了新的时代，新时代的标志就是哈佛学派的产业组织理论的逐渐成熟。哈佛学派的代表人物包括梅森、贝恩、谢勒等众多学者，他们从经验研究出发，将注意力集中在市场结构、市场行为和市场结果之间的相互关系（即著名的 SCP 框架），进一步发展了克拉克的有效竞争理论。例如，贝恩通过大量的经验研究揭示了市场结构与市场结果之间的作用关系②，他认为，适度竞争的寡头市场和带有某些原子市场的市场结构，可以实现按照竞争要求所期望的市场成果；要获得有效的市场成果，必须消除市场进入壁垒；有效竞争所要求的是适当的产品差异③。谢勒在此基础上进一步揭示了市场行为与市场结果之间的作用机制，考察了微观和宏观的周边条件对市场结构、市场行为和市场结果的影响④。虽然市场行为和市场结构都对市场结果产生了影响，但哈佛学派认为，市场行为对市场结果的影响远不如市场结构对市场结果的影响那样明显。总的来看，哈佛学派的研究更具经验性，并且将垄断的市场结构与市场绩效有效地联系起来，是第一次对垄断问题的系统研究。按照哈佛学派的研究结果，要实现有效竞争必须破除垄断的市场结构，哈佛学派的这些研究也影响了美国的反托拉斯实践：确保可以实现竞争的市场结构。

进入 20 世纪 70 年代，哈佛学派的体系逐渐遭到严厉的批判。以博克、波斯纳等为代表的芝加哥学派的竞争理论成为研究产业组织问题的主流。芝加哥学派竞争理论的思想渊源是经济自由主义和社会达尔文主义，在一定程度上是一种对传统"竞争有效论"的反转。芝加哥学派主张"适者生存"，所以问题的关键不在于市场结构而在于有效竞争的实现⑤；或者说，

---

① 刘兵勇：《试论反垄断的理论基础》，《江苏社会科学》2002 年第 5 期，第 14 页。

② J. S. Bain, *Industrial Organization*, New York：Harvard University Press, 1959：182.

③ J. S. Bain, *Barriers to New Competition*, New York：Harvard University Press, 1956：78.

④ F. M. Scherer, *Industrial Market Structure and Economic Performance*, 2nd ed. , Chicago：Rand McNally, 1980：28.

⑤ 于立：《产业经济学理论与问题研究》，经济管理出版社 2000 年版，第 32 - 41 页；苏东水：《产业经济学》，高等教育出版社 2000 年版，第 132 - 146 页。

有效的市场结构只有一个标准，即是否存在有效的竞争，因为只有竞争才能保证消费者的福利最大化。芝加哥学派在理论上皈依新古典经济理论，坚信瓦尔拉均衡和自由竞争理论的有效性，厂商行为是厂商预期的函数，政府无须干预。为此，竞争政策的任务是保证消费者福利最大化，其衡量竞争政策和判断竞争行为的标准，一是资源配置效率；二是生产效率。

当然，垄断问题一直在产业经济学中占据重要地位，我们将垄断与竞争联系在一起仅仅是对垄断理论的粗略评价。但总的来说，垄断理论一直是建立在古典经济学假设基础上的，早期的完全竞争理论、不完全竞争理论以及现代竞争理论中的哈佛学派和芝加哥学派的研究都是以"有效市场"为基础的。由于我国的行业垄断主要与自然垄断有关，自然垄断也属于垄断的一种，所以我们主要关注学者对自然垄断的研究。但上文解释的垄断理论的最基本视角是我们分析自然垄断理论的基础。

二、自然垄断理论

自然垄断之所以是特殊的垄断是因为其独占的市场结构是由产品的属性引起的，而不是企业特意追求的结果（当然边界也不是非常清晰）。但自然垄断有一个非常重要的特点，即规模经济，近代自然垄断理论就是建立在规模经济基础上的。规模经济是指在特定的企业技术条件下，单一产品的生产过程中，在生产要素价格不变的条件下，随着市场产出的增加，企业的平均成本递增[1]。所以，有关自然垄断与对垄断的讨论有些差异：垄断是一种特殊的市场结构，其与有效市场竞争有关；但自然垄断不同，其最重要的特性是规模经济问题，所以，自然垄断理论主要是围绕规模报酬问题展开的。

1. 早期的发展

最早提出自然垄断概念的是古典经济学家约翰·斯图亚特·穆勒[2]。19世纪中期，美国铁路产业在巴尔干化的市场结构中开始起步，最后导致了众多铁路公司建立过多的铁路干线，运载能力呈现过剩状态，随之的价格

[1] R. R. Braeutigam, "Optimal Policies for Natural Monopolies", In R. Schmalensee and R. D. Willig, eds. Handbook of Industrial Organization. Vol. II, Amsterdam: North Holland, 1989: 86.

[2] John Stuart Mill, *The Principles of Political Economy*, New York: D. Appleton And Company, 1848: 72.

战导致一些公司破产，破产后的重组使得铁路公司最终成为一种垄断的市场结构。这样的状态与穆勒观察到的伦敦煤气和自来水等产业由于过度竞争导致的市场崩溃非常相似，基于此，穆勒提出了自然垄断理论。他认为，自然垄断是"产生于周围特定环境下，而不是由法律规定产生的"①，从而也为自然垄断与特许经营导致的垄断之间划了一条界线。在他看来，如果伦敦的煤气或者自来水行业不是众多厂家之间的无序竞争而是利用一家企业来供应，那么这将是最有效的；他也知道，当市场只有一个企业而形成垄断的产业结构时，政府管制就变得必要了。穆勒对自然垄断的讨论是相当完整的，近代的自然垄断理论也是建立在穆勒的这一完整表述上的：规模经济问题造成自然垄断；为了规避垄断的产业结构对市场的破坏效应就需要政府管制。

　　1883 年，托马斯·亨利·法勒（Thomas Henry Farrer）指出某些自然垄断产业如煤气、铁路运输和电话电信服务等内在地具有非竞争性趋向，并总结了这些特殊产业的五大共性，成为最早按经济特征来区分自然垄断产业的学者之一②。与法勒几乎同时代，理查德·T. 伊利（Richard T. Ely）开始明确引入"自然垄断"这一概念，并将自然垄断分为三类：①依赖独特的资源形成的自然垄断。②依赖秘密或特权形成的自然垄断。③依赖产业的特殊性形成的自然垄断。与法勒相似，他也认为自然垄断产业具有非竞争性特征，如自来水、运输等产业，就算开始阶段有数量众多的企业参与竞争，但这种竞争不会是有效和持久的，因为这些产业具有的经济特性使竞争的过程是一个自我破坏的过程，自我破坏的结果就是不可避免的垄断状态③。1887 年，康内尔政治经济学教授亨利·卡特·亚当斯（Henry Carter Adams）在《政府与产业行为的关系》中进一步讨论了自然垄断问题，特别补充了对非竞争性的理解（这是法勒、伊利等学者没有明确说明的）。在亚当斯看来，在某些自然垄断产业，如提供运输、电话和自来水服务的产业，呈现规模报酬递增的特征。规模报酬递增，是指随着企业规模的扩张，生产这些产品企业的边际产出持续大于边际投入。同样，由于人们通

---

① John Stuart Mill, *The Principles of Political Economy*, New York：D. Appleton And Company, 1848：75.

② T. H. Farrer, *The State in its Relation to Trade*, London：Macmillan and Co, 1992（originally published in 1883）：197.

③ Richard E. Hirsh, *Power Loss：The Origins of Deregulation and Restructuring in the American Utility System*, Cambridge：MIT Press, 1999：17, 296.

常认为垄断是"令人厌恶的、贪婪的、专横的",所以只有通过政府管制才能使其更好地为公共利益(服务)而实现"社会生产"。所以,亚当斯是第一个真正将"非竞争特征"和"规模经济"联系起来解释自然垄断问题的经济学家,后来学者的研究都是建立在这几个关键概念基础上的①。

2. 近代自然垄断理论

20世纪讨论自然垄断问题的学者基本上继承了早期经济学家们在规模经济层面上解释自然垄断的传统。例如,卡恩(Kahn)认为,自然垄断是"那些拥有如下技术或服务特点的产业,通过一个单一的企业(在极端的情况下)或有限数量的设施,让消费者能够以最低的成本或以最大的净收益获得服务"②。谢勒认为,自然垄断的产业是指那些"规模经济非常持久,以至于单一企业就能以相对于两个或更多企业而言更低的成本为整个市场提供服务"的产业③。克拉克森和米勒(Clarkson和Miller)认为,自然垄断的基本特征是在一定的产出范围内生产函数呈规模报酬递增状态,在这种情况下,由一个企业大规模生产要比由几家较小规模企业同时生产更有效率④。

近代自然垄断理论几乎都是在规模经济的视角下解释自然垄断问题的。由于某些产业具有自身的特殊性,在这种具备规模经济的自然垄断产业中,竞争是不经济的、无效的,且往往具有破坏效应;就算实现了充分竞争,结果仍然是垄断状态。因为在这些产业中,企业拥有规模经济,即平均成本曲线会随产出的增加而下降,且边际成本持续下降,结果是:如果由一家企业来生产市场上的全部产品或服务,才会取得成本效益;如果市场进入是不受限制的,重复建设等问题会造成资源的浪费;毁灭性的竞争不仅会加剧浪费,且最终结果也是不可避免地导致垄断。但问题是,单一企业生产会造成垄断价格的产生,垄断价格也会对社会福利造成破坏,所以这是一个两难困境。阿尔奇安和艾伦(Alchian和Allen)对这种两难困境有过精辟的论述:在自然垄断的情况下,两个企业存在会显得太多;但"如果

---

① Alfred Edward Kahn, *The Economies of Regulation*:*Principles and Institutions*. Vol. 2, New York:Wiley, 1971:286.

② Alfred Edward Kahn, *The Economies of Regulation*:*Principles and Institutions*. Vol. 2, New York:Wiley, 1971:187.

③ F. M. Scherer, *Industrial Market Structure and Economic Performance*, 2nd ed., Chicago:Rand McNally, 1980:482.

④ 于良春等:《自然垄断与政府管制》,经济科学出版社2003年版,第72页。

只有一个企业存在，那么这个在位企业就可能长期将价格定在自由进入成本之上"。结果，"要么因某产业中企业太多而造成资源的浪费；要么只有一个企业，这将带来垄断定价①"。所以，在这些不适宜竞争的产业或领域，政府必须进行有效的管制，一方面限制过度竞争导致的破坏性；另一方面限制由于垄断造成的社会效益损失，取得成本效率和避免毁灭性竞争往往是对自然垄断产业进行进入管制的理论基础。这样，政府在管制自然垄断时既要进行进入管制（防止破坏性竞争的产生），也要进行价格管制（防止垄断定价），但价格管制同样存在矛盾，即边际成本定价和平均成本定价之间的矛盾：如果采取边际成本定价，社会福利最大化，但企业会发生亏损；如果采取平均成本定价，企业收支相抵，但效率会发生损失。

3. 现代自然垄断理论

虽然在规模经济等问题上取得了重要的进展，但不少学者认为近代自然垄断理论仍存在缺陷。第一，近代自然垄断理论一个隐含的假设是一个企业只生产一种产品，但现实中大部分企业都生产多样化的产品。第二，规模经济的假设是有问题的，"成本的弱增性"问题成为现代自然垄断理论的新基础。

在近代自然垄断理论的视角下，规模经济是自然垄断的充要条件，鲍莫尔（Baumol）是第一个质疑规模经济是自然垄断的充要条件的学者。鲍莫尔认为，"规模经济对于垄断而言既不必要也不充分②"，他首次以多产品企业的成本弱增性（Subadditivity）来定义自然垄断。后来，他的定义进一步得到采纳：1981 年，潘泽和威利格（Panzer 和 Willig）在《范围经济》一文中，在成本弱增性的基础上重新阐述了范围经济概念③；鲍莫尔、潘泽、威利格和夏基等西方经济学家用范围经济和成本弱增性两个概念开始系统论证自然垄断问题。此后，成本弱增性是自然垄断的关键特征这一洞见得到了西方经济学家的普遍认可④。一个产业的成本具有弱增性是指单一企业的生产总成本低于两个或两个以上企业的生产成本总和，在这样的条件下应该保持一个企业的

---

① Armen Alchian and William R. Allen, *University Economics* (15th ed.), Belmont California: Wadsworth Publishing Company, 1964: 97.

② William J. Baumol, "On the Proper Cost Tests for Natural Monopoly in a Multi-project Industry", *American Economic Review*, 1977, 67 (5): 271.

③ John C. Panzar and Robert D. Willig, "Economics of Scope", *American Economics Review*, 1981, 71 (2): 172.

④ 张红凤：《西方管制经济学的变迁》，经济科学出版社 2005 年版，第 42 页。

垄断地位，因为这样的市场结构能保证生产成本最小化，这种安排可以最大化社会福利。此时依然需要进入管制和价格管制，进入管制是为了避免过度竞争，价格管制是为了避免垄断定价带来的社会福利损失。但是，与近代自然垄断理论推导出的平均成本定价和边际成本定价之间的矛盾不再存在。

现代自然垄断理论除了对自然垄断的本质特征进行了再界定之外，许多学者对与自然垄断紧密相关的可维持性、强弱自然垄断以及自然垄断的动态变化等问题也进行了深入的探讨，进一步深化了对自然垄断问题的理解。可维持性（Sustainability）与政府是否允许新的企业自由进入自然垄断市场有关。1977 年，潘泽和威利格在论文《自由进入与自然垄断的可维持性》中，研究了如果一个产业允许新企业自由进入，这种产业结构是否能够维持的原因，从而提出了有关可维持性问题的讨论①。后来，鲍莫尔、潘泽、威利格又在 1981 年、1982 年多次探讨了垄断的可维持性问题②，夏基（Sharkey）在 1982 年也探讨过相似的问题③。这些讨论主要建立在可维持性价格（Sustainable Price）问题的基础上，因为可维持价格是判断自然垄断是否可维持的最主要的标准。夏基认为，可维持性价格是真正能够阻止拥有同等（或低级）技术的竞争对手进入市场的价格；潘泽和威利格认为，假设某产业的自然垄断者是多产品或服务的提供者，如果进入者把受管制的自然垄断的价格向量 Pm 看作固定值，并通过以同等或更低的价格提供产出子集 S（SgN），预期获得的利润为负，则 Pm 就是可维持的。因此，所谓可维持价格是指在新进入者自由进入的条件下，新进入者的利润为负但垄断者的利润为非负的一组价格或价格向量。这样，如果自然垄断的价格是可维持的，那么垄断的市场结构也可以维持，这一产业就不会遭受重复建设和浪费性竞争。此时，自由进入是可以保持的，政府没有必要对市场实施进入限制，存在进入威胁往往促使在位者改进技术效率，可以实现社会福利的最大化，政府也可以节省管制成本。但如果垄断价格不可维持，竞争

---

① John C. Panzar and Robert D. Willig, "Free Entry and Sustainability of Natural Monopoly", *Bell Journal of Economics*, 1977, 8 (1): 192.

② William J. Baumol, John C. Panzar and Robert D. Willig, *Contestable Markets and the Theory of Industrial Structure*, New York: Harcourt Brace Jovanovich Ltd, 1982: 91; William J. Baumol and Robert D. Willig, "Fixed Costs, Sunk Costs, Entry Barriers, and Sustainability of Monopoly", *Quarterly Journal of Economics*, 1981, 96 (3): 329.

③ William W. Sharkey, "Existence of Sustainable Prices for Natural Monopoly", *Bell Journal of Economics*, 1982, 8 (1): 273.

性进入就会产生，市场的垄断化过程就会低水平重复。此时，政府必须建立进入限制或者建立必要的提高进入成本的制度。

除了可维持性问题，对自然垄断的动态性研究也是现代自然垄断理论的焦点。1992 年，维斯库斯等在《管制与反垄断经济学》中比较系统地阐述了自然垄断的永久性（Permanent）和短暂性（Temporary）理论[①]。永久性自然垄断是指对于单一的自然垄断企业来说，无论产出增加多少，长期平均成本曲线必然是下降的，因此，长期边际成本必然在其下方；暂时性自然垄断是指在一定的产出范围内，自然垄断是存在的，但随着市场需求扩展，产出超出一定范围，自然垄断的特性消失，自然垄断变成竞争可行的市场。在维斯库斯等学者的理论中，自然垄断是有边界的：边界的变化可能是由于需求的变化，当一个产业的市场范围扩展，则这一产业的垄断性可能就不存在了；边界的变化也可能是由于技术的变迁。当自然垄断的边界改变了，政府的管制政策就需要相应变化。

可见，自然垄断理论也是逐渐发展的，而随着自然垄断理论的发展，对自然垄断的管制政策也是逐渐变化的。无论是起初的研究还是近代自然垄断理论，都强调自然垄断本身的特殊性以及政府管制的不可避免性。但随着现代自然垄断理论的兴起，自然垄断再也不是非此即彼，自然垄断和规模经济之间的关系变得更为复杂；垄断价格得以维持的可能性也发生了变化；动态自然垄断理论说明，自然垄断的管制是有条件的，只有那些具有弱可增性的、垄断价格具有不可维持特征的以及永久性的行业才需要完全的政府管制。

第二节　管制经济学

一、管制的概念

"管制"的概念是一个很古老的概念，最早可以追溯到古罗马时代。

---

① W. Kip Viscusi, John M. Vernon and Joseph E. Harrington, *Economics of Regulation and Antitrust*, Cambridge：MIT Press, 1992：381.

"管制"是指政府官员制定法令允许受管制的企业提供基本的产品和服务；但为了实现社会公平，政府将为产品或服务制定"公平价格"。尽管这种对市场企业的指导并没有被政府完全控制，但是社会重要物品和服务的价格完全由政府管制。① 可见，管制的概念以及政府管制的实践与当今政府管制的概念是一脉相承的，并且强调政府具有的强制权。

现代意义的管制则是指在市场经济条件下的政府管制，但在不同的学者眼中，政府管制的概念是有差异的。《新帕尔格雷夫经济学大辞典》这样解释政府管制：管制是政府为控制企业的价格、销售和生产决策而采取的各种行动，政府公开宣布这些行动是要努力制止不充分重视"社会利益"的私人决策；其中，管制的法律基础是由允许政府授予或规定公司服务权力的各种法规组成② 。《社会科学纵览——经济学系列》对管制的解释更为详尽：管制是公共政策的一种形式，即通过设立政府职能部门来管理经济活动；通过立法程序而不是无束缚的市场力量来协调产生于现代产业经济中的经济冲突。它是社会管理的方式，存在于极端的政府所有制（Government Owner-ship）和自由放任的市场之间，通常发生在市场经济和以市场为导向的经济中。管制包括对商业行为的经济性管制和社会性管制。在经济管制中，政府授予特许经营权或许可证，允许个人、企业去从事商业，控制价格，批准投资决策，执行保险和安全规则。在社会管制中，政府保护那些在政治、经济中处于弱势地位的实体，这样的管制试图保护消费者远离危险品，保护环境免遭产业行为的危害及小集团免受歧视性商业实践的危害。③

日本经济学家金泽良熊将管制解释为"在以市场机制为基础的经济体制条件下，以矫正、改善市场机制内在问题为目的，政府干预和干涉经济主体活动的行为"。植草益根据金泽良熊的这一定义，在更为广泛的基础上提出了政府管制的概念。首先，他从管制主体角度将管制划分为私人管制和公共管制，公共管制是指那些由社会公共机构进行的管制，如政府部门对私人和其他经济主体行为的管制。其次，他按照管制的客体，将公共管制划分为两种：对宏观经济的管制和对微观经济的管制。最后，他将政府

① Richard E. Hirsh, *Power Loss: The Origins of Deregulation and Restructuring in the American Utility System*, Cambridge: MIT Press, 1999: 128.
② ［英］约翰·伊特韦尔：《新帕尔格雷夫经济学大辞典》（第四卷），中译本，经济科学出版社1996年版，第298页。
③ Frank N. Magill, Survey of Social Sience-Economics Series Vol. 4, Salem Press. Inc, 1991: 129.

对微观经济的管制进一步分为三种：间接管制、包括经济管制的直接管制以及包括社会管制的直接管制。其中，间接管制是指"反垄断政策"；经济管制是指在自然垄断和信息不对称的领域，政府机关利用法律权限，通过许可和认可手段，对企业进入和退出、价格、服务的数量和质量、投资、财务会计等有关行为的管制；社会管制主要指处理外部不经济和公共物品问题，以确保国民安全、防止公害和保护环境为目的的管制。① 植草益对管制的界定更为详尽，其不仅界定了管制的概念，也对管制的理由以及管制的手段等进行了全方位的界定。

二、为什么要管制

1. 市场失灵

理解管制的理由才能真正理解管制的政策，因为一般来说，市场本身是可以有效运转的，在完全竞争的新古典经济学看来，管制的必要性是非常可疑的。特别是如植草益所述的，政府具有如此多样化的管制手段，这些手段存在的必要条件需要仔细地说明。但是，由于学科视野存在的差异，不同学科的学者对管制的研究视角存在一定的区别。对政府管制的研究主要在三个学科之间进行：经济学、法学以及政治学与行政学。经济学家更关注管制与市场的关系，以及管制与效率的关系；相对而言，法学家更加关注管制主体和管制手段的正当性和合法性问题；政治学与行政学则对管制政策的议程设定（Agenda-setting）和政治利益交换过程更加关注。三个学派从三个方向的研究，一方面说明了管制现象的复杂性；另一方面也说明了管制的理由本身就是充满争议的。

在新古典经济学中，竞争性的市场会导致资源配置的"帕累托最优"，但是，这一理想状态的实现需要严格的条件。现实中，这些严格的条件并不能充分满足，资源配置的"帕累托最优"也就不能达到理想状态，市场失灵出现。所以，市场失灵是政府管制的逻辑起点，政府管制的主题就是将市场失灵与政府管制结合起来，探索矫正市场失灵的最佳方式。市场失灵现象虽然早有研究，但其作为一个分析性的概念最早是由庇古引入经济理论的②，而其

---

① ［日］植草益：《微观管制经济学》，朱绍文等译，中国发展出版社1992年版，第82页。
② A. C. Pigou, *The Economics of Welfare*, London：Macmillan，1948：129 - 130。

最终被广泛接受是由于巴托发表的《市场失灵的剖析》一文①。随后经济学家分别从不同角度对市场失灵进行了分析，如植草益对政府监管的微观经济学分析、查尔斯·沃尔夫对市场失灵的总结②、斯蒂格利茨对市场失灵和政府干预的拓展性研究③、尼古拉·阿克塞拉对市场失灵的总结性论述④等。美国经济学家加尔布雷斯在《不确定的年代》中将市场失灵总结为三个表现：微观经济无效率、社会不公正和宏观经济不稳定⑤，这种界定方式基本上得到了西方经济学家的认可。但西方经济学家主要还是关注微观经济无效率的问题，他们的研究认为政府管制的主要目的在于消除这些微观经济无效率。

微观经济的"市场失灵"主要包括三个来源：①自然垄断。由于技术原因而导致的自然垄断型产业在某种程度上扭曲了市场竞争的基本原则，使资源配置无法达到帕累托最优，并导致消费者强行承担不必要的成本和风险，市场竞争对于改善这种状况无能为力，必须借助于公共权力来防止垄断，优化竞争，这就是所谓的"推动竞争的管制"（Pro-competition Regulation）⑥。②外部性。由于市场竞争所带来的外部性或溢出性无法在市场条件下内在化，市场价格无法将外部性所带来的正效应或负效应体现出来，因而也需要借助于政府力量来使外部性内在化⑦。③信息不对称。古典经济学所设定的交易双方完全处于信息对等的理想状态，这种理想状态在现实生活中存在的可能性极低，特别是对于像食品药品安全、医疗服务等专业性很强的服务，消费者几乎处于完全的信息不对称状态⑧，因此政府可以作

---

① Francis M. Bator, "The Anatomy of Market Failure", *Quarterly Journal of Economics*, 1958, 72 (3): 353 – 379.

② [美] 查尔斯·沃尔夫：《政府或市场》，谢旭译，重庆出版社 2009 年版，第 29 页。

③ [美] 约瑟夫·E. 斯蒂格利茨：《政府为什么干预经济》，郑秉文译，中国物资出版社 1998 年版，第 39 页。

④ [意] 尼古拉·阿克塞拉：《经济政策原理》，郭庆旺、刘茜译，中国人民大学出版社 2001 年版，第 36 页。

⑤ [美] 约翰·肯尼思·加尔布雷斯：《不确定的年代》，刘颖、胡莹译，江苏人民出版 2009 年版，第 197 页。

⑥ Roger Sherman, *The Regulation of Monopoly*, Cambridge: Cambridge University Press, 1991: 39.

⑦ Stephen Breyer, *Regulation and Its Reform*, Cambridge: Harvard University Press, 1982: 356.

⑧ Michael R. Darby, and Edi Karni, "Free Competition and the Optimal Amount of Fraud", *Journal of Law and Economics*, 1973, 16 (1): 136; Jill J. McCluskey, "Game Theoretic Approach to Organic Foods: An Analysis of Asymmetric Information and Policy", *Agricultural and Resource Economics Review*, 2000 (29): 3 – 9.

为独立于企业和消费者之外的第三方机构，促使消费信息从生产者向消费者转移（如认证制度），缓解因严重信息不对称带来的社会经济问题，特别是食品、药品安全等问题。

2. 管制的政治学

市场失灵是政府管制的重要原因，但并不是唯一原因，追求垄断利润往往是一些行业被管制的原因。例如，在斯蒂格勒看来，一些产业之所以追求被管制，完全是为了追求自身在行业中的垄断价格和垄断利润，而不是因为这个行业有严重的市场失灵，这就是管制的"俘获理论"①。根据俘获理论，一些学者还进一步发展出了更多的解释政府管制现象的理论。例如，Eckert 和 Martimort 根据俘获理论发展了"生命周期理论"（Life-cycle Theory），这一理论认为管制机构如同生物体的生命周期，在建立初期往往是相对独立的，能够独立地行使管制权力而不被利益集团的利益所影响；但到后期，随着利益集团渗透渠道的多样化以及部门利益逐渐显现，管制机构最终逐渐被利益集团俘获；并且，所有的管制机构都无一例外，几乎无法摆脱这一命运圈②。Westfield 和 Harbeson 也根据俘获理论发展了"合谋理论"（Conspiracy Theory）。合谋理论假定政府管制机构的建立就是与某些利益集团合谋的结果，所以管制机构与利益集团是相互利用、相互增益的，管制机构以及管制政策本身就是政府和利益集团合谋的结果，所以，管制机构的被俘获不是从管制政策的执行开始的，而是从管制政策的制定和管制机构的建立开始的③。

俘获理论以及以俘获理论为基础的其他理论主要将管制视为利益集团起作用的结果，但国家本身就是一个利益集团。如果将政府本身也视为一个利益集团，那么管制也可能是政府追求的结果，而不是因为市场失灵。美国著名的政治学者威尔逊（James Wilson）根据管制政策的成本与收益在不同利益群体之间的分布情况将管制政治区分为四种类型：多数主义政治

① ［美］斯蒂格勒：《产业组织与政府管制》，潘振民译，上海三联书店1996年版，第197页。
② Ross D. Eckert，"The Life Cycle of Regulatory Commissioners"，*Journal of Law and Economics*，1981，24（1）：167；David Martimort，"The Life Cycle of Regulatory Agencies：Dynamic Capture and Transaction Costs"，*Review of Economic Studies*，1999，66（4）：421.
③ Fred M. Westfield，"Regulation and Conspiracy"，*The American Economic Review*，1965，55（3）：29；Robert W. Harbeson，"Railroads and Regulation，1877－1916：Conspiracy or Public Interest"，*The Journal of Economic History*，1967，27（2）：372.

（Majoritarian Politics）、利益集团政治（Interest Group Politics）、代理人政治（Client Politics）和企业家政治（Entrepreneurial Politics）。在威尔逊看来，利益集团学说的复活理论所描述的只不过是管制政治学的一种类型；他提醒我们，除了公众和利益集团之外，一些其他的利益主体如政治家、官僚以及技术专家也会作为一个利益集团对管制政策过程有重要的影响①。例如，罗尔和利伯坎就以美国《1906 年纯食品药物管理法案》的立法过程为个案分析了食品药物管理法案的出台过程，结果证明联邦政府之所以支持这一法案，是为了通过这一管制体系增加政府的预算、编制以及权威等资源，而不是利益集团或者"市场失灵"等原因②。沃戈尔通过研究日本的电信产业管制改革的历程发现，"政府从来不会从一个中立者的立场对社会利益进行仲裁，政府在管制的过程中往往带有政府的利益集团偏向，也带有执政者的政治利益考量；政府会对利益集团的利益诉求进行回应，但回应的同时往往将其整合进政府自身的政策利益和政策议程中——回应是有选择的和扭曲的"③。

总之，政府管制的存在至少有两个方面的原因：①"市场失灵"以及公共利益的考虑。②利益集团及其与政府合谋寻求垄断性的市场结构。现实中这二者往往是相互结合的，这也加大了我们理解政府管制现象的难度。

三、管制理论：三个阶段

从上文对管制的概念以及政府管制的复杂原因的分析来看，经济学语境下的管制大概可以分为三种：①将政府管制视为基于公共利益考量的制度安排，例如，卡恩（Kahn）就支持这种观点，他认为"管制是对该种产业的结构及其经济绩效的主要方面的直接的政府规定，以及在合理条件下服务所有用户时应尽义务的规定"④。②政府管制是利益集团为自身利益对

---

① James Q. Wilson, *The Politics of Regulation*, New York: Basic Books, 1980: 357 - 94.
② Marc T. Law and Gary Libecap, "The Determinants of Progressive Era Reform: The Pure Food and Drugs Act of 1906", http://www.nber.com/books/corruption/law-libecap4 - 3 - 05.pdf, 2004: 7.
③ Steven K. Vogel, *Freer*, *Markets*, *More Rules*: *Regulatory Reform in Advanced Countries*, Ithaca and London: Cornell University Press, 1996: 239.
④ Alfred Edward Kahn, *The Economics of Regulation*: *Principles and Institutions*, Cambridge, Mass: MIT Press, 1988: 271.

政府权力的俘获，这正是斯蒂格勒的俘获理论支持的观点，即"作为一种管制，管制通常是产业自己争取来的，管制的设计与实施主要是为管制产业自己服务的"①。③将政府管制视为对经济的控制，如日本学者植草益就认为管制是"社会公共机构依照一定规则对企业的活动进行管制的行为"②。这三种观点其实是一种逐渐递进的关系，这种递进主要体现为两个方面：①时间上的递进，即三种观点在时间上是递进的。②观点的丰富性，即三种观点在认识管制现象的复杂性和全面性方面也是递进的。所以，总的来看，三种观点代表了管制理论的三个阶段。

1. 管制神话：市场失灵和政府管制

上文已述，管制的早期研究将管制视为对市场失灵的纠正，市场失灵是管制的逻辑基础，而市场失灵与边际成本定价机制的产生有关。边际成本定价原则是保证市场结果与社会效益统一的基础，其源于杜普伊特1844年发表的《关于公共工程效用的度量》一文，他在对公共物品的经济收益进行评估时，提出了边际成本定价原则，并认为这是考察管制价格政策的基础。边际成本定价原则要求：对于公共物品来说，将价格定在边际成本，同时给生产者一个相当于固定成本的补贴，可以实现消费者福利最大化③。但杜普伊特的边际成本定价原则往往造成企业的利润无法获得，致使企业缺乏动力，这一问题得到了霍特林的进一步研究，最终得到了社会福利与企业利益之间的矛盾得以解决的机制，这一机制被概括为杜普伊特—霍特林边际成本定价模型④。这一模型随着不同的学者对不同国家的不同公共政策领域的拓展研究得到了进一步推广，成为"微观经济学的中心政策处方"⑤。

在管制神话的时代，管制主要是应对市场失灵而存在的。市场失灵的纠正主要是通过价格管制的方式实现的，价格管制则是依赖古典经济学的

---

① George J. Stigler, "Free Riders and Collective Action: An Appendix to Theories of Economic Regulation", *Bell Journal of Economics*, 1974: 359 – 365.

② ［日］植草益：《微观管制经济学》，朱绍文等译，中国发展出版社1992年版，第92页。

③ J. Dupiuit, "On the Measurement of the Utility of Public Works", In K. J. Arrow and T. Scitovsky, eds. *Readings in Welfare Economics*, Homewood: Irwin, 1969: 283.

④ Harold Hotelling, "The General Welfare in Relation to Problems of Taxation and of Railway and Utility Rates", *Econometrica*, 1938, 6 (3): 242 – 269.

⑤ Alfred Edward Kahn, *The Economics of Regulation: Principals and Institutions*, Vol. 1, New York: Wiley, 1970: 431.

基本定理：边际成本定价原则。边际成本定价原则是以完全竞争市场理论为基础的，并且，边际成本定价原则也是从新古典经济学的以市场均衡为基础的生产理论推导出来的，因而可以保证消费者福利的最大化，也可以保证社会效益的最大化。但管制神话永远只看到市场失灵问题，这一视角有两个缺陷：①假设有完全市场存在，政府管制就是将市场失灵转换为不存在的完全市场，这种理论基础是有问题的。②假设有完全政府存在，假设政府就是为了追求公共利益而存在，这一假设又在根本上背离了经济学的基本假设：人是自利的。

2. 管制失灵

首先对市场管制的神话理论的批判和反思主要有两个路径：路径之一是讨论管制与市场效率的关系，主要包括管制与可竞争市场理论、管制与次优理论以及管制与 X—非效率问题；路径之二则主要讨论管制的政府失灵问题，强调管制机构被利益集团俘获、政府追求自身私人利益以及管制的效果等问题。

首先，对管制神话理论进行的质疑是在可竞争市场理论的基础上展开的，可竞争市场理论质疑传统的完全竞争市场理论，也对传统的政府管制理论提出了挑战。这一路径最先由鲍莫尔、潘扎和威利格提出。以可竞争市场理论为核心的观点认为，由于市场始终是可竞争的，市场上的既存厂商们总是面对潜在进入者带来的压力，即使政府管制不存在，在位厂商也只能将价格定在不存在超额利润的价格水平上，这样资源优化在不存在政府管制的条件下也是可以实现的①。正是这一理论，为放松管制提供了理论依据和改革方向。

与可竞争市场理论类似，阿顿也开始用次优理论从根本上批判管制的公共利益理论，次优理论强调传统的完全竞争市场理论所假设的"帕累托最优"安排是非常罕见的，现实中常见的往往是次优安排。以次优理论为基础的政府管制理论认为，对在一定程度上受到竞争限制的自然垄断行业或公共产品行业进行一些零星的管制并不一定能实现资源配置最优，反而可能导致经济背离竞争条件下的最优化，即使这种最优化实质上是次

---

① William J. Baumol, John C. Panzar and Robert D. Willig, *Contestable Markets and the Theory of Industrial Structure*, New York: Harcourt Brace Jovanovich Ltd, 1982: 381.

优化①。

　　管制不仅可能降低整个行业的效率，也会对被管制企业的效率带来损害，这就是"X—非效率"问题。X—效率理论是来宾斯坦于 1966 年提出的，主要用来解释企业内部效率的低下状态②，而被管制的企业往往因为缺乏外部竞争的威胁，内部效率低下是非常明显的。在"X—非效率"的基础上，卡恩进一步认为，管制往往是对技术创新的压制，无效率生产被长期维持，工资和价格最终会呈现螺旋式上升状态，这种市场结构最终会产生严重的资源配置无效率，引发成本推动型通货膨胀③。例如，对于政府来说，投资回报率管制机制在本质上是一种平均成本定价机制，该机制赋予被管制企业一个基于投资的公平回报率利润在内的公平回报权利，被管制企业在这一回报范围内可以自由决定投入、产出和价格水平④。政府采用这一管制机制的目的在于纠正市场失灵问题，但这一机制在实践中往往因为被管制企业的策略性行为导致巨大的浪费。阿弗契和约翰逊对投资回报率管制的经验研究就说明，被管制企业在投资回报率管制下会受利润最大化动机的驱使，单一地扩大资本基数，并通过资本投入代替其他投入，扭曲了企业生产理论所要求的企业内部投资的有效配置机制，导致资源配置的扭曲，带来市场低效率，这就是"A—J 效应"⑤。

　　可见，传统的市场管制理论忽视了真实市场以及政府管制之后的企业行为，所以得出的结论往往也是有缺陷的。同时，传统管制经济学认为政府管制是为了矫正"市场失灵"而产生的，管制的目的是追求社会福利或公共利益的最大化。然而，现实中的政府既不是大公无私、完全追求公共利益的，更不能完全掌握有效管制所需的充分信息，这往往导致管制的效果并不如希望的那样有效，并且导致了很多负面效果。

　　斯蒂格勒和弗里德兰第一个对"管制可以有效影响企业行为"的论断

① M. A. Utton, *The Economics of Regulating Industry*, Oxford：Blackwell，1986：358.

② Harvey Leibenstein，"Allocative Efficiency vs. 'X-Efficiency'"，*The American Economic Review*，1966，56（3）：392 – 415.

③ Alfred Edward Kahn, *The Economics of Regulation：Principals and Institutions*，Vol. 1，New York：Wiley，1970：381.

④ R. R. Braeutigam，"Optimal Policies for Natural Monopolies"，In R. Schmalensee and R. D. Willig，eds. Handbook of Industrial Organization. Vol . Ⅱ，Amsterdam：North Holland，1989：541.

⑤ H. Averch and L. Johnson，"The Behavior of the Firm Under Regulatory Constraint"，*American Economic Review*，1962：61.

进行了质疑，他们于 1962 年在《管制者能管制什么——电力部门实例》中通过对被管制的电力行业的价格水平、价格歧视程度、收益率等变量对管制的实际效果进行了经验检验，结果发现政府管制并没有实现较低的电力价格，而这是公共利益理论所预期的①，所以管制的有效性是有疑问的。进入管制的存在，保证了一些企业的垄断经营，然而相应的价格管制效果却并不理想，垄断高价仍然存在。再加上上文所述的"X—非效率"以及"A—J效应"的存在，正如波斯纳所总结的那样，经济学家经过多年的理论和经验研究，已经证明了管制与外部性的存在以及垄断的市场失灵非正相关；政府管制并没有很好达到增进社会福利的目的，相反，管制的存在还造成了很多负面影响②。

既然管制往往是无效的，那么它存在的理由就更值得研究了，而这正是我们上文研究政府管制时提到的俘获理论所要解决的问题。斯蒂格勒将政治行为与经济行为纳入经济学分析框架，提出管制是由管制需求和供给共同决定的，或者说，"通常，管制是由产业寻求的，管制的设计和实施主要是为产业利益服务的"③。佩尔兹曼发展了斯蒂格勒的模型，他承认管制是由需求和供给共同决定的，但他也强调管制是一个政治均衡过程，这一政治均衡过程受各种利益集团的影响。佩尔兹曼进一步得出了政治均衡的边际条件是政治支持替代率等于由于生产者利润和消费者剩余相互转移的边际替代率④。与前两者相比，贝克尔也发展了自己的政治均衡模型，但与斯蒂格勒和佩尔兹曼不同，他的模型不是建立在管制者为实现其自身利益最大化而选择最优管制政策的基础上，而是将注意力集中在不同利益集团之间的竞争，以及这种竞争决定的再分配结果，所以贝克尔模型更倾向于一般均衡模型⑤。根据这些研究，史普博甚至直接将管制的过程视为由被管

① George J. Stigler and Claire Friedl, "What Can Regulaors Regulate: The Case of Electricity", *Journal of Law and Economics*, 1962, 10 (5): 3-16.

② Richard A. Posner, "Theories of Economic Regulation", *Bell Journal of Economics and Management Science*, 1974, 5 (2): 336.

③ George J. Stigler, "The Theory of Economic Regulation", *Journal of Economics and Management Science*, 1971, 2 (1): 31.

④ Sam Peltzman, "Toward a More General Theory of Regulation", *The Journal of Law and Economics*, 1976, 19 (2): 82.

⑤ Gary S. Becker, "A Theory of Competition among Pressure Groups for Political Influence", *The Quarterly Journal of Economics*, 1983, 98 (3): 361.

制市场中的消费者和企业、消费者偏好和企业技术、可利用的战略以及规则组合来界定的一种博弈①。

　　所以，政府管制不仅可能不会对市场的无效率实现纠正，还可能带来负面效应，这些成本都可以视为间接成本；不仅这些间接成本存在，政府管制也存在巨大的直接成本。政府管制的直接成本是由于政府在管制的过程中需要耗费组织成本，例如，政府为了实现有效的管制，需要进行管制立法，成立专门的管制机构，这些管制机构需要专职的人员。管制的过程不仅是管制法律的实施过程，也是一个收集、分析以及加工信息的过程，这一过程需要被管制企业的财务会计等材料，而加工这些材料也需要大量的人力、物力和财力，这些成本都是相当昂贵的。以美国联邦政府为例，美国的管制机构运行成本十分巨大，并且呈现出不断增长的趋势。1970年，美国联邦政府管制机构的成本就已达到1.409亿美元；到1991年，美国联邦政府管制机构的运行成本已达到12.246亿美元，比1970年增长了769.13%，并且，在这一时期内，美国联邦政府管制机构的专职职员也增长了54.43%②。另一项关于联邦管制项目成本的综合评估也表明管制的直接成本是巨大的：美国1995年的GDP是73000亿美元，管制总成本达到了6680亿美元，占GDP的比重为9.2%，平均到每个家庭估计是6809美元③。政府管制巨额的直接成本的存在，意味着如果管制带来的收益不够大时，政府管制应该谨慎实施，这还是在没有考虑管制可能带来的各种负面影响的情况下的结论。

　　3. 管制重构

　　进入20世纪70年代，受政府失灵理论的影响，西方发达国家逐渐认清了传统管制理论的缺陷，出现了"放松管制"的市场化浪潮，"市场和竞争就是最主要的管制"成为管制趋势。英国、美国等国家以放松管制为核心进行了大范围的管制变革，相继放松了对汽车、铁路、航空和天然气生产等行业的政府管制。

　　随着放松管制实践出现，新的管制理论逐渐出现，以替代传统管制理

① ［美］丹尼尔·F.史普博：《管制与市场》，余晖等译，上海人民出版社2008年版，第397页。
② W. Kip Viscusi, John M. Vernon and Joseph E. Harrington, *Economics of Regulation and Antitrust*, Cambridge：MIT Press, 1992：395.
③ ［美］W.吉帕·维斯库等：《反垄断与管制经济学》，陈甫军等译，机械工业出版社2004年版，第24–25页。

论的缺陷，例如"委托—代理"理论逐渐被引入管制过程。以"委托—代理"理论为基础，洛伯和马盖特开发了一个制度框架，用以解决管制过程中的信息不对称以及政府追求自身利益的行为，即"L—M激励机制方案"①。但总的来看，新的管制理论还处于发展阶段，不同的学者往往利用不同的理论基础来研究这一问题，所以没有形成一个统一的理论框架和政策体系。

四、理论总结：垄断、管制与效率

1. 自然垄断与管制

自然垄断的理论核心就在于有效实现政府管制，这在穆勒最先提出自然垄断问题时就已经说明了。后来的自然管制理论也是围绕政府管制的边界问题展开的，自然垄断理论和政府管制理论是具有内在关联性的。

从上文对自然垄断问题的研究以及管制问题的研究来看，二者之间的研究是缺乏交集的。管制理论已经到了新的阶段，强调政府管制的政治经济学问题；但自然垄断理论还是在研究有效的政府管制边界问题，没有将政府管制的政治因素考虑在内，或者说，自然垄断的管制理论以及管制的政治经济学理论之间对于管制的效果、管制的原因以及管制的复杂过程等问题没有达成一致。所以，虽然自然垄断是市场失灵的表现，是政府管制的原因，但自然垄断行业管制式的产业结构是否有存在的充分理由是值得怀疑的。

2. 垄断与效率

无论从传统的垄断理论还是从后来的自然垄断理论来看，由于垄断是典型的市场失灵，所以其必然是对市场效率的损害。但随着可竞争市场理论、现代竞争市场理论等的兴起，垄断与效率之间的关系似乎并不是那么明显了。所以，垄断与效率问题就是一个经验问题。另外，对于现代市场经济来说，技术创新是经济发展的基础，但是技术创新往往需要垄断的市场结构以及政府的管制。那么，垄断的市场结构与技术创新之间的关系又是如何呢？

对垄断与效率的关系问题的开创性研究来自美国学者贝恩于20世纪50

---

① Martin Loeb and Wesley A. Magat, "A Decentralized Method for Utility Regulation", *Journal of Law and Economics*, 1979, 22: 399–404.

年代的研究，他首先将行业的集中度与利润率的关系变成了产业组织理论
所探讨的关键主题之一①。后来的诸多研究表明，行业集中度与利润率之间
确实存在着某种程度的正相关关系②，但对这种相关关系的解释则有所区
别：一方认为是由于串谋等垄断因素导致垄断定价，垄断定价是较高利润
率的来源③；另一方则不承认这种解释，他们认为规模经济等效率因素才是
高利润率的原因，这种行为在本质上应该得到鼓励④。可见，垄断与利润的
关键问题不在于它们的关系，而在于怎样解释这种关系；而解释的差异在
本质上就决定了政策选择的差异：如果是垄断行为导致的，那么这种利润
率就是对市场效率的破坏；如果是效率因素导致的，那么这种行为就应该
得到鼓励，至少不应该禁止。

　　第二个问题则与对技术创新条件的研究有关，有关技术创新条件的早
期探索来自阿罗，他认为竞争市场结构对技术创新的激励要高于垄断市
场⑤。但这一解释不被德姆塞茨认可，在德姆塞茨看来，垄断市场更利于技

---

① J. S. Bain，"Relation of Profit Rate to Industry Condcentration：American Manufacturing，1936 – 1940"，*Quarterly Journal of Economics*，1951（65）：293 – 324.

② J. S. Bain，"Relation of Profit Rate to Industry Condcentration：American Manufacturing，1936 – 1940"，*Quarterly Journal of Economics*，1951（65）：293 – 324；J. S. Bain，Industrial Organization，New York：Harvard University Press，1959：79；Tirole J.，*The Theory of Industry Organization*，Cambridge：The MIT Press，1989：357；M. E. Slade and Jacquemin A.，"Strategic Behaviour and Collusion"，in G. Norman and Manfred LaManna，eds. *The New Industrial Economics*. Aldershot：Edward Elgar，1992：283；George J. Stigler，*The Organization of Industry*，Illinois：Irwin，1968；Harold Demsetz，"Why Regulate Utilities?"，*Journal of Law and Economics*，1968，11（1）：55 – 65；Harold Demsetz，"Industry Structure，Market Rivalry，and Public Policy"，*Journal of Law and Economics*，1973（1）：7 – 8.

③ J. S. Bain，"Relation of Profit Rate to Industry Condcentration：American Manufacturing，1936 – 1940"，*Quarterly Journal of Economics*，1951（65）：293 – 324；J. S. Bain，Industrial Organization，New York：Harvard University Press，1959：62；Tirole J.，*The Theory of Industry Organization*，Cambridge：The MIT Press，1989：273；M. E. Slade and Jacquemin A. "Strategic Behaviour and Collusion"，in G. Norman and Manfred LaManna，eds. *The New Industrial Economics*. Aldershot：Edward Elgar，1992：47 – 65.

④ George J. Stigler，*The Organization of Industry*，Illinois：Irwin，1968；Harold Demsetz，"Why Regulate Utilities?"，*Journal of Law and Economics*，1968，11（1）：55 – 65；Harold Demsetz，"Industry Structure，Market Rivalry，and Public Policy"，*Journal of Law and Economics*，1973（1）：3 – 91，2 – 8.

⑤ K. J. Arrow，"Economic Welfare and the Allocation of Resource for Invention"，In R. R. Nelson，ed. *The Rate and Direction of Inventive Activity：Economic and Social Factor*，Princeton University Press，1962：82.

术创新[1]。围绕阿罗和德姆塞茨之间的争论，后来的学者进行了大量的经验研究，并且在阿罗和德姆塞茨的路径之间也出现了中间路线，即认为完全竞争和完全垄断之间的市场结构是最适宜技术创新的。当然，这些研究主要是在"哈佛学派"的 SCP 框架下进行的，最后得出的结论也比较含混，并没有得到相对清晰的论断。

其他路径的研究主要强调竞争和技术创新之间的关系，而不是市场结构与创新之间的关系，这一路径更强调竞争与技术创新之间的动态过程以及动态效率问题。熊彼特认为，创新租金会刺激新企业进入垄断性，新企业一旦掌握了替代性的技术，会给在位企业带来灾难性后果，因为新企业"打击的不是现有企业的利润和产量边际，而是它们的基础和它们的生命"[2]。以哈耶克、Kirzner 等为代表的新奥地利学派对竞争过程的观点与熊彼特的观点是类似的，在哈耶克看来，"竞争乃是一种发明和选择适宜技术，市场的纠错包括以更先进的技术替代落后的技术。市场结构内生于竞争过程，某一时点生成的市场结构不过是一种耦合秩序，把耦合秩序当作一种严格意义的标准以之评价经济效率乃是极其误导的"[3]，所以，根本就不存在适宜于技术创新的最优市场结构。按照新奥地利经济学的观点，充分的市场竞争是以一个条件为基础的：自由的市场进入。正如 Kirzner 指出的，如果没有取缔在位企业凌驾于新进入者的特权、没有杜绝在位者或政府设置的进入壁垒，那么充分竞争所要求的市场自由进入条件是不可能满足的，动态效率也是不可能获得的[4]。所以，问题的关键就不在于市场的结构，而在于市场的过程，而自由进入的市场就是过程竞争充分的市场。一旦过程竞争是充分的，新的企业在获得新技术之后就能够顺利进入市场与在位企业展开充分竞争；在这种条件下，在位企业由于无法确定何人于何时、何地挑战其垄断地位，为了避免被淘汰，在位企业将持续致力于技术创新。

---

[1] Harold Demsetz, "Information and Efficiency: Another Viewpoint", *Journal of Law and Economists*, 1969 (12): 283.

[2] [美] 约瑟夫·熊彼特：《资本主义、社会主义与民主》，吴良健译，商务印书馆1999年版，第99页。

[3] [英] 弗里德里希·冯·哈耶克：《作为一种发现过程的竞争》，载邓正来编译：《哈耶克文集》，首都经济贸易大学出版社2001年版，第27页。

[4] I. Kirzner, "Entrepreneurial Discovery and the Competitive Process: An Australian Approach", *Journal of Economic Literature*, ⅩⅩⅩⅤ, 1997: 93.

总之，在市场结构和效率的关系方面，无论是经验研究还是理论解释都有争论，结构视角下的解释也没有得到满意结论；在动态竞争的视角下进行的研究又很难实现经验证明，导致垄断与效率之间的关系变得模糊不清。

3. 总结

垄断问题，特别是自然垄断问题，首先都是建立在对市场竞争的不同理解基础之上的，对市场竞争的不同理解会导致对垄断行为的不同解释，会改变人们对垄断行为的认识，改变政府对垄断行为的规制手段。自然垄断理论也是一个动态发展的过程，什么是自然垄断以及判断自然垄断的标准都是发展的，且越来越偏向于经验性讨论，远离抽象性讨论，这明显是一种理论进步。管制经济学也逐渐从市场失灵、公共利益过渡到政府失灵问题以及管制效果等问题的讨论，视角和范围都有重大的革新。

总的来说，垄断、自然垄断、市场失灵以及管制理论是内在地联系在一起的。垄断导致竞争市场失败，其损害市场效率；自然垄断则是因为市场竞争的失败导致的，是一种市场失灵的表现，市场失灵是政府管制的逻辑起点，所以自然垄断需要政府管制。但是，这一理论路径有如下缺陷：

（1）对垄断和效率、管制和效率之间的关系没有系统的研究。虽然管制与效率、垄断与效率这两个问题都是经常研究的问题，但在整个垄断—管制理论体系的构建过程中，特别是自然垄断—管制理论的构建过程中，有关这些研究的综合框架仍然是不存在的，二者之间的关系仍然相对零散，没有一个相对统一的框架。

（2）需要一个综合的框架，这一综合的框架需要说明：①自然垄断的政府管制的条件，这一条件应该不仅包括静态的效率标准，如边际成本定价的新古典理论所认为的，还需要说明垄断的市场结构与X—效率、动态效率之间的关系。②市场以及政府管制的成本需要比较分析，即不能因为政府管制的负面效应而回避缺乏政府管制带来的市场损失，也不能因为有市场失灵成本而忽视政府管制带来的成本，二者并不是非此即彼的关系，而是需要对不同的管制制度进行更加深入的比较分析。

虽然这些理论有一定的缺陷，但是，这些理论有其自身的价值。对于我国的行业垄断来说，这些理论也具有相当程度的解释力，并且，以这些理论为基础，我国学者也对我国的行业垄断问题进行了深入的研究。这些研究主要包括四个问题：我国行业垄断产生的原因是什么？我国行业垄断的程度如何？我国行业垄断造成了多大的损害？怎样规制我国的行业垄断？

第三节　我国的行业垄断：原因、程度和损害

一、我国行业垄断产生的原因

我国行业垄断的产生有特殊的背景，这使我国的行业垄断问题比其他国家更为复杂，这也是为什么说我国的行业垄断具有特殊性的原因。造成我国行业垄断的原因非常复杂，主要包括以下几个方面：特殊的政治制度背景、行政利益的驱动、特殊的财政人事制度以及不健全的法律体系。

首先，我国传统的经济体制是计划经济体制，国家对经济运行实行严格的限制。虽然我国在十一届三中全会之后国家逐渐退出了经济领域，市场经济逐渐兴起，但计划经济体制依然对我国的市场经济运作产生着重大的影响。不仅如此，我国历史上就有官商不分的历史传统、意识形态等，均强调国家的重要性，强调国家对整个社会的管理和控制，再加上计划经济体制的惯性，这是导致我国行业垄断具有强行政性的原因[1]。所以，我国的行业垄断问题不仅是个经济问题，也是一个政治问题[2]。

其次，行政利益是我国行业垄断产生的最主要原因。斯蒂格勒、佩尔兹曼、波斯纳等将管制者（相对应的是中国的行业主管部门）视为追求自身利益而非公共利益的理性人。与此类似，我国的行业主管部门也是追求自身利益的理性人，并且由于我国缺乏相对有效的监督机制对政府部门的自利行为进行监督，使得我国的行业主管部门的部门利益化比西方国家表现得更为明显。中国的消费者对行业主管部门（管制者）的政治约束力要低于西方国家。选举机制以及其他的监督机制会促使西方国家的政府相对来说更加注重回应公共利益的追求，但中国的行业主管部门（管制者）不存在选民支持程度与产业支持程度之间明显的权衡，或者说几乎不存在政

---

① 陈志成：《行政垄断的多维解读》，《中国行政管理》2002 年第 3 期，第 23 页。
② 薛克鹏：《行政垄断的非垄断性及其管制》，《天津师范大学学报》（社会科学版）2007 年第 3
  期，第 10 页。

治利益和经济利益之间的权衡（这在斯蒂格勒—佩尔兹曼模型中是非常重要的）。如余晖对我国行业管制模型的研究所假设的，在自我利益最大化的假设下，企业会追求利润最大化，消费者追求自身效用最大化，但政府部门以及管制者不会追求选票最大化，而是追求部门效用以及税收最大化——其追求的目标往往与企业的目标具有一致性，在这种政企联盟的条件下，三方的均衡点很难找到①。陈富良也认为，政府管制的供求取决于成本效益的比较、利益集团的博弈以及规则冲突三个因素，是三方面因素的均衡。但是对于中国来说，这种均衡即使存在也是非常不稳定的②。正是基于此，我国学者几乎都认为，行政利益、部门利益是我国行业垄断最大的原因，也是最大的阻力③。

再次，特殊的行政管理体制以及财税制度、人事制度也是我国行业垄断产生的重要原因。①我国的行政管理体制具有政企不分、政事不分的特点，这也与我国传统的政治体制有关④。②我国特殊的中央与地方之间的关系、国家与行业主体之间的关系、地方与地方之间的关系等问题，以及行政权与立法权、司法权等公共权力之间的复杂关系等都构成了我国行业垄断产生的重要体制性原因⑤。可见，我国特殊的行政管理体制也是我国行业垄断产生的重要原因。

最后，我国反垄断法律体系以及行政法律体系的不健全也是行业垄断如此严重的原因。我国的行政法律体系目前并没有系统化和体系化，这既表现在我国的行政法律体系尚未形成完整和统一的体系，也表现在行政执法上的政出多门。我国现行的行政执法体制具有"管辖重叠、多头执法、相互牵制"的特点，这种行政执法体制往往导致"行政权力"滥用⑥。在缺

① 余晖：《受管制市场里的政企同盟——以中国电信业为例》，《中国工业经济》2000 年第 1 期，第64 页。
② 陈富良：《S－P－B 规则均衡模型及其修正》，《当代财经》2002 年第 7 期，第 15 页。
③ 侯怀霞：《行政垄断的成因、类型及法律对策》，《山西大学学报》（哲学社会科学版）2001 年第6 期，第 52 页；田檬檬：《反行政垄断初探》，《河北法学》2004 年第 10 期，第 124 页；黄勇、邓志松：《论规制行政垄断的我国〈反垄断法〉特色——兼论行政垄断的政治与经济体制根源》，《法学杂志》2010 年第 7 期，第 53 页。
④ 侯怀霞：《行政垄断的成因、类型及法律对策》，《山西大学学报》（哲学社会科学版）2001 年第6 期，第 49 页。
⑤ 夏业良：《反垄断的民间力量》，《21 世纪经济报道》2001 年 2 月 19 日第 22 版。
⑥ 杨巍、王为农：《关于行政垄断及其法律管制》，《浙江社会科学》2002 年第 3 期，第 98 页。

乏有效的法律体系对我国的行业垄断进行规制的条件下，行业垄断的实施成本十分低廉①。

可见，我国行业垄断产生的原因是非常复杂的，这就决定了消除我国行业垄断任务的复杂性和艰巨性。这不仅是一个市场化问题，还是一个政治问题，涉及基本的行政管理体制、政治体制和法律体制的根本变革和转型，甚至还包括破除最基本的意识形态等观念性因素，这进一步加剧了去除我国行业垄断的艰巨性②。这说明，我国的行业垄断一方面是政府设租行为，以及与企业之间的共谋导致政府对经济的过分干预；另一方面是我国特殊的制度遗留并不仅仅是一个可以破除的问题，其造成的影响可能比任何设租问题导致的影响还要大。

二、行业垄断的程度分析

我国行业垄断虽然存在普遍性，产生的原因也是复杂的，但问题在于我们需要更为清晰的界定：哪些行业存在行政性的行业垄断？垄断的程度如何？对于这些问题，由于学者研究的视角差异甚大（因为这本身就与行业垄断的概念有关），所以得出的答案也是有差异的。

对于到底哪些行业是行政垄断性行业，大部分学者都是直接采用垄断行业范畴，而不是根据垄断的程度进行进一步分析。例如，王学庆认为，垄断行业可以分为自然垄断行业和行政垄断行业，其中电力行业、电信行业、铁路行业、民航行业、高速公路、水运港口设施、邮政行业、天然气管道运输、城市自来水、城市燃气供应、城市居民供热、城市排污12个行业属于自然垄断行业，石油与成品油、广播电台、无线与有线电视台、烟草专卖、食盐专卖5个行业属于行政垄断行业③；石淑华将以上17个行业都纳入行政垄断行业的范畴，他认为，自然垄断行业只是行政垄断行业的一部分④。

① 田檬檬：《反行政垄断初探》，《河北法学》2004年第10期，第125页。
② 夏业良：《反垄断的民间力量》，《21世纪经济报道》2001年2月19日第22版；曹海晶、周昕：《行政垄断的法律界定及规制》，《江苏行政学院学报》2002年第1期，第122页。
③ 王学庆：《垄断性行业的政府管制问题研究》，《管理世界》2003年第8期，第73页。
④ 石淑华：《20世纪90年代以来中国垄断性产业经济增长方式分析——以电力、电信产业为例》，《贵州财经学院学报》2006年第4期，第20页。

　　但是，后来的学者逐渐打破这种类型化的分析，不再将一个行业视为行政垄断或行业垄断的二分法，而是强调具体行业的垄断程度。目前有代表性的判定标准主要是 ISCP 框架，这一框架是相对成熟的框架。

　　ISCP 框架是首先由于良春提出的衡量行业性行政垄断程度的综合指标体系①。ISCP 框架是借鉴产业组织理论中的 SCP 范式，由于 SCP 范式没有考虑特殊的转轨制度问题，而这一问题是我国行业垄断的重要制度背景（前文已述），所以新的框架必须加上特殊的制度因素，即 I（Institution），它表示行政垄断得以形成和持续的制度性因素。与 SCP 类似，S（Structure）表示反映行业性行政垄断的市场结构和产权结构；C（Conduct）表示政府和厂商的垄断行为；P（Performance）表示有行政垄断特征行业的绩效，绩效既包括微观层面也包括产业层面和宏观层面的经济效率。在这一框架下，为了对不同行业的垄断强度进行比较，他设计了一个适用于各行业的三级指标体系。这一指标体系由 4 个一级指标、12 个二级指标及 31 个三级指标构成，基本上能够覆盖行业垄断的主要特征。其中一级指标分别为制度指标、结构指标、行为指标以及绩效指标，其中制度指标由行业主管部门、限制和排斥竞争的法律法规及数量、进入壁垒、价格管制以及旋转门现象 5 个二级指标构成；结构指标由产权结构、市场结构 2 个二级指标构成；行为指标由厂商利用行政垄断的谋利行为以及厂商经营活动的自主权 2 个二级指标构成；绩效指标由配置效率、生产效率及厂商提供的服务质量 3 个二级指标构成②。

　　这一方法的优势在于指标的丰富性，但问题是指标太过复杂，对数据的搜集和分析是一个挑战。根据这一方法，丁启军则从整个指标体系中选取了 5 个相对成熟且能更有效量化的指标来测度行政垄断的程度，这 5 个指标是国有化比重、行业集中度、是否具有明显价格管制、垄断行为程度及产业利润率。以这 5 个指标为基础，综合运用二维分析法、综合加权排序法和主成分分析法，如果三种方法都判定为行政垄断行业，那么这一行业就是强势行政垄断行业；如果有两种方法判定为行政垄断行业，则将其定义为中势行政垄断行业；如果只有一种方法判定为行政垄断行业，则被认定

① 于良春：《反行政垄断：竞争政策的若干思考》，载于良春主编：《反行政性垄断与促进竞争政策前沿问题研究》，经济科学出版社 2008 年版，第 17－35 页。
② 于良春、张伟：《中国行业性行政垄断的强度与效率损失研究》，《经济研究》2010 年第 3 期，第 39 页。

为弱势行政垄断行业。中势和弱势行政垄断行业统称为非强势行政垄断行业。根据这一方法，我国强势行政垄断行业包括石油和天然气开采业、电信和其他信息传输服务业、航空运输业、铁路运输业、烟草制品业、银行业、邮政业、电力—热力的生产和供应业、石油加工业；中势行政垄断行业包括煤炭开采和洗选业、燃气生产和供应业；弱势行政垄断行业包括有色金属采选业、水的生产和供应业。其中，9 个强势行政垄断行业 2006 年的总主营业务收入约为 71740 亿元，占当年国内生产总值 210871 亿元的 34% 左右［根据《中国统计年鉴》、《中国工业经济年鉴》及《中国经济年鉴》（2007）整理计算］。①

　　无论是类型学的划分还是对我国行业垄断的程度进行指标性的测量，都显示我国的行业垄断的行业多样化、垄断程度较高等特征，并且，这些行业在整个国民经济中所占的比重也非常高，这进一步说明了我国行业垄断问题的严重性以及对其进行深入分析的必要性。

三、行业垄断的损害分析

　　我国对行业垄断损害的分析非常多，既包括总结性的概括，也包括计量性的对经济效率损害的研究。总的来说，这些研究主要分析了以下几个方面的内容：①从不同的行业以及宏观经济的角度讨论行业垄断的经济效果，即效率损失以及社会福利损失。②行业垄断带来的收入分配效应问题。③行业垄断带来的腐败问题。④行业垄断对我国市场经济和市场体系建构的破坏效应问题。

　　由于经济效率相对容易测量，所以对行业垄断的经济效率的研究最具有累积性，也更具有说服力。对于行业垄断与经济效率之间的关系，国内学者首先从理论层面做了较多的研究，这些理论研究得出的结论大都支持行业垄断会导致效率低下。如杨兰品认为，行业垄断会导致资源浪费和资源配置效率的低下②；余晖认为，低效率就是行业垄断的本质特征之一③。对行业垄断对经济效率带来破坏效应的研究也以计量的形式进行了分析，

---

① 丁启军：《基于管制视角的行业性行政垄断问题研究》，山东大学博士学位论文，2011 年，第 1 页。
② 杨兰品：《中国转型时期垄断问题研究》，《经济评论》1999 年第 4 期，第 51 页。
③ 余晖：《行政性垄断如何终结》，《中国经济时报》2001 年 4 月 25 日第 8 版。

这些研究主要包括两种类型：一种是在宏观上进行分析，即将所有的行业放入一个测量框架中；另一种是将注意力集中在某一特殊的行业，根据这一行业论证行业垄断的效率损失问题。

我国垄断行业的利润率非常高，丁启军的研究显示，我国行业垄断与行业利润之间确实存在着正向关系；但三方面效率指标均显示行业垄断并不能带来企业生产效率的提升，这些利润只不过是垄断定价的结果①。刘志彪和姜付秀在 2003 年对我国行政性垄断行业的制度成本进行了分析，他们发现，1997~2000 年，从净社会福利损失角度来说，每年平均最低限损失估计在 918.16 亿元，占 GNP 的 1.15%，如果用柯林和穆勒的估计方法，损失额高达 2190.13 亿元，占 GDP 的 2.75%，而这是一种纯粹经济损失。在垄断租金部分，其绝对数高达 2930 多亿元，占 GNP 的 3.68% 左右，并且巨额的垄断租金往往被留在行政垄断部门，相当一部分被这些部门浪费、消耗掉。这说明，我国行业垄断的制度成本是非常高的②。但由于我国对整体行政垄断行业的划分以及数据等问题没有达成一致，更多的研究是在具体的行业或者选取代表性的几个行业为基础来研究这一问题的。于良春和张伟通过对电力、电信、石油、铁路四个行业的深入研究，发现无论是在微观层面上还是在产业以及宏观层面上，行政垄断均造成了巨大的效率损失，而且跨期考察发现这一损失额占 GDP 的比重有不断增长的趋势③。牛帅则选取了 6 个有代表性的垄断行业进行了实证测算，发现 2006 年 6 个行业总的成本损失额为 9999 亿元，占当年全部国有及规模以上非国有工业企业主营业务成本的 3.8%。如果根据所有工业部门主营业务成本和工业增加值之间的比例关系，可以计算得出等价的工业增加值损失额高达 3440.417 亿元④。王会宗以铁路运输业为例，分别运用 H 指数公式和 DEA 方法测算了铁路行业的市场集中度与生产效率的关系，结果表明行政垄断虽然在短期内对生产效率的负面影响并不显著，但其却在长期内阻碍了生产效率的提高⑤。马甜运用索洛余值法测算了 1987~2007 年中国电力产业的全要素生产率，发

① 丁启军：《行政垄断行业高利润来源研究》，《工业经济研究》2010 年第 5 期，第 43 页。
② 刘志彪、姜付秀：《我国产业行政垄断的制度成本估计》，《江海学刊》2003 年第 1 期，第 77 页。
③ 于良春、张伟：《中国行业性行政垄断的强度与效率损失研究》，《经济研究》2010 年第 3 期，第 39 页。
④ 牛帅：《行政性垄断导致行业生产成本低效》，《财经科学》2009 年第 10 期，第 67 页。
⑤ 王会宗：《行政垄断与经济效率——基于中国铁路运输业的实证分析》，《经济问题》2009 年第 9 期，第 24 页。

现随着电力产业民营化进程的深入，电力产业的全要素生产率得到不断提高，也说明了电力行业的垄断效率损失是存在的①。杨骞则分析了烟草产业行政垄断造成的社会成本，通过估算，1998～2008 年中国烟草产业行政垄断所造成的社会总成本在 15126.39 亿～26818.6 亿元，占 GDP 的 0.867% ～1.54%②。杨秀玉则对电信行业垄断对技术效率的影响进行了研究，结果显示当电信行业垄断程度降低时，全要素生产率的增长速度放慢，前沿技术进步加快，资源配置效率加强，规模总报酬递减，进一步说明了行业垄断对技术效率的影响③。总之，无论从整体行业垄断的角度还是从不同行业来看，我国的行业垄断造成的经济效率损失和经济成本都是非常巨大的。

行业垄断不仅带来了经济效率损失，也带了收益分配的不对称。我国具有垄断性质的行业几乎都具有价格管制，但丁启军的价格管制与利润率、平均工资的回归分析发现，价格管制虽然导致行业账面利润率的下降，但却造成了职工平均工资的增加，这说明被管制企业的实际利润已向内部员工转移。这也进一步说明价格管制的失效，垄断高价依然存在，价格管制只不过是让垄断企业将垄断利润向企业内部员工转移了而已④。我国当下的收入分配不均非常严重，但垄断性行业与非垄断性行业、垄断性行业内部的收入分配的不平等是整个社会分配不平等的缩影。行业垄断造成的收入不平等是行业垄断造成的危害之二。

Abed 和 Davoodi 在研究转轨经济中的腐败问题时发现，在一个介于市场经济体制和计划经济体制的制度环境中，行政垄断可能会更容易地导致掌握公共权力的微观个体与垄断厂商进行共同的设租及寻租，这将引发大腐败的产生⑤。同样的道理，我国的行业垄断由于具有较强的行政性色彩，也导致了设租行为、寻租以及腐败的高发。例如，俞燕山认为，行政垄断行业往往依靠行政特权排除竞争对手，获取超额利润，这一过程往往会诱发严重的腐败⑥；过勇和胡鞍钢也认为，行政性的行业垄断是中国经济转型中

---

① 马甜：《转型期自然垄断产业民营化进程与全要素生产率的变动——以中国电力产业为例》，《当代财经》2010 年第 2 期。

② 杨骞：《我国烟草产业行政垄断的社会成本估算》，《当代财经》2010 年第 4 期，第 97 页。

③ 杨秀玉：《我国电信行业经济效率分析》，《山东经济》2010 年第 2 期，第 78 页。

④ 丁启军、王会宗：《管制效率、反垄断法与行政垄断行业改革》，《财贸研究》2009 年第 4 期，第 8 页。

⑤ G. Abed and H. Davoodi, "Corruption, Structural Reforms, and Economic Performance in the Transition Economies", International Monetary Fund, *IMF Working Paper*, 2000, 132: 253.

⑥ 俞燕山：《我国基础设施产业改革的政策选择》，《改革》2002 年第 1 期，第 52 页。

最严重的腐败形式之一，给我国社会和消费者造成了巨大的经济损失①。于华阳等的研究则发现，行业主管部门（管制者）对我国的行业管制实际上是放松了对其利润水平的管制强度②。这在一个侧面说明了我国行业垄断造成的潜在寻租问题的严重性。

行业垄断也使我国统一市场的形成变得困难。我国的市场经济改革过程至今依然艰难，全国性的统一市场仍然没有完全形成，公平竞争的市场架构依然不完善，这些与我国的行政性行业垄断高度相关。例如，高尚全认为，行政垄断破坏了全国统一市场的建立和公平竞争市场的确立③；易成认为，行政垄断会导致我国企业管理的低效率，低效率的企业管理使我国的企业在面对国际竞争时往往应对乏力，这不利于提高我国企业的国际竞争力④；马茹萍认为，行政垄断会破坏平等自由的竞争机制，而这是市场经济得以确立的基础⑤。

总之，我国的行业垄断表现出如下的特点：第一，我国行业垄断产生的原因是复杂的、多样化的，历史的、政治的以及行政管理体制等都是重要的原因。第二，我国行业垄断的程度非常高，这表现在三个方面：①具有行业垄断性质的行业非常多，且在整个经济体系中所占的比重较大。②特定行业的行业垄断程度非常高。③我国行业垄断造成的危害非常严重，不仅包括经济损害，也包括造成的腐败等其他损害。

第四节　反行业垄断：经验与研究

一、行业反垄断：我国做了哪些

在推进我国市场经济改革的伊始，我国行业垄断以及其可能对我国市

① 过勇、胡鞍钢：《行政垄断、寻租与腐败》，《经济社会体制比较》2003年第2期，第69页。
② 于华阳、于良春：《行政垄断形成根源与运行机制的理论假说》，《财经问题研究》2008年第1期，第35页。
③ 高尚全：《加快推进垄断行业改革》，《市场经济研究》2004年第2期，第9页。
④ 易成：《论我国行政垄断的成因及对策》，《当代经济》2004年第10期，第51-52页。
⑤ 马茹萍：《反垄断法应管制行政垄断》，《经营与管理》2007年第2期，第8页。

场经济改革进程产生的破坏效应就已经被重视，并一直在采取措施解决这一问题。十一届三中全会以后，国务院制定了一系列规范性法律文件以配合和推行经济改革进程，包括《关于推动经济联合的暂行规定》和《关于开展和保护社会主义竞争的暂行规定》这两部法规。这两个《暂行规定》以我国当时的政治经济状况为基础，在总体上规定了我国计划经济体制向市场经济体制转变的框架与思路。这一转变包括两个层面：在企业层面，需要打破单一的国有或集体所有制企业形态，实现企业所有制的多样化，在多种所有制企业之间实现相互竞争，提升企业的效率和竞争力，促使市场竞争更加活跃；在政府层面，需要打破部门的以及地方的垄断和封锁，为企业建构良好的竞争环境和法律体系，保障企业之间实现充分的竞争。

以此为基础，我国的行业垄断改革也在持续地推进①。1993 年以前，我国的行业垄断改革是在传统的行政管理体制的基础上进行的。20 世纪 80 年代，我国由于刚刚走上社会主义市场经济道路，各种产品和服务都相当稀缺。在经过市场经济改革之后，国家面临的最大问题是激励生产单位从事产品和服务的生产。这并没有触动我国行政体制的根本，即这一调动各方积极性的过程是在我国的条块结构下完成的，横向以部门为基础，纵向以地方为基础，国家通过各种手段调动生产的积极性。是故，虽然市场逐渐得到培育，但以部门和地方为基础的行政垄断也逐渐扎下了根。

1993～1997 年是我国行业垄断改革具有突破性进展的几年。由于我国行业垄断对我国市场经济的建构造成的破坏效应逐渐凸显，为深化我国的市场经济体制改革，国家采取了多样化的政策以破除我国行业垄断的状况。例如，我国的电力部门就因为中央与地方以及地方之间的利益之争和贸易壁垒造成了我国电力市场的普遍混乱。1995 年，"多家办电"的市场投资多元化格局逐渐显现，1996 年《电力法》的出台进一步加快了电力行业垄断改革的步伐。民航业也在 1994 年放松外资投资的限制，并在 1997 年放开了机票价格的管制。从电信业来看，1994 年成立了中国电信和中国吉通，并且在 1997 年实现了邮电分家，这都有利于我国电信行业的改革。

1998 年以来，我国的行业垄断改革步伐有所加快，首当其冲的是我国行政管理体制的改革。1998 年七届人大一次会议通过的新机构改革方案将各专业经济部门改组为隶属于国家经贸委的局，不再具有直接管理企业的

---

① 李东升：《自然垄断性中央企业的政府管制变革》，《中国行政管理》2009 年第 9 期，第 18 页。

职能和权力。电力行业也于 1998 年实行了改革，成立了国家电力公司，国家电力公司不具备行政管理的政府职能。在 2002 年，电力系统逐渐实现电网分离，在发电环节引入了竞争机制，虽然独立电厂很难得到公正待遇，但这一改革依然是有意义的。电信行业的改革也于这段时间加快进行，在邮电分离之后，信息产业部成立。新成立的信息产业部不具备行政管理的职能，实行政企分开。2008 年，中国电信被拆分为中国电信、中国移动和中国联通，寡头垄断局面开始形成。这也体现在航空运输业，首先，民航局转变职能，不再对机场进行直接管理，并将民航直属的所有国有航空公司合并为三大集团，包括国航、东航以及南航，在此基础上，地方航空公司的航线准入被逐步放松，航空运输企业互相竞争的局面初步形成。

二、反垄断：政策研究

一方面，我国的行业垄断程度以及危害甚巨；另一方面，我国的行业垄断改革虽屡有破冰，但总体来说，无论是速度还是效果都与深化整个市场经济体制改革的要求不符，这进一步催生了我国行业垄断研究的另外一个问题，即我国怎样实现反行业垄断的改革。

我国关于行业垄断改革的研究主要是在两个学科内进行的，即经济学和法学。经济学界的研究在理论上更扎实，对行业垄断的机制、损害以及政策争论都有一定的研究路径和理论体系，所以对政策的探讨相对完整；而法学界对行业垄断的研究虽然数量众多，但理论深度和以此为基础的政策建议没有经济学界的研究成果丰富，但法学界取得的结论更为一致，即依靠反垄断的法律体系实现法律控制[1]。但是对于法律控制的路径有一定的分歧：例如，王晓晔就主要强调《反垄断法》的重要性，"应以《反垄断法》管制行政垄断"[2]；但郑鹏程认为"管制行政垄断，不能单靠某一部法

---

[1] 杨兰品：《中国行政垄断问题研究》，经济科学出版社 2006 年版，第 273 页；杨巍、王为农：《关于行政垄断及其法律管制》，《浙江社会科学》2002 年第 3 期，第 101 页；张鸣胜：《反行政垄断的法律思考》，《学海》2002 年第 4 期，第 72 页；陈志成：《行政垄断的多维解读》，《中国行政管理》2002 年第 3 期，第 24 页；聂孝红：《行政垄断纳入我国〈反垄断法〉的必要性》，《河北法学》2007 年第 2 期，第 89 页。

[2] 王晓晔：《依法规范行政性限制竞争行为》，载王晓晔：《反垄断与市场经济》，法律出版社 1998 年版，第 351 页。

律，而须运用多种法律手段，综合治理"①，吕晓萍也认可这种观点，即"制止行政垄断并非《反垄断法》所能独立完成"②；张小强和许明月则指出，中国应该建立《反垄断法》和《行政法》互为配套的反行政垄断法律制度架构③；也有学者不认为《反垄断法》管制的合理性，如薛克鹏认为，行政垄断不应由《反垄断法》调整，因为"以管制经济垄断的传统反垄断法不可能完成消除行政垄断的任务"④。

法学界所设计的消除行业垄断的方案主要是通过制定《反垄断法》，并把行政垄断纳入我国《反垄断法》的框架之中。但不少学者质疑这一论断，因为在这些学者看来，行政垄断形成的根源不是经济的而是体制的，例如，陈秀山认为，"严格说来，超经济的行政垄断……不是竞争法律和竞争政策调整的对象，它是由体制所决定，也只能通过深化体制改革加以解决"。⑤王为农和陈杰认为，要实现行政体制的改革，必须实现依法行政、行政法治，而《行政许可法》、《行政强制法》等行政法律的出台则是确保行政垄断管制成功的保障之一⑥。不仅如此，行政垄断也是一个政治问题，所以"对待行政垄断，应从政治改革、转换政府职能和完善行政法入手，而不应将政治问题用属于经济法的《反垄断法》来加以解决"⑦。所以，在这些学者看来，治理行政垄断是一个政治—行政体制改革的问题，需要在政治体制层面上深入改革才有可能。

过勇和胡鞍钢认为，要从体制改革、引入竞争机制、健全法制等多方面入手才能解决我国行政垄断问题⑧。此外，部分学者还提出了一些具体的可行性建议。有些学者进一步提出了综合治理的具体建议，如杨兰品认为需要深化经济体制改革、加强法制建设、加强思想文化建设、放松管制、

---

① 郑鹏程：《行政垄断的法律控制研究》，北京大学出版社 2002 年版，第 273 页。

② 吕晓萍：《对我国行政垄断现状的分析》，《当代经济研究》2002 年第 2 期，第 46 页。

③ 张小强、许明月：《行政垄断的经济分析及其对策》，《重庆大学学报》（自然科学版）2005 年第 3 期，第 144 页。

④ 薛克鹏：《行政垄断不应由〈反垄断法〉调整》，《山西师大学报》（社会科学版）2001 年第 2 期，第 32 页；薛克鹏：《行政垄断的非垄断性及其管制》，《天津师范大学学报》（社会科学版）2007 年第 3 期，第 14 页。

⑤ 陈秀山：《现代竞争理论与竞争政策》，商务印书馆 1997 年版，第 224 页。

⑥ 王为农、陈杰：《关于我国反垄断立法的再思考》，《中国法学》2004 年第 3 期，第 112 页。

⑦ 沈敏荣：《法律的不确定性——反垄断法规则分析》，法律出版社 2001 年版，第 243–244 页。

⑧ 过勇、胡鞍钢：《行政垄断、寻租与腐败》，《经济社会体制比较》2003 年第 2 期，第 69 页。

引入竞争①。郑鹏程认为我国的自然垄断行业存在国家垄断、经济垄断和行政垄断等多种性质的垄断形态，对不同的垄断形态应采取不同的法律调整手段②。吴宏伟和余金保基于我国行政垄断产生的复杂原因，提出了非常复杂的具体政策应对方案，包括明确行政职责权限并加强行政监督；建立健全规范性法律文件的审查制度；全面实现"收支两条线"工程；建立"行政垄断"相关的国家赔偿制度；完善公务员考核制度、提高其竞争法治意识③。王俊豪的建议则更加综合、全面，提出了我国深化行业垄断改革的具体政策思路：法律制度是深化垄断行业改革的先导；促进竞争是深化垄断行业改革的主题；民营化是垄断行业产权制度改革的最直接途径；深化垄断行业改革应以提高效率为基本目标；高效率的管制体制是深化垄断行业改革的保障④。

　　总的来看，我国行业垄断的对策研究是置于行政垄断研究的框架之下的，所以其政策建议更具行政性色彩，而对经济手段的研究非常不足。虽然引入市场竞争是反行业垄断的常识，但我国依然没有形成有效的管制理论—管制手段的分析框架，所以需要对政府的政策工具进行深入的讨论。

第五节　总结与反思

　　原有的垄断理论、自然垄断理论以及管制经济学理论为我国的行业垄断研究建立了重要的理论基础。在这些理论的指导下，我国行业垄断产生的原因、程度以及损害等问题的研究进展迅速。以此为基础的对我国行业垄断问题的政策研究也非常多样化，对我国行业垄断改革具有重大的推动作用。但总的来说，对理论基础以及我国的政策问题等的研究依然没有形成一个体系，这一缺陷主要有两个原因：①西方的相关理论本身是有一定的缺陷的。②我国对行业垄断研究的视角是有问题的。这些缺陷具体表现在以下几个方面：

① 杨兰品：《中国行政垄断问题研究》，经济科学出版社 2006 年版，第 318 页。
② 郑鹏程：《论对我国自然垄断行业的法律调整》，《中国软科学》2001 年第 8 期，第 12 页。
③ 吴宏伟、余金保：《再论行政垄断的法律管制》，《湖南社会科学》2009 年第 2 期，第 73 页。
④ 王俊豪：《论深化中国垄断行业改革的政策思路》，《中国行政管理》2009 年第 9 期，第 10 页。

（1）指导理论的缺陷比较根本。我们对垄断理论、自然垄断理论以及管制理论的研究中已经说明，由于缺乏一个系统的、整合的产业管制分析框架，导致自然垄断理论和政府管制理论之间的整合不够，显然这一缺陷没有在我国的行业垄断研究过程中得到解决。

（2）我国行业垄断现实的复杂性没有得到充分的解释，这既是原有理论基础的缺陷，也暴露出我国行业垄断研究的理论开发不足。首先，管制理论在一定程度上可以解释我国行业垄断产生的复杂原因，但对制度、历史等的影响无法有效解释；其次，我国行业垄断的政策基础是建立在行政垄断这一视角基础上的，但这一视角是有缺陷的（这在导论中已经详细讨论了），所以我国行业垄断政策的研究所基于的理论基础是有缺陷的。

（3）我国的行业垄断研究是一个理论推导的过程，但纯粹的过程推导之间有逻辑断裂。我国行业垄断管制的推导过程表现为：市场失灵——效率损失——行政管制——政策导向，但这一逻辑体系并不一定成立。首先，政府管制的成本没有得到充分的说明；其次，给定政府管制的成本，则管制的边界没有充分说明；最后，给定管制手段的多样化，则管制工具的选择问题也没有说明。

总之，原有的理论分析一方面没有很好地解释我国行业垄断产生的原因，另一方面也没有给出一个特定的模型可以分析行业垄断政策工具的边界。所以，我们需要在原有理论的基础上给出一个新的解释和分析这一问题的框架。

综上所述，我们需要一个更加综合的框架，在市场失灵与有效管制之间建立有效的联系。这一框架必须解释如下的问题：政府管制拥有的政策工具有哪些？在什么条件下，政府应该对行业进行管制？如果要对某一行业进行管制，那么应该适用什么样的制度工具？法律在整个反行业垄断的过程中应该扮演什么样的角色？

第三章　政府干预行业的临界分析

第一节　挑战与反思

上文对垄断、自然垄断与管制之间的复杂关系进行了梳理，结果发现，对于这些问题，传统的研究得出了非常重要的结论。首先，传统的研究将垄断与竞争联系起来，这是一个非常重要的基础，因为竞争是市场有效性的前提。但问题在于，竞争的概念以及有效竞争的状态是有争论的，传统的完全竞争必然不能有效解释市场的运作状态和企业的市场行为，但不完全竞争理论以及现代竞争理论也不能很好地将垄断以及政府管制的边界整合到一起，形成一个整合的、统一的、反垄断的政府管制结构的模型和理论体系。

其次，类似于垄断和竞争之间的关系，垄断和效率问题也是联系在一起的。新古典经济学是在"边际主义革命"的基础上发展而来的，所以"边际成本定价"以及静态的市场均衡是有效市场的基础。但问题在于，如果完全竞争不存在，市场就不可能达致完全均衡，如果不能达致完全均衡，所谓的竞争效率就无法保障。不仅如此，除了静态效率，现代市场还需要考虑 X—效率问题以及动态效率问题。X—效率与企业的管理成本有关，而动态效率与长期的技术进步有关，一个产业的有效结构往往无法达致静态均衡，但动态效率以及 X—效率是可以追求的。但传统的相关理论并没有很好地整合多样化的效率与垄断、管制之间的复杂关系。

再次，传统的理论对于市场失灵有充分的认识，特别是自然垄断的规模报酬递增以及边际成本递减的特点，使得竞争不可行、重复投资等问题的存在以及竞争市场的不存在；但政府管制也有内在的缺陷，即"管制俘获"理论强调的，政府管制本身既会产生直接成本——管制机构实行管制的直接花费，也会产生间接成本——破坏有效的市场结构，且政府管制往往无效，最终造成了很大的浪费。这些认识都具有合理性，但问题是，在政府的管制成本以及市场失灵都存在的情况下，不能类似于芝加哥学派那样将政府管制"一棍子打死"，而应该寻找一个新的基础在二者之间建立有效的联系。

最后，传统的理论在垄断、自然垄断、管制以及效率之间建立了复杂的关系，但这些关系有两大缺陷。第一，市场结构会降低经济效率，这是哈佛学派最主要的结论，但是这一理论缺乏微观基础，无法在市场结构与低效率之间建立微观的机制；第二，垄断的市场结构会降低经济绩效且没有说明在什么条件下可以规避，这说明他们讨论的标准是有问题的，要么以市场失灵和政府万能为基础，要么以市场万能和政府失灵为基础。其实，最关键的问题是，既然在市场失灵的情形下政府可以实现完全市场，那么为什么不让政府代替市场结构呢？或者说，既然市场可以实现有效竞争，那么为什么我们依然需要强大的政府来实现社会治理呢？

原有的研究都必须整合到一个框架中，这一框架主要关注任何一个产业中政府扮演的角色。这一框架强调对于任何一个产业，政府都会扮演一定的角色——毕竟在现代社会，脱离政府的市场运转是不可能存在的。但问题不是政府介入了与否，而是政府介入的方式，或者说政府对特定产业的管制方式，这也是最近管制经济学对政府管制的复杂性的新认识。按照Magill 对管制的定义①，首先，政府管制是公共政策的一种形式，即通过设立政府职能部门来管理经济活动，是通过立法程序而不是通过无束缚的市场力量来协调产生于现代产业经济中的经济冲突。这说明，政府管制是内在于产业组织之中的，是市场与构架之间复杂关系的一种表现形式。其次，管制也是社会管理的方式，存在于极端的政府所有制（Government Ownership）和自由放任的市场之间，通常发生在市场经济和以市场为导向的经济中。规制包括对商业行为的经济性规制和社会性规制。在经济规制中，政府授予特许经营权或许可证，允许个人、企业从事商业，控制价格，批准

---

① Frank N. Magill, *Survey of Social Science-Economics Series* Vol. 4, Salem Press. Inc, 1991：82.

投资决策，执行保险和安全规则。在社会规制中，政府保护那些在政治、经济中处于弱势地位的实体——这样的规制试图保护消费者远离危险品，保护环境免遭产业行为的危害及小集团免受歧视性商业实践的危害。这说明，政府对特定产业的管制方式也是多样化的，从政府所有到自由放任之间，政府管制的工具是有选择的，但什么样的管制工具应该在什么条件下被选择，这就是管制机制设计问题。

　　管制机制设计理论是在赫尔维茨的开创性工作的基础上建立起来的，赫尔维茨认为，管制机制问题的核心在于，当一个经济或社会目标给定之后，在个人自由选择、自愿交换，但面对信息不完全和分散化决策的状态中，能否设计出某种机制，以及如果可以，怎样设计出这种机制，实现参与经济行为的个人与设计这一机制的个人之间的一致性①。这里的问题是，在产业给定以及政府管制工具给定的条件下，政府应该选择什么管制工具实现对特定行业的管制，即给定垄断性行业，给定行业垄断的程度和内在机制，特定政府管制的工具是什么？

　　这个问题与两个问题有关：①特定产业的组织结构是由什么因素决定的，即不同产业的组织结构之间的差异产生的原因。②在政府失灵和市场失灵都存在的条件下，政府应该选择什么样的管制工具对特定产业进行管制。第一个问题是产业组织问题，或者说是"生产的制度结构"问题；第二个问题是管制经济学问题。第一个问题与交易成本经济学，特别是威廉姆森的比较制度分析有关；第二个问题与查尔斯·沃尔夫的"政府还是市场"问题有关，并且这个问题也是一个比较制度分析的问题，即市场制度和官僚制度之间的比较问题。所以，接下来就以威廉姆森的"比较制度分析"以及沃尔夫的"政府还是市场"问题为基础，构建政府管制工具的比较制度分析框架。

---

① L. Hurwicz, "Optimality and Informational Efficiency in Resource Allocation Processes", in Arrow, Karlin and Suppes, ed. *Mathematical Methods in the Social Sciences*, Stanford University Press, 1960: 92; L. Hurwicz, "On Informationally Decentralized Systems", in R. Radner and C. B. McGuire, eds. *Decision and Organization*, Amsterdam: North-Holland, 1972: 297 – 336.

第二节　市场失灵、政府失灵和比较制度分析：建立基础

一、威廉姆森的比较制度分析①

传统的垄断、自然垄断以及政府管制理论是以新古典经济学为基础的，在新古典经济学的视野中，就算有制度因素的存在，也只是一个边缘性的概念，或者是一个常量而不是需要解释的变量。而在新古典主义大行其道之时，科斯发现，在市场中有许多企业存在。企业存在的基础并非是按照完全市场的交易来进行运转的，而是依靠一种权威结构的命令体制运转的，科斯提出了一个问题，为什么企业会存在？企业的性质是什么？② 沿着这一路径，科斯认为，市场制度是有成本的，完全市场本身是不存在的③；进一步，科斯提出了"生产的制度结构"是一个变量而非常量，"生产的制度结构"本身是需要解释的而不是剩余的④。而要解释"生产的制度结构"就需要新的基础，所以将市场的交易成本纳入制度选择的框架中。

虽然交易成本经济学"明显是正确的"⑤，但在新古典主义经济学大行其道的关头，最终导致的结果却是应者寥寥；直到1991年，科斯获得诺贝尔经济学奖时只能自我嘲弄。但"明显正确的交易成本经济学"最终启发了威廉姆森，他将交易成本经济学真正带入经验世界，特别是他的三部曲：《市场与科层》、《资本主义经济制度》以及《治理机制》。接下来主要讨论

---

① Oliver E. Williamson, *Markets and Hierarchies*: *Analysis and Antitrust Implementations*, New York: Free Press, 1975: 52; Oliver E. Williamson, *The Economic Institutions of Capitalism*, New York: Free Press, 1985: 59; Oliver E. Williamson, *The Mechanism of Governance*, Oxford: Oxford University Press, 1996: 281.

②③ Ronald H. Coase, "The Problem of Social Cost", *Journal of Law and Economic Review*, 1960, 54: 94–119.

④ Ronald H. Coase, "The Institutional Structure of Production", *American Economic Review*, 1992, 9: 713–719.

⑤ 这是科斯在《企业的性质》一文发表五十周年后的一次论坛中的讲座中表达的。

威廉姆森的交易成本经济学，讨论其对生产的制度结构——或者说，资本主义经济制度①的讨论。

首先，要说明的是，在威廉姆森看来，传统的看待经济组织的方法——生产函数和技术函数完全无法解释经济组织的复杂性，而交易成本经济学将企业看成是一种治理结构，其存在的理由正是降低交易成本。其次，交易成本讨论的初始点是人和交易，正是人的属性和交易的属性决定了交易成本的属性和大小，所以，分析的基本单位是交易，这也来自康芒斯的界定②。所以，要讨论交易成本经济学，先要讨论的是人以及交易的属性。这部分也是按照这一框架展开：首先讨论人以及交易；其次讨论存在的多样化的治理机制；最后讨论分析问题的框架——比较制度分析。

1. 为什么需要"治理"

（1）人的不完全性。如果认真地考察现实中的合同就会发现，合同总是不完全的——欺诈、不适应等问题始终存在，那么，新古典主义的那种假定，即认为在任何经济过程中总是存在完美的理性、每一个人都知道未来的每一种可能性、合同的决策本身就是理性的等支撑性的假定就会受到侵蚀。问题的关键就在于，人本身就不是完美理性的，正是人自身的"缺陷"，才造成现实世界的经济"摩擦"。所以，第一，在签订合同的过程中，人总是理性的，但是有限理性；第二，人总是自利的，并且总是存在"投机"的可能。我们首先讨论有限理性，然后再讨论投机问题。

古典主义经济学假定，在市场合同的签订中，人既是利益最大化的，又是完全理性的，人总是会列出所有增进自身效用最大化的方案，然后按照自身的偏好进行排序。但是，现实中做出决策的人完全没有这样无穷的智慧，往往寻求一种满意的决策③。这既是因为人的大脑对问题的处理能力有限，而且人的智慧本身就是稀缺的：首先，大脑不是在进化过程中产生的完美机器，相反它是在生物的进化过程中产生的一种适应复杂环境的

---

① 威廉姆森自身对经济制度没有给出定义，在一定的程度上可能造成混乱。他是按照科斯的逻辑讨论资本主义的经济制度的，科斯更加强调"生产的制度结构"（参见他在诺贝尔经济学奖颁奖时的演讲）；而威廉姆森更多的是利用"治理机制"（Mechanisms of Governance）这一概念，所以，其"资本主义的经济制度"与传统的宏观的遵循马克思主义的思路所定义的资本主义经济制度是有本质的区别的。本书会交替使用这几个概念，包括资本主义经济制度、治理机制、生产的制度结构以及经济组织模式/形式，并假定这些概念是相同的。

② ［美］约翰·康芒斯：《制度经济学》，于树生译，商务印书馆1962年版，第2页。

③ ［美］赫伯特·A. 西蒙：《管理行为》，詹正茂译，机械工业出版社2004年版，第62页。

"集装箱",人的优势只不过是相对的而不是绝对的①;其次,由于世界的复杂性和不确定性,穷尽备选方案本身就是不可能的。所以,理性是有限的,我们不可能完全知道有关未来的所有状况。

理性的有限性以及知识的稀缺性,说明决策信息的获得和处理是有成本的;在存在信息不对称的条件下,投机就成了合约签订的另外一个问题。如果合约一方的当事人在没有完美信息和完美理性的条件下,另一方完全可能采用投机的策略,使得合同的另一方深受其害。其结果就是,要么设计一种机制来规避一方的投机给对方造成的损害,要么完全放弃交易。

(2)交易的属性。一方面是签订合同的人自身的"弱点",另一方面是交易本身的特性,都使得合同不完美。其中,专用性资产、不确定性以及交易的频率成为区分不同交易属性的关键因素。

假定任何产品的生产都可以由两种资产实现,一种是通用性的资产,另一种是专用性的资产。通用性的资产意味着资产的转移不存在成本,而专用性的资产则不同,其转移到不同用途是存在"转移成本"的。所以,交易中如果存在专用资产就意味着在合同执行过程中专用资产有可能受到损害。如果不存在专门的合同治理机制(如一些保险机制),则专用性投资的可能性会大大降低。

在交易关系中,不确定性有两种表现形式:适应性的不确定性和行为的不确定性。如巴纳德所言,组织存在的原因就在于其构建一个针对组织内外要素的协调体系,而协调功能的最主要标志就是降低不确定性②。特别是,当存在专用资产时,由于未来存在的不确定性,需要对未来的状况做预测以实现有效的调适,那么就特别需要一系列的合约治理机制来实现对未来、对环境的有效调适。这就是适应性的不确定性。另外,由于人不具备完美理性,且存在复杂的投机可能,所以,行为的不确定性也是存在的。两种不确定性共同决定了合同关系本身的不完美性。

合同的最后一个因素与交易的频率有关。一般来说,如果需要获得规模经济和范围经济,一般都需要频繁的交易,这往往意味着,一种专用的

---

① [美]阿兰·斯密德:《制度与行为经济学》,刘璨、吴水荣译,中国人民大学出版社2004年版,第19页。
② [美]切斯特·巴纳德:《经理人员的职能》,王永贵译,机械工业出版社2007年版,第82页。

交易结构是最有效的。这也与治理的规模经济有关①。但总的来说，越是频繁的交易往往越有可能建立专门的合约治理结构。

（3）"治理"的必要性。合同之所以需要治理，是因为合同本身的不完美。如表3-1所示，在签订合同的过程中，人的属性以及合同的属性共同决定了合约的不完全性，也就说明合约是需要治理的。如果理性是完全的，计划可以解决一切；如果投机不存在，双方按照最大化利益协商即可；如果资产是装了"轱辘"的，那么完全竞争就可以了。关键是，在现代社会，往往是所有的条件并不完全具备，这就意味着合约永远不是完美的，也意味着合约是需要治理的，这就构成了交易成本经济学的合理性。

表3-1 签约过程的各种属性

行为假设		资产专用性	隐含的签约过程
有限理性	投机		
0	+	+	有计划的
+	0	+	言而有信的
+	+	0	竞争的
+	+	+	需治理的

特别是，如果我们将签订合同的过程考虑进来，就会发现合约治理的本质。如图3-1所示，如果没有专用资产投资，则交易的结果在A点将达到均衡。但是，假设存在专用资产投资，并且利用专用资产投资的生产成本更低，那么，在合同签订的过程中利用专用资产投资就是可期的。但是，如果没有对专用资产投资进行保护（s），就难以获得专用资产投资带来生产成本的降低。所以，设计治理机制的本质就在于实现对专用资产的保护，防止事后的机会主义和不确定性对专用资产造成损害，从而获得专用资产投资的生产成本节约——特别是用通用资产生产根本无法生产的一些产品。

---

① ［美］约拉姆·巴泽尔：《国家理论——经济权利、法律权利和国家范围》，钱勇译，上海财经大学出版社2006年版，第192页。

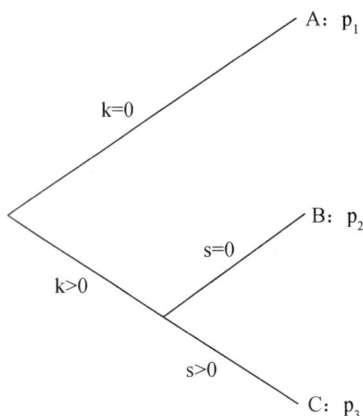

图 3-1　简单签约计划

所以，交易成本经济学认为，由于合约的不完全性，所以需要专门的治理机制治理合约。而经济组织存在的原因就在于实现对交易成本的节约。经济体系中存在复杂的经济组织模式的原因是合同本身的多样性——需要治理的合同的属性的差异。接下来就是关于合同的属性和经济组织之间复杂关系的讨论。

2. 治理机制

上文从人的属性和交易的属性证明了合约本身的不完全性，从而需要设计专门的治理结构。接下来讨论的是治理机制本身的多样性：交易的属性和分布是怎样决定不同的经济组织的形式的？这也回答了以下问题：为什么存在如此多样化的经济组织形式？本节首先强调合同的法学分类，其次按照第一节提出的不同的合同属性的区分，探讨不同的交易属性怎样决定合同的属性。最后对两种特殊的治理结构进行深入讨论，即以"可靠的承诺"为特点的长期合同和纵向一体化。

（1）合约和合约的属性。对合约的合同法传统的研究，麦考利的区分是最有效的。麦考利认为现实中存在着三种合同法的传统：古典式合同法、新古典式合同法以及关系合同法。古典式合同法将双方签订合同的过程视为讨价还价的过程，然后合同会得到完美执行；新古典式合同法退了一步，承认合同本身存在冲突的可能性，但是它假定通过第三方（特别是法庭）仲裁，可以完美解决合同中的冲突。而关系合同法则不同，它不认为双方不存在冲突，也不认为双方通过第三方可以完美解决合同中产生的问题，而是假设双方在合同签订和执行的过程中充满私下解决和讨价还价，更进一步可能是完全一体化。事实上，现实的经济世界存在着几乎所有的合约类型，那么，决定这些不同的合约类型的因素是什么呢？

原因恰恰要到合约的属性中去寻找。上文说明了交易的三种属性：专用性、不确定性以及交易的频率，本部分将暂不考虑不确定性（并非因为其不重要，而是因为其本身造成后果的复杂性对分析的影响），主要考虑专用性和交易的频率。如表3-2所示，将交易所投入的资产专用性分为三个等级，将交易的频率分为两个等级，就可以得到有关交易属性的更加精细的分类。

表3-2 对交易的解释

		投资特点		
		非专用	混合	独特
交易频率	偶然	购买标准设备	购买定做设备	建厂
	经常	购买标准原材料	购买定做原材料	中间产品要经过各不相同的车间

那么，这些不同的交易属性是怎样决定不同的合约治理关系的呢？如表3-3所示，如果交易中涉及的都是非专用资产，那么，完美竞争是可能的，不需要设计相关的专门的治理结构，所以，古典式合同就有了用武之地。但是，当资产投资专用性上升，特别是针对偶然的交易，专门设计治理机制的成本可能太高，那么新古典式合同所预示的三方治理就有了用武之地。但是，在资产的专用性逐渐上升，而且交易的频率也变得更高的情况下，设计一个专门的治理机制就是有利可图的，因为这不仅意味着交易成本随着磋商的需要而上升，更重要的是专门治理机制的规模效应开始出现。所以，有效的治理意味着要根据不同的交易属性寻找"适宜"的治理结构。也就是说，适宜的治理结构恰恰是为了节约交易成本而存在，而交易成本本身就是由这些交易的属性决定的。当然，这里的讨论没有考虑不确定性，如果将不确定性考虑进去，其对不同的合约模式的影响就可能不是单向的，就要针对不同的不确定性的表现形式进行深入分析，此处暂不涉及。

表 3-3　有效的治理

交易频率	投资特点		
	非专用	混合	独特
偶然	市场治理		三方治理（新古典式合同）
经常	（古典式合同）		双方治理　　统一治理 （关系合同）

可见，多样化的治理机制是存在的；之所以存在多样化的治理机制，是因为存在多样化的交易。为了节省交易成本，多样化的治理结构被设计出来解决不同的交易成本问题，这就是交易成本经济学的逻辑。有关市场治理（古典主义经济学的合约理论）和三方治理（新古典主义经济学的合约理论）的讨论已经非常多了，这也不是我们要讨论的重点。双方治理与本书要讨论的垄断问题关系不大，笔者认为没必要对其进一步阐述。因此，本书主要对纵向一体化的问题进行深入探讨。

（2）纵向一体化。没有任何经济学问题比纵向一体化问题的争论更多了，科斯提出的有关企业的性质问题就是着眼于这样的问题：生产还是购买。而后来的政策往往倾向于将纵向一体化表述为卡特尔和垄断，也就是纵向一体化是对经济竞争的损害。

传统的对纵向一体化的讨论都倾向于技术决定论，可以想象一下现实存在的案例，如冶炼，似乎就可以得出结论，围绕着钢炉组织起来的那一群人似乎就构成一个企业了。再加上新古典主义将企业视为一个生产函数的做法，以及将规模效应考虑进去之后，这个结论似乎就更加确凿无疑了，技术以及规模效应解释了企业的边界。如果这样，怎样解释通用公司兼并费雪车身公司呢，两者明明是可以实现技术分离的？

相反，交易成本经济学将纵向一体化视为一种治理结构的转变，其解释主要集中在专用性投资上。专用性投资带来巨大的签约成本，而将整个生产组织到一个企业往往可以节省交易成本。再来看费雪车身公司和通用汽车的例子，由于通用汽车的销量大幅上升，导致对车身的需求量上升，这是环境不确定性的表现；而且，金属车身与木制车身不同，其需要更多的专用性投资。但是，长期合同维持了一段时间之后，通用汽车意欲让费雪车身投入专用性资产，并且搬迁至通用附近，而这会给费雪车身造成很大的成本。另外，费雪车身往往故意隐瞒成本，使得其车身价格的加成合同充满不确定性。一段时间的吵吵闹闹后，通用计划收购费雪，并最终实现。

当然，专用性资产的种类很多，包括专用场地、专用实物资产、专用人力资产以及特定用途资产，而不同的专用性资产往往会实现不同的纵向一体化，这与资产的性质有关。专用场地一般要求统一的所有权，专用实物资产视专用的程度可能是购买也可能是自己生产；专用人力资产一般是长期合同的形式，而特定用途的资产往往是双方承诺和投资，双方都想将对方拉下水。这进一步说明了，不同的资产属性往往采用不同的治理结构。

这样，我们就会发现企业的效率边界了，而效率边界的核心往往在于一个简单的决策：生产还是购买。一般来说，涉及核心的技术都具有高度的专用性，所以都是统一的所有权，这也证明了新古典主义具有一定程度的合理性。而非专用性的零部件往往是在市场上购买的。处于中间层次的投入是否一体化，不同的企业会出现不同的决策，这也说明了经济世界本身的多样性。

现实世界中存在的多样性经济组织形式可以给我们更多的经验。其实纵向一体化包括前向一体化、后向一体化以及横向一体化，而这一系列的一体化决策可能需要进一步分析其合约的属性以及在签订合约的过程中发生了什么。对纵向一体化的经验研究是最多的，特别是对资产专用性和一体化程度之间的关系，既有众多的经验研究，也有一些数据分析。《资本主义的经济制度》以及《企业的性质》中都有大量的经验材料①。

所以，在考虑纵向一体化时，传统的"垄断"和"权力"解释，以及由此导出的公共政策往往是破坏性的而不是建设性的，特别是《谢尔曼反托拉斯法》造成的后果，值得对"垄断"的逻辑做更加深刻的反思。交易成本经济学提出的有关纵向一体化的交易成本洞见和注重细节的提醒对反垄断问题是一个重要的启示。

（3）小结。在不同的合约传统以及不同的合约传统所暗示的合约治理机制的基础上，再从交易的属性出发，对不同的属性和不同的合约治理传统进行匹配，这是交易成本经济学研究产业结构的重要方法。其最主要的结论在于：之所以存在长期合同和纵向一体化，在于节约交易成本；之所以是不同的方式，在于不同的交易属性带来的交易成本之间的差异。

---

① Oliver E. Williamson, *The Economic Institutions of Capitalism*, New York：Free Press, 1985：283.

3. 比较制度分析

事实上，上文一直在讨论交易成本，一直假定存在多样化治理机制的原因恰恰是由于交易成本——利用市场的成本。但是，这样的讨论就会提出这样的问题：为什么不让整个社会成为一个大工厂，这样交易成本不就规避了吗？所以，本节主要讨论为什么一些大企业往往没有一些小企业成功的原因，也就是要讨论企业的边界问题。企业边界的讨论其实就是分析框架的核心，即为比较制度分析的框架奠定了基础。所以，本节首先回答企业的边界，最后给出第一部分的最终结论，也就是比较制度分析的框架。

（1）官僚成本。交易成本我们已经讨论了，如果按照这样的讨论，那么，为了实现交易成本的节约，我们将整个社会作为一个工厂，这样既可以获得规模效应，又可以节约交易成本。但是，为什么市场的力量永远是科层制的企业无法替代的？官僚制本身的困境又在哪里呢？

与交易成本相比，对官僚制成本的研究恰恰较少。可以通过假设费雪车身公司和通用公司合并后可能发生的情况来对官僚制的困境进行讨论。此时，由于产权统一，费雪车身公司的经理只会关注通用公司的需要，因此费雪车身公司的激励结构已经发生改变，因为工资是通用发给的。如果所有的科层制企业的核心就在于"诱因—贡献"体系[①]，那么，所有权统一带来的激励结构改变，以及由此带来的影响就主要体现在如下几个方面：资产损失问题、做假账问题以及创新问题。

此时，费雪车身公司将很可能滥用资产，因为资产不属于费雪车身公司的经理所有，资产的浪费及成本无须费雪车身公司的经理承担；为了完成通用公司的产能，费雪车身公司可能做假账，说明自身的资产困境，从而需要通用公司的拨款；如是，费雪公司的创新激励会降低，因为创新节省的资源将与费雪车身公司的经理无关，而创新失败的后果往往是被炒鱿鱼。那么，通用公司也可以利用内部的监督，也就是对费雪车身公司的绩效监督之后，模拟市场的强激励机制，例如成本加成合同。这有三个问题，第一个问题是因果机制的不明晰，这一机制贯穿所有有关技术创新和绩效评估的过程；第二个问题是怎样断定评估机制的成本——其会低于监督所获得的收益吗？第三个问题就是监督者在委托—代理的链条中的道德风险问题。所以，官僚制意欲模拟市场的强激励机制往往会失败。

---

① ［美］切斯特·巴纳德：《经理人员的职能》，王永贵译，机械工业出版社 2007 年版，第 192 页。

这样，官僚制的成本就在于表现出更多的管理倾向，也就是我们所批评的繁文缛节。同时，由于绩效测量的原因，在官僚内部往往比市场更加宽容，一方面为了寻求稳定性，另一方面也确实很难说明产生破坏效应的真实原因。这样，在科层制组织的内部，寻租和政治性支配往往有类似于"拜占庭宫廷"的特色，而这都是对效率的损失。

（2）比较制度分析。到此，基本上可以对威廉姆森的分析框架做总结了。我们讨论了交易成本问题，认为市场的强激励往往造成交易成本问题，特别是在专用资产的条件下，交易成本往往高到阻止交易发生的程度。另外，虽然科层制是解决交易成本的办法，但是科层制的弱激励机制造成的官僚制成本往往让我们望而却步。

所以，交易成本经济学不是假设完美的市场与完美的官僚制，而是恰当地假设了有缺陷的市场和有缺陷的官僚制。如表3-4所示，单向假定任何一种治理机制的绩效都是有问题的，因为不同的制度都有自身的缺陷，只有在具体的情况下对不同的制度结构造成的成本进行微观的、比较的分析，才能确认治理机制的有效性——没有绝对的有效，只有在具体的条件和背景下的有效。

表3-4　不同的治理机制及其成本属性

特征	治理机制		
	市场	混合制	科层制
激励强度（交易成本）	+ +	+	0
官僚特征（官僚成本）	0	+	+ +
绩效	?	?	?

并且，所有成本计量的关键在于交易成本，而这在很大程度上是由资产专用性决定的。如图3-2所示，M表示市场机制，X表示混合治理模式，H表示科层制模式。其中，随着资产专用性的上升，市场性的交易成本也随着上升，但是，不同的治理机制对不同的交易成本的应对能力是有差异的。随着资产专用性的上升，不同的制度由于具有不同的截距和边际治理成本，所以，最低治理成本的边界在不同的交易属性下采用的是不同的治理结构。这样，图3-2揭示了如下几点：①不同治理机制存在的逻辑是节约交易成本，这也就说明了交易成本最小化是经济组织的核心逻辑；②说明了不同治理机制的效率边界；③说明了经济中制度本身的多样性。

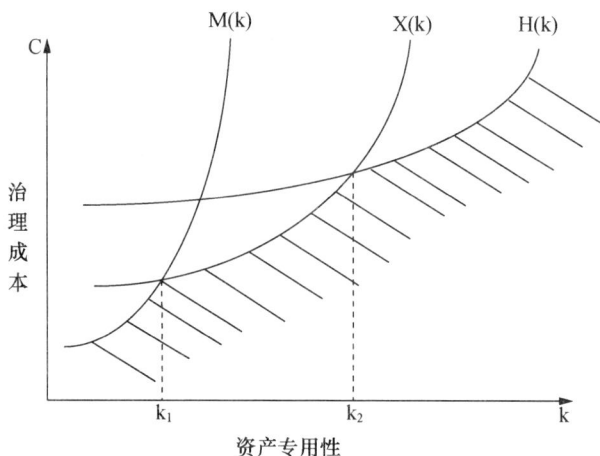

图 3 - 2　治理机制的比较分析

　　这一框架揭示的核心就在于比较制度分析，而比较制度分析的核心恰恰在于对合约细节的揭示。现在可以给整个分析下一个结论了：简单的治理结构去解决复杂的交易问题往往将事情搞乱，而复杂的治理结构去解决简单的交易问题往往成本太高；交易的属性不同，治理结构即组织成本与组织的权能也不同，因此，不同的交易需要不同的治理结构与其相匹配。

　　（3）启示。威廉姆森的"比较制度分析"说明了两个问题：第一，没有绝对有效的治理结构，每一种治理结构都是有成本的，所以问题的关键就在于怎样确认每一种制度的成本；第二，制度结构的选择与特定交易的属性有关，交易的属性决定了特定制度的比较成本和相对优势，所以对交易的细节进行深入讨论才能得到对市场制度结构的真实洞见。并且，这两个洞见还可以进一步推广，用来分析不同制度模式的相对成本，或者说在特定的产业结构中，特定的政府介入形式造成的不同产业结构都是有成本的，问题的关键在于哪一种管制手段造就的制度结构相对来说更有效率。

　　虽然"比较制度分析"对我们分析政府管制手段的边界问题非常有效，但是，"比较制度分析"的主要理论基础是对企业结构的分析，其对产业结构的分析没有涉及政府的行为，这对于任何产业结构来说都是不足的；如果将政府的角色置于产业的组织结构之中，那么，"比较制度分析"对官僚成本的洞见以及对产业管制的成本等问题就缺乏更深的洞察力了。而对市场失灵问题、管制成本等问题的洞察力最好借鉴沃尔夫的理论分析。

二、查尔斯·沃尔夫的"政府还是市场"①

正如上文所述，传统的政府干预的经济学主要将市场失灵置于政府干预的中心而不考虑政府失灵的问题。市场失灵的问题主要包括四种类型：外部性以及极端外部性条件下的公共物品；规模报酬递增带来的自然垄断问题；市场本身的不完全性，特别是信息不充分导致的问题；财富和收入的分配不公。但是，市场失灵是政府干预的充分原因吗？或者说，是否存在同样会为政府干预设置边界的"非市场失灵"？

答案是肯定的。如果说缺乏完善的又是完全的市场是不同类型的市场失灵的原因，同样地，非市场失灵则是因为在决策者所考虑的私人和组织成本、利益与整个社会的成本、利益之间缺乏非市场的协调机制。这里的问题在于，如果对人的假设坚持个人主义的话——而这也是新古典经济学最重要的假定，那么假设参与政府管制的决策者不遵循以个人利益为中心的考虑是没有任何理由的。但是，如果遵循个人主义的假设是真实的，那么个人决策的成本和收益，以及其与整个社会的成本和收益之间的差异就是现实的，那么就构成了非市场失灵的来源。

1. 非市场失灵：需求条件和供给条件

遵循斯蒂格勒和佩尔兹曼的框架，政府干预是政府干预的供给和政府干预的需求之间平衡的结果，那么就需要对非市场供给和非市场需求的条件进行深入讨论。对于非市场需求条件来说，主要包括：第一，政府通过增强对市场缺陷的公共意识来实现公众偏好的转移，这是通过政府宣传、大众传媒等力量实现的；第二，随着市场失灵的公众意识的提高，一系列的利益集团会组织起来要求政府对市场失灵问题进行管制，随着政治参与过程的加深，政治组织随后建立，政府对市场失灵的管制程度就会加深；第三，由于对市场失灵的政治参与的扩大，对那些清楚表达了问题并诉诸立法以解决这些问题的立法者和官员而言，是一种重要的政治奖励；第四，这种政治奖励是高现值的，而这些官员和立法者的贴现额本身是非常高的；第五，政府管制的责任与利益是分离的，因为为自身管制行为的最终后果负责的不是政府，而是纳税人。

---

① ［美］查尔斯·沃尔夫：《市场，还是政府》，谢旭译，重庆出版社 2009 年版，第 19 页。

与非市场需求的条件一样，非市场供给也与几个条件有关，正是这几个特征使得它与市场供给相区别并促成非市场失灵。第一，界定和衡量产出非常困难，因为政府的产出无论在数量上还是在质量上都非常难以界定；第二，政府的产出往往是单一资源，这一单一资源的生产具有强"垄断性"，其往往与产出的效率或质量无关，所以持续的竞争是不可能存在的；第三，生产技术的不确定性导致政府产出的绩效是很难说明的，例如国防领域的投入和产出之间的技术联系就是非常脆弱的；第四，由于缺乏有效的绩效标准对非市场产出进行界定，所以当政府产出非常不成功时，我们也很难找到合理的理由终结它们，特别是在每一个良好的组织都有强的生存能力的条件下①。

所以，无论是市场失灵还是非市场失灵都有自身独特的存在条件。市场从来就是不完全的，这给了政府管制以充分的理由；再加上政府追逐自身利益导致政府会为非市场制度寻求有效的供给条件，二者之间的均衡最终导致政府管制的强化和深入。当然，非市场供给借以达到平衡的机制也是脆弱的，因为非市场供给本身是一个政治过程，政治过程本质上是不稳定的；并且，即使非市场供求之间是平衡的，这种平衡也是普遍低效和不公正的，因为非市场供求的过程就已经体现了低效率和不公正，它们就已经伴随了非市场失灵。

2. 非市场失灵：根源和类型

上文讨论了非市场失灵的四个突出特征，这四个特征构成了非市场失灵的主要根源和类型，因为非市场失灵是根源于决定非市场活动供求的条件之中的。

特征之一：过剩的和上升的成本，这与成本和收入之间的分离有关。无论市场环境如何，其有效性的基础是在任何一个组织的投入和产出之间建立有效的联系，但是非市场活动却缺乏这一关键的联系，这导致非市场产出的正当性以及价值与生产成本之间是割裂的，这大大增加了资源被错误配置的可能性。在这种条件下，被干预的企业往往会存在提供过剩成本（X—低效率）的最终趋势。所以，X—非效率问题就是非市场失灵最重要

---

① 奥尔森《国家的兴衰》中说明了这样一个问题：正是因为组织自身具有的强大力量，往往导致其利用"少数人剥夺多数人"的机制，使得一个国家的绩效被一部分组织良好的人通过强制分配的方式耗散了。参见［美］曼瑟·奥尔森：《国家的兴衰》，李增刚译，上海人民出版社2007年版，第2页。

的类型。当降低生产成本、提高生产效率或者实现技术革新的条件存在时，被干预的企业就失去了实现改进的激励。

特征之二：内在性和组织目标。如果对市场失灵来说，外部性是非常关键的问题，那么对于非市场活动来说，内部性则是另外一个问题。所谓内部性，是指公共机构在具有私人的内在目标的条件下，这些目标提供或影响了机构真正的议程，从而导致政府机构的决策与真正的公共利益之间的偏离，此时，组织目标替代组织宣称的目标，组织本身会追求自身利益最大化的制度安排。例如，尼斯坎南对组织目标的假定就非常有用，组织总是在追求预算的增多和可支配财富的最大化①；组织往往会刻意追求技术的复杂性，导致简单问题的复杂化处理，也包括一系列的繁文缛节②；组织也会对信息的获取和传播进行控制③，导致信息有效传播的受阻，对整个社会利益来说往往是一种损害。

特征之三：派生的外部性。政府管制不仅会导致直接成本，即上文所界定的内部性问题，也会导致间接成本，即派生的外部性。政府干预往往与政府本身的政策意图不符，特别是在信息不完全、政策问题很复杂且个人并不完全具备理性特征的情况下进一步加剧了政府干预后果的复杂性。但是，当一个问题必须要处理，即面临巨大的政治压力且没有充分的时间考虑到干预的副作用的条件下，派生的外部性最有可能存在；因此，政府干预往往与决策者的高额贴现有关，但派生的外部性问题往往需要很长的时间才会显现，这进一步加剧了派生的外部性被忽视的可能性。因此，政府管制往往是高间接成本的，例如政府的公共事业的管制造成的负面效应——对劳动的过度使用就是一个非常重大的问题④。

特征之四：分配不公。市场失灵的一个表现就是导致了财富的分配不公，但是政府干预并非就一定会纠正这种分配不公，其往往造成新的分配不公，但这最重要的不是表现在收入和财富上，而是表现在权力和特权上。

---

① ［美］威廉姆·A. 尼斯坎南：《官僚制与公共经济学》，王浦劬译，中国青年出版社 2004 年版，第 29 页。

② ［美］詹姆斯·威尔逊：《官僚机构——政府机构的作为及其原因》，孙艳译，北京三联书店 2006 年版，第 28 页。

③ ［德］马克斯·韦伯：《经济与社会》，林荣远译，商务印书馆 2004 年版，第 672 页。

④ H. Averch and L. Johnson, "The Behavior of the Firm Under Regulatory Constraint", *American Economic Review*, 1962: 382.

这种分配不公表现在如下三个方面：首先，政府干预往往给一些企业以特权，在这种条件下，没有被干预的企业往往缺乏与被干预的企业之间平等竞争的能力，最终导致这些企业被驱逐；其次，权力的赋予——无论是赋予政府、企业还是任何组织，最终都给权力以设租的机会，而且不同的企业寻租的可能性和机会是不同的，导致权力被利用的可能性是不公平的；最后，被管制的企业往往具有更加稳定的工作和更高的工资，这既是因为X—非效率，也是因为干预本身造成的稳定化倾向。

3. 市场失灵和非市场失灵：一个总结

总的来说，无论是市场失灵还是为了对市场失灵进行干预的非市场失灵都是存在的。如果将非市场失灵和市场失灵进行比较，就会得到如表3－5所示的关系。当然这种关系并非完全一一对应，但它们之间有着一定的内部联系，例如市场失灵中的外部性和公共物品问题与成本和收入之间的分离有关，而非市场失灵最重要的表现也是成本和收入之间的分离，但它会造成过剩的和增加的成本。

表3－5　市场失灵和非市场失灵之间的比较

市场失灵	非市场失灵
外部性和公共物品	成本和收入之间的分离：过剩的和增加的成本
报酬递增	内在性和组织目标
市场不完善	派生的外部性
分配不公（收入和财富）	分配不公（权力和特权）

另外，如果将非市场失灵的供需条件以及非市场失灵的类型结合起来，可以更加透彻地理解非市场失灵问题，如表3－6所示。其中，每一种类型的非市场失灵都是与特定的非市场失灵的供给和需求条件联系在一起的，正是这些供给和需求条件的不同组合造成了非市场失灵的不同类型。

正如沃尔夫在《市场，还是政府》的副标题中阐明的，二者之间的选择是在"不完善的可选事物之间的抉择"，而这一抉择必须注意到每一种制度安排都是有成本的，问题的关键不在于选择哪一种制度安排，而在于认识到每一种制度安排本身的机制，以及这些机制可能带来的成本。

表 3-6　供需条件和非市场缺陷

	非市场需求条件			非市场供给条件			
	增强的意识/政治组织	政治报酬/时间折扣	分离	产品检测	单一产品来源	不确定技术	缺乏终止机制
成本和收入之间的分离：过剩的和增加的成本		√	√	√	√	√	√
内在性和组织目标		√		√	√	√	√
派生的外部性	√	√				√	√
分配不公		√	√				√

注："√"表示对相应的非市场失灵具有局部影响的条件，空格表示没有影响。

三、新的理论基础

传统的反垄断理论，对问题的分析似乎都倾向于将问题极端化。而威廉姆森的比较制度分析框架，以及沃尔夫的市场/非市场失灵的讨论则为我们建立了新的基础。这一新的基础给出了更为有效的理论框架，来有效地平衡市场失灵以及管制成本问题。

传统的有关市场结构的经济学研究和法学研究都是直接在三个基础上的：首先给定相关的市场结构，如自然垄断状态，其次给定市场失灵的可能性——边际成本无法等于边际收益，最后给出法律基础。但是，这样的逻辑在根本上是有问题的。这没有说明管制的成本是否会抵消政府管制带来的收益，无论如何，这都是首先需要确定的问题。这也没有说明除了法律手段之外，政府还可以采取什么样的手段来实现经济的管制，而上文已经说明，政府管制手段往往决定了产业的组织结构，但每一种管制手段都有特定的成本。

所以，首要的问题是分析决定政府管制的条件是什么；其次，分析每一种管制手段的相对成本，相对成本就是特定政府管制手段的边界；最后，以此为基础，给出特定管制手段与特定条件之间的关系。这就是本书接下来要分析的，政府对产业管制的边界模型的基本思路，即政府管制的手段是多样化的，但每一种政府管制都是有成本的，特定的政府管制手段被选择是因为对于特定的行业来说，这一政府管制工具的相对成本最低，这是比较制度分析的基础。

第三节　管制边界：一个框架

一、效率和管制手段选择

在对这一框架的细节进行讨论之前，我们需要确定一个管制手段有效性的标准。上文在讨论管制机制的设计问题时，赫尔维茨认为，政府管制机制设计的关键在于，在管制的经济目标和社会目标已经确定的情况下，能否以及如何设计管制机制，使管制后的目标与初始目标一致。这构成了建构管制机制的边界，即管制机制的选择是以"效率"为基础的。所谓效率，西蒙是根据目标—手段链来确定的，即给定目标，选择达成目标的成本最小的手段就是有效率的；或者给定手段，选择最可能达到目标的一种手段。所以，我们选择管制手段的方法也是类似的：在给定管制目标的条件下，选择制度成本最小的管制手段；或者说，确保管制的收益大于管制的成本。

二、行业属性和管制手段

是什么因素决定一个行业是需要管制的？前文所述主要是因为市场失灵，或者说是因为自然垄断，但政府管制的理由比市场失灵更为多样化。首先，在现实生活中，包括中国具有垄断性的行业也是如此，被管制的行业几乎都具有自然垄断的性质，所以自然垄断构成政府管制的理由是没有问题的，但对于自然垄断的深刻内涵以及管制原因的多样性则表述不足。对于政府管制的多样化原因，植草益的探讨非常有道理[①]，他认为，当一个产业所提供的物品和服务是必需时，政府常常会对其进行管制。例如，铁路运输、电力、电信等公用事业具有"生活必需性"的特征，这些服务普遍都有"提供服务的稳定性、信赖性、规则性和质量稳定性"等要求，并且被赋予"公共物品"的政治性特征，公众往往要求"禁止提供差别性服

---

① ［日］植草益：《微观管制经济学》，朱绍文等译，中国发展出版社1992年版，第63页。

务以及禁止规定差别价格"。所以，无论是出于生活必需的考虑，还是出于政治性的"伪公共物品"特征，都要求政府的管制。而且，自然垄断的行业往往是具有网络化特征的行业，其中固定成本在总成本中所占的比重很大，所以在存在多个企业的条件下会出现两个问题：①毁灭性的竞争会导致市场崩溃，最终导致没有任何服务被提供。②技术不统一导致重复投资，这是对社会资源的巨大浪费。所以，政府往往会促进寡头垄断甚至是国家垄断的市场结构，这既是为了规避市场崩溃问题，也是为了实现技术的统一，避免重复投资。以此为基础，政府管制至少存在两个理由：①某些行业具有"基础性"和"公共性"，所以需要政府的管制。②某些行业具有特定的资产特性，所以需要政府的管制。

　　上文曾说明，政府的管制手段是多样化的而不是非此即彼的，政府的管制手段的两个极端是自由放任和国家垄断，但在自由放任和国家垄断之间还有多样化的政策工具。萨拉蒙将政府的管制手段分为经济性监管和社会性监管，如表 3-7 所示，经济性监管与经济激励结构的改变有关，其理论基础是纠正市场失灵；但社会性监管则有所差异，其核心特征在于利用制度设置实现政府管制的目标①。萨拉蒙的这一分析是有意义的，并且社会性监管方式对特定行业的介入程度要比经济性监管大很多，且实现的目标也更加复杂和多样化。

表 3-7　经济性监管与社会性监管

	经济性监管	社会性监管
理论基础	纠正市场失灵	克服传统法制过于机械的缺陷
政策目标	确保竞争性的市场条件	限制可能危害到公共健康、公共安全或社会福利的行为
政策工具	市场准入控制；价格调节；产量控制	制度设置；确立标准；奖惩机制；执行系统
政策对象	公司企业行为	个人、公司企业以及基层地方政府行为
案例	电信、航空、邮政等网络性产业	药品食品安全、控制环境污染、生产和交通安全

资料来源：Lester M. Salamon（eds.），*The Tools of Government*：*A Guide to a New Governance*. New York：Oxford University Press，2002：17-186.

---

① Lester M. Salamon，eds.，*The Tools of Government*：*A Guide to a New Governance*，New York：Oxford University Press，2002：17-186.

　　综合上文的分析，我们将主要按照特定产业的属性对产业进行分类；然后对特定属性的行业进行相应的管制工具组合。其中，决定产业结构的第一个变量是"技术的不可分割性"，也就是"资产的专用性程度"，如果一个产业在技术上是不可分的，往往意味着其具有规模效应以及非常大的沉淀资本。决定产业属性的第二个变量是特定产业的"外溢性"，或者说"公共性"程度。一个产业的外溢性主要包括三个来源：①某些行业具有非常大的负外部效应，这些行业往往对人的健康或者整个生态环境造成破坏，所以需要特殊的管制政策。②正如植草益所言，一个产业可能对于公众来说是必需的，这意味着如果这一行业不稳定会对日常生活带来巨大的负面效应，如果电价不够稳定、如果经常停水，这对于现代社会生活来说是无法想象的。③某些行业对于整个经济来说是基础性的，当这些基础性的行业不稳定时，往往对整个经济造成冲击，这也是一个行业具有外溢性的表现，例如石油行业。

　　萨缪尔森主要依据两个维度对物品进行划分：可竞争性和可排他性[①]，我们对物品的划分方法与萨缪尔森的划分方法具有内在的一致性。首先，不可分割性意味着市场无法再分，无法再分的市场意味着具有真正的全国市场，但没有竞争存在的空间。理论上来说，在技术上不可分割，也就没有存在多样化选择的可能，因为这是对技术效率的背离。市场不可分割也就是在技术上无法实现市场再分，而资产也就是高度专用性的。其次，外溢性意味着一种服务本身的"公共性"程度，虽然这里的公共性不是根源于不可排他，而是根源于对于任何一个有组织的市场来说，这些服务具有根本性，其任何的波动都有可能使整个国家的市场产生波动。当然，并非所有的基础设施生产都是公共性的，多数基础设施确实具有重要的外溢性，但并非所有的基础设施都具有如此强的外溢性，并且基础设施的"基础性"本身就是存在问题的。无论如何，确保宏观经济的稳定本身确实是政府管制的目标之一[②]，基础行业的任何波动都会造成宏观经济的不稳定，所以对于整个经济体系来说，这些行业具有"外溢性"，或者说具有公共性。

① P. Samuelson, "Pure Theory of Public Expenditure and Taxation", In J. Margolis and H. Guitton, eds., *Public Economics: An Analysis of Public Production and Consumption and their Relations to the Private Sectors*, London: Macmillan, 1966: 98 – 123.
② ［美］约翰·肯尼思·加尔布雷思：《不确定的年代》，刘颖、胡莹译，江苏人民出版社2009年版，第68页。

上文已经说明，特定行业的管制工具是与行业的属性有关的，而技术不可分割的可能性以及产业的外溢性是两个关键变量。如表3－8所示，按照产业的技术可分性程度的高低以及产业的外溢性程度的高低，可以将产业划分为四种类型，每一种类型都具有自身的特点，也需要特定的管制工具。对于技术可分性程度高而外溢性程度低的产业来说，完全市场化是可行的选择；对于技术可分性程度低且外溢性程度也低的产业来说，经济管制是必要的；对于技术可分性程度高且外溢性程度也高的产业来说，"多中心"的伙伴关系往往是最好的选择；对于技术可分性程度极低而产业的外溢性程度很高的产业来说，国家垄断是无法避免的选择。

表3－8　产业属性和政府管制工具：一个模型

		产业的"外溢性"程度	
		低	高
产业的"技术可分性"程度	高	完全市场化	"多中心"化的伙伴关系
	低	经济管制	国家垄断

之所以这样选择，是因为相对效率不同，即对于不同属性的行业来说，比较成本分析的结果显示，特定行业的相应管制手段可以确保政府管制的成本最低化。前文主要讨论了三种效率：静态效率、动态效率和X—效率。静态效率要求竞争的完全性以及边际成本定价的可能性，这要求市场必须是完全可分的，即技术可分性；动态效率要求竞争可行，只有在相对有效的竞争条件下，动态效率才是可以实现的；X—效率则至少要确保进入威胁的存在，当存在替代威胁的情形下，企业管理者就会有一定的动机采取新的技术手段和组织结构实现成本的节约。但是，三个效率是递进的关系，如果X—效率不能确保，那么动态效率和静态效率是不可能存在的；如果动态效率不能确保，那么静态效率是不可能实现的。或者说，如果一个产业的静态效率可以获得，那么三个效率都是可得的；如果一个产业的动态效率是可以获得的，那么X—效率也是可得的。

随着技术可分性程度的降低以及外溢性程度的增加，政府管制的必要性就会增加。随着技术不可分性程度的增加，如果任由市场自由竞争，那么价格竞争会导致市场崩溃，且重复投资会带来资源浪费；随着产业"外溢性"程度的增加，如果政府不加以管制，则社会生活或者整个人类生活健康和环境、整个经济体系都可能变得不稳定，所以政府管制是必需的。但问题是，政府管制是以牺牲效率为代价的，市场化一般可以保证三个效率都是可得的；多中心化往往会牺牲静态均衡，经济管制不仅会牺牲静态均衡，而且很可能牺牲动态均衡；而国家垄断则可能进一步牺牲 X—效率。所以，在确保行业规范运作的目标下，政府管制工具的介入程度越深，其成本就体现为对效率的牺牲；其收益则表现为特定行业的服务供给是可能的、规范的和有效的。所以，政府管制工具的选择是比较制度分析的结果：给定特定的目标，选择成本最小的管制手段实现这一目标。这一结论总结在表 3 –9 中。

表 3 –9　政府管制与效率

	静态效率	动态效率	X—效率
市场化	√	√	√
"多中心化"	×	√	√
经济管制	×	×	√
国家垄断	×	×	×

注："×"表示实现的可能性较低；"√"表示实现的可能性较高。

三、进一步的说明

上文已经对每种政府管制工具以及这一管制工具被选择的效率标准，即特定行业的属性建立了联系，但这一框架依然有一些关键点需要说明。

首先，无论是行业的两个属性、政府管制工具还是对特定效率的牺牲等都不是类型学划分，而是程度问题。也就是说，一个行业不是要么是技术可分的，要么是技术不可分的；也不是要么具备外溢性，要么不具备外溢性。最好将两个维度看成序列变量而非类型变量。同样，某一政府管制工具往往是各种管制工具的混合，私有化与经济管制、多中心化与经济管制、管制与国家垄断之间往往相互混合，管制手段也是多样化的。对于效率损失来说也是程度问题，静态效率很难达到，也就是说很难存在静态效率，特别是对我国的各个行业来说；而经济管制之后往往也会对 X—效率造成损害，所以所有类型的效率损失都是一个程度问题。

其次，一个行业的属性是不一致的，也就是说，一个行业的核心业务的属性与边缘性业务的属性往往是有区别的。任何行业都是由一系列的产业链条组成的，在不同的产业链条中往往可以实现不同的制度安排。有些行业虽然具有自然垄断的特征，但其分支业务往往具有竞争性。例如，王俊豪对我国三个自然垄断行业中的竞争性业务的分离就具有重要的启示意义，如表3－10所示。

表3－10　自然垄断性业务与竞争性业务

自然垄断性产业	自然垄断性业务	竞争性业务
电信业	有线通信网络、本地电话	移动电话、长途电话以及增值服务
电力业	高压输电、区域性低压配电	电力生产、销售业务，电力市场交易业务
航空业	空中交通管制、机场服务	航空运输服务、航空保障服务、航空延伸服务、航空维修服务和飞行员培训等

资料来源：王俊豪：《中国垄断性产业管制机构的设置和运行机制》，商务印书馆2008年版，第29页。

　　再次，随着时间的推移，某些行业的属性是会变化的。某些自然垄断是永久的，而有些自然垄断是短暂的。如果随着产出的增加，单一的自然垄断企业的成本曲线都是下降的，这就意味着规模报酬递增不会随着市场规模的扩大而削弱，这就是永久性的自然垄断；如果产出超过一定范围，即随着市场范围的扩展，边际成本最终会上升，那么这一垄断则是短暂的。在这种条件下，一定程度的市场竞争就变成可能了[1]。所以，所谓的自然垄断也是有边界的；自然垄断的边界也是变化的；自然垄断边界变化的原因之一：市场范围的增大导致市场需求的增加，新市场的出现导致竞争结构可能出现。当只有一个城市需要自来水服务时，自来水行业就是自然垄断的；但当许多城市都需要自来水服务时，自来水公司之间的竞争就有可能了。自然垄断边界变化的原因之二：技术的变化导致自然垄断的条件不存在。早期的邮政服务只存在一个网络，所以是自然垄断的，但随着运输以及通信技术的发展，邮政服务网络也会对市场群体进行细分，所以自然垄断存在的条件被大大弱化了。

　　最后，这一框架也可以很好地解决对于我国行业垄断问题的争论，很

---

[1] W. Kip Viscusi, John M. Vernon and Joseph E. Harrington, *Economics of Regulation and Antitrust*, Cambridge: MIT Press, 1992: 82.

多学者对我国的行政性行业垄断进行分析时强调，我国的某些行业垄断或者是可豁免的，某些学者也强调"狭义—广义行政垄断"的区分、"合法—非法行政垄断"的区分、"合理—不合理行政垄断"的区分，如果将这些争论纳入这个框架中就会明白：根本不需要区分这些概念，只需要对不同干预方式的效率进行比较分析就足以说明政府对特定行业的干预是否合理，行政垄断作为一种政府干预手段的合理性也只能通过效率指标来说明。

第四节 反垄断的管制工具：比较分析

上文已经对不同的产业属性以及在特定的产业属性条件下，政府管制工具进行选择问题进行了分析。接下来则是对每种管制工具进行深入讨论，之所以需要深入讨论，是因为每种政策工具都有非常强大的理论基础，且有学者对某些管制工具"情有独钟"，如对"私有化"；而对某些管制工具"嗤之以鼻"，如对国家垄断，但只有对每种政策工具的理论争论和现实经验进行真正深入的比较分析，才能得出每种政府管制工具的可靠边界。需要说明的是，没有一种管制工具具有先天的优越性；每种管制工具无论是在理论上还是在经验上都有充分的存在理由，只不过在特定的条件下，某些手段更为有效而已。

一、市场化：理论讨论及其局限

"市场化"的背景非常复杂，其主要的倡导者是"芝加哥学派"。在"芝加哥学派"看来，由于政府管制的动机和效果都值得怀疑，因此，他们追随科斯的视角，认为只要产权界定得足够清晰，则市场竞争比政府管制更有效。在"芝加哥学派"看来，特别是在斯蒂格勒和德姆塞茨等学者的研究中，有关自然垄断的效率问题可以通过外部招标解决，这样就可以代替政府管制。外部招标中最关键的问题不在于外部招标之后的价格是否等于边际成本或者平均成本，因为招标和竞争本身只要不出现串标问题，结果就一定是有效率的。但是，威廉姆森的研究对这一论断提出了质疑：招标的政策不是简单的产权交换，其必须在每个细节上都满足交易的要求。

问题是，往往是这些细节使得特许权招标这样的市场化政策不可行①。

其实，市场化与国家化之间并没有必然的分界线，二者更像一种周期现象而非你死我活的替代关系。从 20 世纪初的自由放任主义到 30 年代的经济危机，凯恩斯主义成为经济政策的教科书，到 80 年代第二次私有化浪潮，接着是 90 年代以及 2000 年以来的数次私有化浪潮，包含第二次世界大战后初期、70 年代的石油危机之后以及 2008 年之后的数次国有化浪潮。因此，我们可以得出结论，二者之间的关系具有周期性而不是替代性。

同时，市场化的政策是有条件的，产权是实现市场化政策的一个要素，但绝对不是最重要的要素。有效的市场化至少还包括其他两个条件：有效的市场竞争结构以及确保这一竞争的市场结构得以运转的制度体系。私有化的产权结构并不是私有化成功的最重要保障，正如维克斯和耶罗所言，"公有制和竞争是完全相互兼容的……即便没有私有化，面对竞争压力的公共企业将会更有优势"②。可见，产权结构不是市场化成功的最重要保障，李将军对西方国家国有企业的私有化过程的研究也支持了这一结论，"对大型国有企业要采取多种具体措施来提高其绩效，而不是仅仅从股权私有化来入手"③。

不仅市场化所需要的条件是苛刻的，而且其政策绩效也是值得怀疑的，无论是在宏观经济绩效方面还是在微观经济绩效方面，其都不具备充分的合理性证明。市场化的实践是以新自由主义的经济模式为基础的，但新自由主义经济模式在过去 30 年的总体表现并不比凯恩斯主义时代的经济绩效更好。根据国际货币基金组织的研究，凯恩斯主义时代和新自由主义时代的宏观经济指标对比如下：全球平均增长率：4.8% 对 3.2%；全球平均通货膨胀率：3.9% 对 3.2%；失业率方面，美国、法国、德国和英国在凯恩斯主义时代分别为 4.8%、1.2%、3.1% 和 1.6%，在新自由主义时代分别为 6.1%、9.5%、7.5% 和 7.4%④。就算数据可能有一些瑕疵，但至少没有充分的理由说明市场化手段的优越性。并且，市场化的手段还会造成收入分配的问题，加剧了劳动收入比重的下降和收入分配的不平等。根据欧盟

---

① Oliver E. Williamson, *The Economic Institutions of Capitalism*, New York：Free Press, 1985：492.

② John Vickers and George Yarrow, *Privatization：An Economic Analysis*, Boston：MIT Press, 1988：263.

③ 李将军：《西方国家企业国有化和私有化问题研究》，《经济论坛》2010 年第 4 期，第 209 页。

④ Robert Skidelsky and Baron Skidelsky Keynes, *The Return of the Master*, Allen Lane, 2009：59.

年度宏观经济数据（AMECO）的分析，1975 年，日本、英国、意大利、美国的劳动收入占 GDP 的比重分别为：75.61%、71.6%、69.7%、63.9%；2008 年，这一数据分别为：59.7%、61.6%、54.5%、60%[①]。可见，在 20世纪 80 年代的私有化实践很可能是最终造成收入分配扩大的推手。

在其他国家，私有化也带来了不同的绩效体验，罗马俱乐部报告对广大的第三世界国家的经验研究就揭示了"私有化的局限"以及"谨防极端"[②]。斯蒂格利茨是市场化制度的重要坚持者[③]，但其依然对里根和撒切尔夫人执政时期的私有化浪潮提出了批评和质疑，因为市场化本身也会引起严重的市场失灵问题[④]。

总之，无论是理论基础还是政策实践，"市场化"工具的有效性都是值得怀疑的。现今的政策实践逐渐转向一种"公共—私人合作"（Public-Private Partnership，PPP）的制度手段，例如各国的电信业就出现了回归到政府部门重掌其发展规划、投资建设并与私有部门合作经营的新迹象[⑤]。进一步，对英国私有化的现实以及关于私有化正反两面的争论的深入研究也逐渐开始重新反思私有化政策的局限性，所有权安排、市场竞争和政府管制之间的关系是密切的，将所有权改革、市场竞争和政府管制有机结合起来，实现对市场化政策手段的成本规避是非常重要的，这种"三位一体"的思路对于反思市场化的局限性以及管制政策的多样性具有重要意义[⑥]。

可见，市场化的制度工具需要两个条件：①产权界定要充分。②要有充分的市场竞争。正如萨平顿和斯蒂格利茨的研究显示的，确保私有化卓有成效地实现社会目标的条件与市场趋于帕累托最优的条件完全相同：不存在市场失灵问题，包括格林沃尔德和斯蒂格利茨所讨论的信息不对称或

① Antony Atkinson, Tomas Piketty and Emmanuel Saez, "Top Incomes in the Long Run of History", NBER Working Paper, 2009, No. W5408, p. 78.
② ［德］魏伯乐、［美］奥兰·扬、［瑞士］马塞厄斯·芬格：《私有化的局限》，王小卫、周缨译，上海人民出版社 2006 年版，第 371 页。
③ ［美］约瑟夫·E. 斯蒂格利茨：《政府为什么干预经济》，郑秉文译，中国物资出版社 1998 年版，第 162 页。
④ ［美］约瑟夫·E. 斯蒂格利茨：《私有化更有效率吗》，《经济理论与经济管理》2011 年第 10 期，第 6 页。
⑤ 吴洪、彭惠、岳宇君：《国有垄断—私有化—公私合作：国外电信业体制变革新趋势及对我国的启示》，《经济体制改革》2011 年第 4 期，第 161 页。
⑥ 郭砚莉、汤吉军：《英国私有化的经验及对我国国有企业改革的启示》，《长白学刊》2011 年第 1 期，第 122 页。

其他形式的市场不完备等问题①。这进一步说明，市场化制度手段本身也是有成本的，这些成本主要表现在两个方面：①市场的交易成本。马来西亚的国有石油公司相对私有企业来说，其向大众提供的自然资源所占的份额更大，马来西亚对国有石油公司的市场化改造面临的关键问题就是设计并履行合同的艰难性：要设计一个能将私有石油企业支付费用最大化且极富竞争的拍卖过程是非常困难的，信息问题导致合同条款往往对石油公司有利；签约后付费往往面临被欺骗的风险②。②私有企业对整个社会效率来说往往造成损害，特别是对于那些具有公共性的产业，正如斯蒂格利茨所认为的，即便在总体上私有企业比国有企业有更强的盈利能力，也并不意味着私有企业比国有企业更有效率；即使能够证明私有企业比国有企业更有效率，也不能说私有化是可取的③，因为私人资本对公益性和不盈利的国有企业往往缺乏兴趣④。

正如前文的研究所述，只有技术可分的产业才能实现市场的充分竞争，所以技术可分是市场化的条件之一；同样，只有产业的外溢性很低，才能保证市场失灵是可以控制的、市场失灵造成的成本是低廉的。所以，只有技术可分程度较高且产业的外溢性非常低的产业才能进行私有化的管制。

二、"多中心化"：政府—市场的合作

对于技术具有可分性且产业的外溢性比较高的产业往往是提供地方性的公共物品的产业，例如供水、消防等产业，所以对于这一类产业的研究主要是一些对公共物品感兴趣的学者的研究。1965 年，奥尔森在《集体行动的逻辑》中以理论化的方式对公共物品的供给困境给出了解答，即"搭

---

① D. Sappington and J. E. Stiglitz, "Privatization, Information and Incentives," *Journal of Policy Analysis and Management*, 1987, 6 (4)：83.

② J. E. Stiglitz, "Regulating Multinational Corporations: Towards Principles of Cross-border Legal Frameworks in a Globalized World Balancing Rights with Responsibilities", *American University International Law Review*, 2007：16.

③ [美] 约瑟夫·E. 斯蒂格利茨：《私有化更有效率吗》，《经济理论与经济管理》2011 年第 10 期，第 10 页。

④ Chang Ha-Joon, "State-Owned Enterprises Reform", United Nations, Department of Economics and Social Affairs, 2007：184.

便车"问题①。正是因为"搭便车"问题的存在，公共物品的供给就是一个非常严重的问题，早期的研究主要围绕"公共物品定价"问题展开。维克塞尔最先利用边际理论说明了公共物品边际成本定价是确保供给效率的关键，但由于公共物品的特殊性，公共物品供求应采用一致同意的方法，而非市场均衡的方法②。以维克塞尔的研究为基础，林达尔提出了公共物品定价的林达尔均衡：公共物品供给均衡时个人分摊的成本与边际收益成比例③。蒂布特于1956年提出"用脚投票"的方法，即对于不同地方的公共物品来说它们是存在竞争性的，公民通过"用脚投票"的方法，可以实现竞争性选择，最终达到均衡④。

　　市场方式真的不能提供公共物品吗？不同的学者对这一问题给出了自己的质疑。德姆塞茨认为，问题的关键在于能否在技术上实现排他，只要在技术上可以将不付费者排除在外，市场就能有效提供公共物品——类似于市场竞争的方式⑤，而长期进行经验研究的学者则从现实经济中找到的甚至是最典型的公共物品也是由市场供给的。科斯发现，灯塔是最典型的公共物品，但英国的灯塔一直由私人供给而非政府，并且不存在供给不充分的问题⑥。许多国家的经验研究都发现了与科斯类似的结论，现实中的制度安排是多样的，而世界银行的研究发现许多国家的基础设施、社会服务等公共产品和服务由公共机构提供没有产生好的结果⑦。

　　"公共选择理论"与"芝加哥学派"几乎一脉相承，其将经济市场的理性原则引入对政治安排的研究逻辑也得出了政府失灵的结论，所以在公共

---

① ［美］曼瑟·奥尔森：《集体行动的逻辑》，陈郁等译，上海人民出版社1995年版，第29页。

② K. Wicksell，"A New Principle of Just Taxation"（1896），Reprinted in：R. Musgrave and A. T. Peacock，eds.，*Classics in the Theory of Public Finance*，New York：St. Martin's Press，1967：187.

③ E. Lindahl，"Just Taxation：A Positive Solution"（1919），in R. Musgrave and A. Peacock，eds.，*Classics in the Theory of Public Finance*，New York：St. Martin's Press，1967：29.

④ C. Tiebout，"A Pure Theory of Local Government Expenditures"，*Journal of Political Economy*，1956，60：415–424.

⑤ Harold Demsetz，"The Private Provision of Public Goods"，*Journal of Law and Economics*，1970，13：292–306.

⑥ ［美］罗纳德·科斯：《企业、市场与法律》，盛洪、陈郁译，上海人民出版社2009年版，第231页。

⑦ World Bank，*World Development Report*，1997：*The State in a Changing World*，Washington，D. C.，World Bank，1997：39.

物品的供给中引入竞争也是一种非常合意的安排①。以此为基础，奥斯特罗姆夫妇最终形成了公共治理制度安排的"多中心"理论。"多中心"理论是在与威尔逊的大政府进行争论中产生的，对多中心体制的探讨者而言，"政府的'事务'是生产（或者提供）各种各样的公共物品和服务。而'体制'则是指长期持续存在的一组有序关系"。② 现在的问题就是，怎样构建公共治理的边界，然后利用相应的公共治理体制来解决相应的治理问题。

政府提供的公共服务可以被视为一个"包"。在这个包中，根据其排他性和分割性的程度来建构公共治理的边界。边界范围之外的人就被排除在公益物品的使用之外，我们就可以说，哪里公益物品在适当的边界范围内被打包了，公益物品就已经被成功地内部化了；哪里外部效应溢出到邻近的社群，公益物品就没有被充分地内部化③。同时，公共服务的提供并不是政府的专利。按照可分割性和可排他性的特点，公共服务的供给者也可以是众多的主体，包括政府、企业以及第三部门。问题的关键不在于谁生产、谁提供，而在于怎样构建竞争性的安排，在外部性和可分割性之间找到一个恰当的平衡点。在这样的条件下，一个多中心体制就是由公共服务的生产者、供给者和消费者组成的一个特定公共服务的包。而这个包的有效性需要一个有效的制度机制来保证"多中心"体系在提供地方公共服务的过程中能够有效地运转。奥斯特罗姆是非常强调地方制度模式对地方公共服务的提供以及对地方"多中心"体制安排的有效性的④。

在这种情况下，每个公民都不是由"一个"政府服务，而是由大量的各不相同的公共服务产业所服务。每个公共服务产业都由作为提供者的集体消费单位和一些生产单位组成，生产单位负责生产某些密切相关的、由特定社群和个人共同消费的公益物品或者服务⑤。连接这一制度安排的既不

①　[美] 詹姆斯·布坎南、戈登·塔洛克：《同意的计算》，陈光金译，中国社会科学出版社2000年版，第17页。

②　[美] 文森特·奥斯特罗姆：《多中心》，载迈克尔·麦金尼斯：《多中心体制与地方公共经济》，上海三联书店2000年版，第26页。

③　[美] 文森特·奥斯特罗姆、蒂伯特·瓦伦：《大城市地区的政府组织》，载迈克尔·麦金尼斯：《多中心体制与地方公共经济》，上海三联书店2000年版，第38页。

④　[美] 埃莉诺·奥斯特罗姆等：《制度激励与可持续发展》，毛寿龙译，上海三联书店2000年版，第204－244页。

⑤　[美] 文森特·奥斯特罗姆：《多中心》，载迈克尔·麦金尼斯《多中心体制与地方公共经济》，上海三联书店2000年版，第28页。

是纯粹的市场，也不是纯粹的官僚制度，而是一种多中心的制度模式，其中，制度的有效性决定了制度安排。虽然强调市场的竞争是重要的，但是，在他们看来，竞争只是市场的一个方面。在公共市场资源具有特定的属性约束条件下，市场本身的运转是有缺陷的。有缺陷的市场需要一套精细的制度模式，无论是正式的还是非正式的，来建构巧妙的激励结构，处理特殊的公共治理问题。总之，多中心体制包括众多的要素：①许多形式上相互独立的自治单位。②选择按照考虑他人的方式行动。③通过合作、竞争的冲突解决机制。在我们的论述中表明，解决冲突不必要来自中央结构，解决冲突的非正式结构亦存在①。

上文对市场化制度进行讨论时，新的发展方向逐渐转向以"公私伙伴关系"为基础的安排；而以"多中心化"为基础的安排则强调合作。所谓合作，是指各方为了共同的目标而分担责任、分享知识，且合作的方式可能是正式的，也可能是非正式的；可能是以合同为基础，也可能是自愿的；合作的主体可能是多样的②。公私合作的关键在于形成的一种制度性框架，使公私部门得以协同工作以实现同一目标③。合作安排与市场化安排的不同在于：它追求的是为共同目标形成的联合，通过整合产生资源与资本，实现 $1+1>2$ 的效应④。

但是，这一框架也有自身的缺陷：合作安排需要有新的制度框架的建立，需要政府的真正介入，建立制度框架以及执行制度框架比建立合同和执行合同的成本更高，并且这样的制度框架往往是脆弱的。政府介入的理由正是因为其具有重要的外溢效应，使得其具有"公共性"，"公共性"意味着政府责任转移的困难。其次，在一定程度上，正如"用脚投票"模型和德姆塞茨的技术性排他所证明的，由于在技术上具有可分性，在市场范围扩大的条件下，其可以有效地实现竞争。可见，"多中心化"制度安排的边界就是产业本身的技术可分性程度较高且其外溢性也较高。

① [美] 文森特·奥斯特罗姆：《美国联邦主义》，王建勋译，上海三联书店 2003 年版，第 52 页。
② M. Lewis, "Risk Management in Public-Private Partnerships", Working Paper, School of International Business, University of South Australia, 2002: 92.
③ P. Nijkamp, M. Van der Burch and G. Vidigni, "A Comparative Institutional Evaluation of Public Private Partnerships in Dutch Urban Land-use and Revitalization Projects", *Urban Studies*, 2002: 62.
④ R. Widdus, "Public Private Partnerships for Health: Their Main Targets, Their Diversity and Their Future Directions", *Bulletin of the World Health Organization*, 2001: 713 – 720.

三、行业管制：管制的经济学，而非政治经济学

这里再次提到经济管制可能"不合时宜"，因为在第二章的分析中我们发现，如果按照现代经济学家的观点，经济管制的动机是值得怀疑的、过程是高成本的、后果是不可预测的且往往是无效的。这是因为行业管制本身就是行业自身追求的结果，是特定行业对特定政府机构俘获的结果。但是，并不能忽视管制的必要性，我们现在要说明的并不是政治学视角中的政府管制而是经济学视角中的政府管制。或者说，本书从经济学视角来讨论政府管制，既不是在完全倡导政府管制（如传统的政府管制理论一样），也不是在完全否定政府管制（如"俘获理论"所证明的），本书主要强调的是管制导致的政府失灵和市场失灵的效率比较，并且是经验比较，即包括对管制成本、管制收益以及二者之间的系统比较，而不是略微有些"偏激"的斯蒂格利茨式观点。所以，这里要讨论的关键问题是，在什么条件下是必须管制的，如果实行管制，有效管制的效率边界在哪里？

其实，无论是西方国家还是其他国家，无论"放松管制"和"市场化"运动进行得多么激烈，在一些公共基础设施或战略性的企业和部门中，政府仍然保留了各种"后私有化控制手段"，如部分私有化、收回条款（再国有化）、黄金股、稳定核心股东等[①]。所以，政府对特定行业的经济管制一直都是存在的，但问题是，对于我国的不同行业来说，政府对经济的管制与西方国家的背景是有差异的。因为我国是在社会主义的计划经济体制向市场化制度的转型过程中实现管制政策重构的，所以从总体上来说，我国的行业管制是一个逐渐放松的过程，但这一放松的过程依然阻力重重。下面以航空运输业和电信业的管制为例，来说明政府管制以及放松管制对我国的特殊意义。

（1）航空运输业在传统上被视为自然垄断产业。首先，其具有网络经济的特点，当多个轴心之间可以相互联系形成更为庞大的网络时，航空运输的便捷性、市场容量以及节约产业总成本的可能性就会上升；其次，与

---

① OEDC，*Privatising State-owned Enterprises：An Overiew of Policies and Practices in OECD Contries*，Paris：OEDC Publishing，2003：29.

网络特性有关，航空运输业具有规模经济的特点①；再次，航空运输业还具有范围经济性的特点：在相同的投入下，由一个单一的企业生产多种产品比多个企业分别生产这些产品中某个单一产品的产出水平要高；最后，航空运输业具有一定的外溢性②。在我国特殊的产业背景下，航空运输业一直是我国较强的国家垄断性产业，但 2002 年以来我国航空运输业开始了全面放松管制的改革，李健基于1992～2009 年的数据对我国航空运输业放松管制的经济绩效的实证分析表明，以引入竞争为目标的一系列放松管制改革，在刺激我国航空公司数量增加的同时，也有效降低了航空服务的边际成本，从而促进了我国航空运输业的发展③。

（2）与航空运输业类似，电信业也是自然垄断行业，且我国的电信业在传统上是重要的国家管制型行业，虽然实现了拆分，但国家的强力干预模式依然存在。这样的强国家干预安排阻碍了我国电信行业的健康发展。根据过勇和胡鞍钢的研究，到 20 世纪末，中国电信交换机总量约 1.7 亿门，已经超过美国，并建成了"八横八纵"的光缆网，局用电话程控化比重高达99.8%，长途传输数字化高达98.5%，移动电话比率已经大大超过了美国和澳大利亚。但我国电信资费一直很高，使用效率也比较低，中国电信拥有的用户是德国的 1.4 倍，但德国电信企业的利润却是我国的 2.8 倍④。杨秀玉利用 ISCP 框架对我国电信产业的行业垄断程度进行了实证研究，发现行业垄断结构对我国电信产业带来了巨大的绩效损失。所以，中国电信产业需要进一步放松进入管制，加强产权资本结构治理及多元化，完善电信政策法规且规范电信市场运作体系⑤。

我国对自然垄断行业的放松管制是与我国特殊的制度背景有关的⑥，但并不是说放松管制就是良方。上文对市场化改革的研究说明市场化改革本身是有成本的，也是有边界的，对于放松管制来说亦是如此。但是，对行

① 刘世锦、张文魁：《我国民航运输企业改革与重组的思路研究》，《管理世界》2000 年第 4 期，第 66～77 页。

② 谢泗薪、李荣、都业富：《天空开放下管制放松与中国民航制度创新的博弈分析》，《南开经济研究》2005 年第 3 期，第 55－61 页。

③ 李健：《我国航空运输业放松管制绩效研究》，《工业技术经济》2011 年第 7 期，第 40 页。

④ 过勇、胡鞍钢：《行政垄断、寻租与腐败》，《经济社会体制比较》2003 年第 2 期，第 69 页。

⑤ 杨秀玉：《中国电信产业行政垄断及其绩效的实证分析》，《上海财经大学学报》2009 年第 8 期，第 56 页。

⑥ 刘戒骄：《自然垄断产业的放松管制和管制改革》，《中国工业经济》2000 年第 11 期，第 26 页。

业的经济管制依然是必要的，特别是对那些具有巨大规模效应的产业，如电信、航空等行业。因为这些行业技术可分性程度太低，范围经济太大，导致一个行业的垄断是不可避免的：即使是私有化，私有化的垄断造成的危害也是相当大的。正是由于技术的不可分，有效的、全国性的竞争市场无法出现，所以经济管制是必需的。上文对这些行业的分析不是说明行业不需要管制，而是需要有效的管制，需要新的、多样化的经济管制手段的综合运用才能解决这一问题。

四、国家垄断：浮士德式的交易

所谓国家垄断，是指国家为了社会整体利益而以法律的名义允许某些行业、某些领域实施相应的垄断。国家对某些行业实施国家垄断，是因为国家意欲通过法律途径来保障国家经济安全、社会资源的合理配置与使用、社会公共产品的有效供给、国家整体利益、社会经济的和谐发展等诸多国民经济发展目标。一般来说，某种产业是否具有国家垄断性质的基本依据在于国家是否以特定法律对该产业实行了管制；如果国家法律对特定产业实行了管制，那么就属于国家垄断；如果国家没有就相关产业专门立法，则这一产业不属于国家垄断，这也是为什么国家垄断与经济垄断、行政垄断等概念相区别的原因。例如，国家对烟草行业以及食盐行业实行的专卖制度，对某些军工产业实行的国家控制等均属于此类。我国的铁路运营主要由《中华人民共和国铁路法》管制，中国移动、中国电信等电信业的运营主要由《中华人民共和国电信条例》管制，所以，诸如此类的国家对特定行业的管制在本质上是合乎国家法律的国家垄断。

国家垄断对某一产业来说是确保产业供给稳定化的标志，正是因为国家利用法律手段等制度工具对某一产业实行了保护，所以国家垄断的效率损失是非常巨大的。首先，国家垄断会造成静态效率的损失，即这些产业不可能按照市场供给和市场价格实现供需平衡，垄断价格是受保护的；其次，从长期来看，新的技术被更新的可能性会比较低，就算新技术实现了更新，其成本也是非常巨大的；最后，国家垄断使任何进入威胁都不存在，即使存在一定的进入威胁，也是被控制的进入，根本不会对原有的产业结构造成任何冲击，所以新的管理技术等很难更新，X—非效率、官僚成本以及资源配置的浪费等非常明显。

但是，从发达国家来看，多数西方国家的国有企业采取的是混合所有制结构。根据OECD的调查数据，超过一半的OECD国家的国有企业是完全国有的，20%是国家控股，也就是平均3/4的国有企业国家是具有所有权和控制权的①。这是因为国家垄断相对来说是有充分理由的，因为对于某些行业来说，其在技术上具有不可分性，所以市场竞争不可能；且外溢性程度非常高，这意味着政府必须为这样的行业承担"公共性责任"。特别是，当一个行业在技术上不可分，且外溢性程度非常高，二者交互影响的情况下，这一行业对于一个国家的整个经济社会生活来说往往具有战略意义，所以这进一步加剧了其他安排可能带来的风险——任何安排的策略性行为都有可能带来风险，无论是利用市场手段还是利用经济管制手段。所以，总的来看，对某些行业进行国家垄断是一个"浮士德式的交易"，在没有更好的办法的条件下产业的属性使然，国家垄断是保证有效、稳定供给的最后手段。

例如，对我国石油行业的管制问题就是一个非常有争议的领域，原油开采业具有规模经济（技术不可分的性质）、石油资源的战略地位（高外溢性）等特点，从而使得原油开采业往往具有自然垄断性质。因此，对其设置高进入壁垒是必要的。因为这样一来就可以避免一般企业的盲目进入而造成对自然资源的破坏，以实现对石油资源的保护②。并且，这种垄断式的产业结构既有利于实现石油产业的规模经济，也可以实现技术创新，且垄断性的产业结构有利于实现政府对石油产业的有效控制③。可见，组建统一的国家石油公司（集团），实现集中化控制在一定程度上是必要的④，至少政府应实行企业进入管制，赋予特定企业垄断经营权⑤。

就算在国外，基于石油的战略地位和不可再生性，政府也会对其进行强管制，政府通常会通过竞标的方式授予企业石油开采许可证，原油开采业不存在进入壁垒。在我国，整个石油和石化工业像一个单独企业一样运

① OECD, *Corporate Governance of State-owned Enterprises：A Survey of OECD Contries*，Paris：OECD Publishing，2005：82.

② 杨嵘：《进入壁垒与石油产业组织效应》，《当代经济科学》2001年第2期，第15页。

③ 白雪峰、王宇奇：《开放条件下中国石油产业集中度初探》，《科技与管理》2003年第6期，第9页。

④ 王良才：《从世界各国石油工业的组织结构看中国石油工业的改革》，《国际石油经济》1997年第4期，第46页。

⑤ 肖兴志：《自然垄断产业规制体制改革的战略思考》，《改革》2002年第6期，第40页。

营，受中央各部控制。20 世纪 80 年代以前，我国的石油、天然气勘探与生产是由石油工业部（MPI）控制，包括投资分配、目标产量、产品结构、产品销售与定价。到 1988 年，石油工业部改组为中国石油天然气总公司，这标志着石油工业部从纯粹对石油行业的部级行政控制转向市场管理。当然，公司的经营和石油产业的监管职能之间仍然有一些混淆。1998 年重组，中国石油总公司最终摒弃其"部级"职能，将其转化为一个公司①。问题的关键不在于这样的产业组织结构是否"有效"，而应该关注这样的组织结构是不是对我国整个宏观经济的稳定做出了特定的贡献。总的来看，如果因为经济效率而人为放弃国家垄断，实现市场竞争，那么这个理由是不够充分的。

《反垄断法》第一章第七条规定："国有经济占控制地位的关系国民经济命脉和国家安全的行业以及依法实行专营的行业，国家对其经营者的合法经营活动予以保护，并对经营者的经营行为及其商品和服务的价格依法实施管制和调控，维护消费者利益，促进技术进步。"② 这一规定与我们在本章中描述的特定产业的属性是一致的，所以《反垄断法》对我国特定行业的管制在根本上是没有太大问题的，我们认为，对于我国的特定行业，国家垄断是最后的手段，是"浮士德式的交易"。

五、总结：管制机制变革的比较制度分析

在这一章，对特定行业的政府管制问题进行了深入分析，至此，我们主要得出了如下结论：①在每一种产业结构中政府都会扮演角色，问题的关键在于政府扮演角色的程度和方式。②在特定产业中，按照政府干预的程度将政府对行业的管制区分为四种管制手段：市场化、"多中心"、行业管制以及国家垄断。③政府的特定干预会产生特定的产业结构，但每一种政府干预的手段都是有成本的，随着国家干预程度的加深，以市场化为基础的效率损失会逐渐加大。④特定产业之所以需要管制，是由产业本身的属性决定的，特别是产业是否具有"技术可分"的特点，以及是否具备

---

① ［美］彼得·诺兰：《中国石油和天然气工业的机构改革》，《战略与管理》2000 年第 1 期，第 15 页。

② 全国人大常委会法制工作委员会经济法室：《〈中华人民共和国反垄断法〉条文说明、法理理由及相关规定》，北京大学出版社 2007 年版，第 33 页。

"外溢性"的特点。⑤政府管制手段是"比较制度分析"的结果,即给定特定行业属性,比较各种政府管制工具的成本收益,最终选择成本最小的制度结构实现有效管制。

所以,每一种政府管制手段都是一个权衡的过程,市场化制度是有边界的,多中心安排有自身的局限性,放松管制并没有降低政府对行业管制的必要性,而国家垄断有时也是必需的,没有一个管制手段对所有的行业都适用,问题的关键依然在于:特定行业需要选择最低成本的手段来实现对其有效管制,这是本章得出的最基本的结论。

第五节 缺失的第三维

上文提到,利用交易成本的框架,威廉姆森验证了合约的复杂性以及组织安排的多样性,在一个"顶"和"底"之间,确实存在多样的、混杂的安排。但是,这样的分析在后来的进展中面临两个挑战:①非正式制度的角色的问题。②制度环境以及意识形态在整个制度变迁中扮演的角色。第一个问题与诺思相关,第二个问题一个方面与诺思相关,但更多地与格兰诺维特相关,是关于"关系"和社会结构的"嵌入性"的观点。两个问题都强调一些非正式的、与法律无关的社会安排,比如说社会制度环境、社会制度、社会组织以及意识形态、文化、道德观念在整个制度变迁中应该扮演什么角色。

格兰诺维特、格雷夫等学者对非正式制度的研究①为我们对政府管制缺失的"一维"找到了方向,这缺失的一维就是产业自身的组织结构对于行业管制应该扮演什么角色?行业协会之类的社会性组织可以在反行业垄断的政策过程中起到作用吗?威廉姆森早期的研究认为经济组织模式是沿着

---

① Mark Granovetter, "Economic Action and Social Structure: The Problem of Embeddedness", *American Journal of Sociology*, 1985, 91: 483 – 510; Avner Greif, "Cultural Beliefs and the Organization of Society: A Historical and Theoretical Reflection on Collectivist and Individualist Societies", *Journal of Political Economy*, 1994, 102: 912 – 950.

市场等机制呈双峰分布的[①]，但后来他认识到在市场和官僚制之间存在多样化的制度实践，或者说"非正式制度"，进而认为经济组织模式是呈单峰分布的[②]。所以，他认为格兰诺维特的"嵌入"与其说是对他的批判，还不如说是对"比较制度分析框架"的补充，并且认为"在根本上不是冲突的"[③]。特别是后来的对于新制度经济学与"社会资本"研究的整合潜力进一步说明了这一问题[④]。如果将产业结构视为一种经济治理的模式，那么无论是威廉姆森还是格兰诺维特等都确认了这种社会性的组织对于经济治理的意义。

坎贝尔、霍林斯沃斯以及林德伯格在对美国的经济治理问题进行分析时认为行业协会对于行业治理具有重要意义[⑤]，也就是说，行业协会对于行业垄断等产业结构问题具有重要的意义。但现在的问题是，进一步的研究需要将行业协会等社会组织与反行业垄断等问题有效联系起来，为我国反行业垄断的政府管制建构更加多样化的工具箱，实现政府管制成本的最小化。

① Oliver E. Williamson, *Markets and Hierarchies: Analysis and Antitrust Implementations*, New York: Free Press, 1975: 293.

② Oliver E. Williamson, *The Economic Institutions of Capitalism*, New York: Free Press, 1985: 431.

③ Oliver E. Williamson, "Transaction Cost Economics and Organizational Theory", In Neil J. Smelser and Richard Swedberg, ed., *The Handbook of Economic Sociology*, New York: Russell Sage Foundations, 1994: 261.

④ Eirik G. Furubotn and Rudolf Richter, *Institutions and Economic Theory: The Contribution of the New Institutional Economics*, Detroit: University of Michigan Press, 1996: 51; Partha Dasgupta and Ismail Serageldin, ed., *Social Capital: A Multifaceted Perspective*, Washington D. C.: The International Bank for Reconstruction and Development, 2000: 417.

⑤ ［美］约翰·L. 坎贝尔、J. 罗杰斯·霍林斯沃斯、科恩·N. 林德伯格：《美国经济治理》，董运生译，上海人民出版社 2009 年版，第 25 页。

第四章 "多中心化"：城市 自来水行业案例

上文重点讨论了四种政府管制手段的边界，但总的来说，纯粹地以市场化手段或者纯国家垄断手段对特定行业管制的可能性是非常小的，常见的是在国家垄断与完全放任市场之间的中间地带，并且在我们的框架中，这两个极端的政府管制手段也仅仅是"理想类型"①。在现实的产业中，对于自由放任的市场结构，一般的法律体系也是对整个产业的约束；而对于完全国家垄断的产业，除了那些对于国防安全等具有非常重要战略意义的行业（如军队），大多数行业都是存在市场竞争的。例如，美国的国防工业体系就与美国的整个军事承包合同具有非常重要的联系。所以，对于政府管制手段，两种纯粹类型不是需要重点讨论的范围，我们主要讨论两种"中间状态"，即"多中心化"的管制手段和行业管制的管制手段，我们将利用案例说明这个问题，即"多中心化"的水务和行业管制的电力。之所以选择这两个案例，是因为这两个领域不仅可以说明我们的主要论点，并且这两个案例本身对于我国的行业垄断问题的政策争论，以及解决我国的城市供水和电力行业的问题都具有建设性意义。

城市自来水供应对于城市的生存来说至关重要。自来水供应的稳定性决定着一个城市的基本生活质量，而自来水供应的质量问题对于整个城市的生存都会造成威胁。我国城市自来水供应一直存在问题，这些问题一方面与我国的水资源分布有关，另一方面与我国的城市供水行业的管制体系有关，这进一步说明对水务行业的管制体系的深入研究对于我国城市自来水行业的重要意义。本章首先从自来水行业的特征以及学者们对城市自来

---

① ［德］马克斯·韦伯：《社会学的基本概念》，顾忠华译，广西师范大学出版社 2005 年版，第 7 页。

水行业的管制手段的研究开始分析，然后探讨我国的自来水行业的管制历史、成功之处以及现有的缺陷；接着对西方发达国家成功的城市供水体系进行研究，主要包括英国、法国和美国；最后，以自来水行业的行业特征、我国自来水行业管制历史的经验教训以及西方国家成功的自来水行业管制经验为基础，提出我国自来水行业的超越国家与市场的"多中心化"的管制框架。

第一节　自来水行业的特征

一、城市供水的界定

通常所说的水务行业或者说自来水行业主要是指城市供水，按照王雅莉和毕乐强的定义，"是城市自来水供水企业以公共供水管道及其附属设施向城市各单位和城市居民提供生活用水和生产建设用水的经济活动"[①]。所以，对于自来水产业来说，其主要是围绕城市自来水的生产、供应以及分销等业务构成的一个整体的行业。根据水的流动性过程来看，其自然过程如图 4-1 所示：原水主要是取自江河、湖泊、水库等地表水资源或地下水资源，经过加工之后进入自来水厂进行自来水的生产，生产的自来水通过城市管网供应到每一个消费者，消费者主要包括家庭以及企业、事业单位等。消费之后的水需要处理，首先需要通过城市排水系统将污水从消费者处排出，然后到污水处理厂进行污水处理，经污水处理之后的水就是中水，如果地方缺水，中水往往会再一次进入自来水生产流程；否则，中水循环进入江河、湖泊等自然系统之中，实现水资源的循环。

可见，自来水行业是一个非常复杂的行业，不仅产业链复杂，而且每一个链条上的技术也是非常复杂的。自来水产业链主要包括两个技术环节：自来水生产和自来水的供应。自来水生产的主要技术过程包括原水的检测、

[①] 王雅莉、毕乐强：《公共规制经济学》，清华大学出版社 2005 年版，第 62 页。

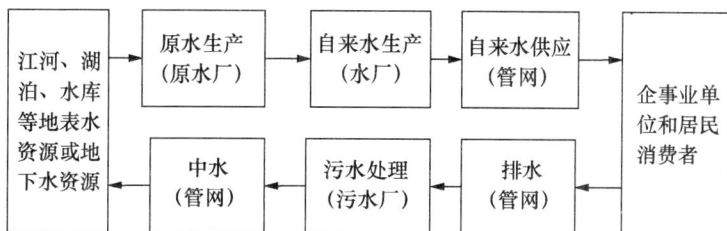

图 4-1　自来水行业的产业链

自来水的消毒杀菌、对自来水进行沉淀过滤以及在取水和生产中可能对水资源和自然环境造成的破坏而需要对环境进行的保护；在自来水供应阶段的主要环节包括水的输送和分配的调度、水压的管理、对输水配水的计量、在需求的波谷过程中实现削峰避谷、需要对用户的水表进行统一管理、公共用水（如消防用水）需要进行专门配置、在特别的地方还需要实现自来水的重复利用、实现水的节约管理。从技术上看，各个技术环节在原则上是可分离的，这意味着每一个环节都可以由一个单位来完成；但从技术整体上看，城市水务需要一个庞大的自来水管网系统，所以城市供水需要一个统一的供应单位。再加上自来水行业需要对水资源保护、环境保护、水质管理、污水处理等与整体社会福利相关的内容进行管理，还需要对水的价格、供应等与居民生活息息相关的稳定性问题实现回应，可见城市供水行业的治理问题也是非常复杂的。

二、城市供水的特征

城市供水问题并不是一个新问题，对城市供水的管制已进行了长时间的研究，穆勒提出的"自然垄断"问题就是在对伦敦的自来水管网系统观察之后得出的结论。可见，对城市供水行业的经济学研究早就有之，之所以要对城市供水行业进行管制，是因为城市供水行业的经济特征和技术特征。对于这个问题，由于学者们的视角以及分类的变量有差异，所以得出的结论是有差异的。

城市供水行业属于城市公共服务体系的一部分，但也与其他的市政服务基础设施有所区别，而这正是城市供水行业的特殊性所在。首先，城市供水的资本密度很高。Beecher 等利用资本/收入比率对城市基础设施行业的资本密集程度进行了比较分析，航空、电信城市基础设施的资本/收入比率范围介于 1:1~2.5:1，但城市自来水行业的资本/收入比率达到了 5:1~6:1；美国国家科学院通过计算某项公共服务的设施净值与其年经营收入的比率来衡量资本密集度，其研究结果发现，电力、天然气和电信的资本密集度分别为 1.51、1.24 和 1.46，但城市供水的资本密集度的指标值为 3.52。这充分说明了城市自来水行业的资本密集度之高。因为自来水产业需要大量的资本投资于管网，实现饮用水供应、污水处理和消防等城市最基本的公共服务需求①。其次，城市自来水行业对于公共卫生安全方面具有举足轻重的作用。一般来说，只要是城市市政服务体系，由于其管网的扩散以及流动性，都会对城市公共安全或卫生造成影响（如煤气、电力），但由于自来水本身的流动性以及可作为一些病毒的载体，所以水往往是疾病传播的重要媒介。由于水在管网中是自由流动的，所以无法实现总体的自由调动；当管网中的污水化学成分非常复杂时，对有害物质的检测也是高成本的，这经常使得水污染很难防范和治理。所以，城市自来水供应相比其他市政设施来说具有技术上的资本密集性以及社会生活的基础性。

以此为基础，Rees 进一步对自来水行业的特点进行了分析，他主要总结了自来水行业的四个关键特征：自然垄断、外部性、不可替代性以及资本密集性②。自然垄断主要是由自来水行业的规模经济效应导致的，因为自来水行业的主体是管网建设，由于其网络经济性，所以具有边际成本为零的特点，且需要巨额资金投入。一旦一个区域出现多个强势的竞争者，恶性的市场竞争可能导致行业的瘫痪以及资源的浪费。自来水行业的外部性主要来源于两个方面：①由于取水的过程有可能对水资源的有效使用造成破坏（如地下水开采），在取水的过程中由于需要工程建设（如水库建设、水坝建设等），且采水区往往是生态环境比较复杂也比较脆弱的地区，所以自来水行业的环境问题比较突出。②由于自来水行业与居民生活息息相关，是整个城市经济的命脉之一，所以其质量和稳定性对于整个城市的生存具有基础性，这也是自来水行业具有外部性的体现。不可替代性主要是由于自来水产业链的上游是依托于整个水资源的，水资源虽然具有再生性和循

① J. Beecher, P. Mann and J. Landers, *Cost Allocation and Rate Design for Water Utilities.* Columbus, Ohio：The National Regulatory Research Institute, 1992：83.
② Judith A. Rees, "Regulation and Private Participation in the Water and Sanitation Sector", http：// www.gwpforum.org , Jul, 1998：27.

环性, 但其有承载力的极限, 并且水是最基本的生存原料, 无法用任何其他的物品替代。一旦水资源或者自来水行业出现自来水供给不足或者供给质量出现问题, 都有可能酿成政治风险。自来水行业是资本密集性行业, 这也与自来水行业本身的自然垄断性质有关, 管网建设本身就设备需要巨额的资本投入。并且, 资本密集性还体现在自来水行业的设备比较昂贵, 沉淀成本非常高, 且往往是高度专用的, 如果退出, 这些设备往往闲置而无法低成本地转移其使用方向。一旦管网建成, 退出的成本非常高昂, 高额的转移成本往往意味着投资的风险, 特别是当需求不确定或者政府管制不合理时, 如质量管制太过严苛、水价管制太过福利化, 都可能造成巨大的经济损失。

不仅如此, 自来水行业还表现为严重的信息不对称①。无论是在城市自来水的供给还是在城市自来水的管制过程中, 无论是在面对消费者还是在面对政府的情景下, 自来水行业的生产商都具有信息优势。在面对消费者时, 由于消费者对自来水行业的技术特征、成本投入以及自来水产业的绩效没有充分的信息, 自来水公司往往以此抬高价格。政府往往会基于信息不对称问题对自来水产业实行价格管制, 但政府并不比消费者了解更多, 自来水企业相对于政府来说依然具有信息优势。所以, 正是由于自来水产业的技术特征, 导致在交易过程以及管制过程中, 自来水产业都具有支配性。

按照城市自来水的经济特性, 可以利用分析公共物品的两个维度竞争性和排他性, 对城市自来水行业进行分析。竞争性是指消费的共同性, 即消费单位是个人还是群体; 排他性是指在消费的过程中排他的可行性问题。根据萨瓦斯②的分类, 可以得出四种纯粹的物品形式: 可以完全排他的个人消费品, 即个人物品 (Individual Goods), 通常被称为私人物品 (Private Goods); 可以完全排他的共同消费品, 即可收费物品 (Tool Goods); 不可以排他的个人消费品, 即共有资源 (Common-pool Goods); 完全不可以排他的共同消费品, 即集体物品 (Collective Goods), 或者可以称为公共物品 (Public Goods)。按照这种分类方式, 可以对城市自来水产业的不同阶段,

---

① Judith A. Rees, "Regulation and Private Participation in the Water and Sanitation Sector", http://www.gwpforum.org, Jul, 1998: 19.

② S. E. Savas, *Privatization and Public-Private Partnerships*, NJ: Chatham House, 2000: 41 - 47.

以及自来水服务行业不同组成部分的经济属性进行分析①。如图4－2所示，瓶装水是属于完全可以排他的个人消费品，城市自来水服务是可以排他的共同消费品，也就是可收费物品；但对于其他的市政设施的用水则比较复杂，其排他性的可行性以及消费的共同项都比城市自来水行业要高，地下水的排他性使用更不可行，海水则根本不可能实现排他，而这些都属于城市自来水产业的上游，说明了城市自来水行业的上游要实现竞争性排他的困难性。

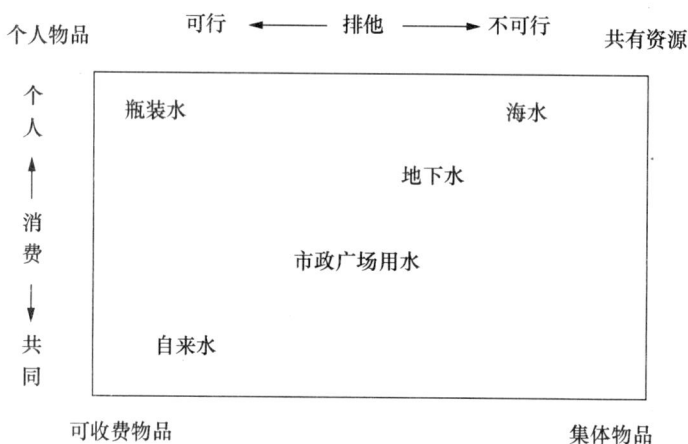

图4－2　自来水行业的经济属性

　　与萨瓦斯的分析一脉相承，Rees重点对自来水产业链不同阶段的市场属性进行了深入分析②。在Rees看来，自来水产业不同阶段的市场属性是有差异的，如表4－1所示，其中，自来水的生产流程主要包括在上游段的水资源开发，在采水区域，由于水资源的非替代性，排他不可行，所以其市场属性往往是垄断性的；在中游段主要包括取水工程、导水工程以及自来水厂的建立，由于水资源的开采为垄断性的，所以取水工程一般也是垄断性的，但导水工程以及自来水厂的建立在一定程度上可以实现竞争，虽

① S. E. Savas, *Privatization and Public-Private Partnerships*, NJ：Chatham House, 2000：41 – 47.
② Judith A. Rees, Regulation and Private Participation in the Water and Sanitation Sector, http：// www. gwpforum. org , July, 1998：29.

然取水工程的供给方是垄断的；在下游段，供水管线由于具有规模经济的特点，所以具有地区垄断性，但水管维修、水质检测等日常的运营和维护则是可以实现竞争性提供的。由于在上游段的水资源开发具有垄断性，对于水资源的开采来说，水权问题就比较关键。一般来说，除非水资源非常紧张，否则，多数国家都实行采水优先权制度，即在确保水资源被有效使用的条件下，由第一位开发与使用者获得水权；但在水资源非常匮乏的地区则往往采用一些专门的治理手段来实现水权分配的稳定性和水权资源使用的有效性。

表 4 – 1　自来水产业链不同阶段的市场结构

	生产流程	市场属性
上游段	水资源开发	在采水区域内为垄断性
中游段	取水工程	垄断性
	导水过程	竞争性（仅限取得水源者）
	自来水厂的建立	竞争性
下游段	供水管线	地区垄断性
	水管维修、水质检验等日常运营维护	竞争性

资料来源：Judith A. Rees, Regulation and Private Participation in the Water and Sanitation Sector, http：//www. gwpforum. org , Jul, 1998.

中国的学者对城市自来水产业的特征也有研究，总的来看，基本上没有突破西方学者对这一问题的思考框架。例如，张昕竹利用实证分析的方法，对自来水行业的密度经济、规模经济以及水质安全等问题进行了分析，他认为，自来水行业是一个典型的网络型产业。首先，自来水产业的大部分资产都具有专用性的特点，如果按照沉淀成本和运营成本的关系进行分析，相比电信产业，自来水产业的沉淀成本与运营成本的比例较高。其次，自来水产业具有典型的规模经济特点，即随着规模的扩大，边际成本持续下降。再次，自来水产业具有"必需品"的特征，虽然其不是典型的"公共物品"，但"必需品"也说明了自来水产业的"公共性"，政府实现普遍服务就具有重要性。最后，自来水产业的质量，特别是供水的质量，以及自来水产业的稳定性对于城市居民的健康生活具有重要的意义。在此基础上，由于自来水产业的"必需品"特点，以及自来水产业的低可替代性问题，所以在王俊豪看来，自来水产业还有一个特征，即自来水是低价格弹性的[①]。可能有些企业也会生产瓶装水，在自来水成本较高的情况下，瓶装水、桶装水或者矿泉水都有可能在一定程度上替代自来水，但替代的可能性很小，根本无法形成真正的有效竞争，以达到可以替代的水平。

以上主要是按照自来水产业的技术特征来分析的，如果将自来水产业纳入整个国家市场的背景中，那么自来水产业的另外一个特征也不容忽视，即自来水产业的区域垄断性[②]。自来水产业不同于其他网络型产业，如铁路、电信等，随着市场范围的扩大，自然垄断企业会达到其规模经济的边界，即自来水产业的垄断性是建立在地区，特别是城市地区的基础上的。多个城市一定需要多个具有自然垄断的企业来实现，所以自来水产业的垄断具有区域性。

总之，我们可以将自来水产业放在两个视角下对其产业特征进行分析。一方面，可以在技术结构上对其进行分析，强调在整个产业链过程中，每一个技术环节可能具有的技术特征以及可能对整个经济、社会环境造成的影响，这时表现为整体上的规模经济、外部性和必需品，以及每个环节的技术属性及差异性的特点。另一方面，在以整个国家的市场结构为基础时，我们知道，在一定区域内，自来水产业具有自然垄断的特点，但对于整个国家市场来说，往往表现为区域性或者企业之间的竞争性的特点——或者说，竞争性供给是有可能的。

第二节　水务行业改革：市场化问题

一、市场化：模式选择

由于自来水产业的特殊性，所以不同的国家在不同的历史阶段都对自来水产业进行了政府管制，问题的关键在于，利用了什么管制手段。有关

---

① 王俊豪：《政府规制经济学导论》，商务印书馆 2003 年版，第 29 页。
② 王雅莉、毕乐强：《公共规制经济学》，清华大学出版社 2005 年版，第 71 页。

自然垄断的传统理论往往认为，由于自来水行业的自然垄断属性，所以政府往往需要维持地方的垄断供给结构，避免因为重复建设以及恶性竞争等问题使得城市自来水行业出现崩溃；再加上水资源本身就是高度稀缺的，这进一步说明自来水行业的自然垄断是必要的，也是合法的。很显然，管制经济学的后续发展没有为这样的政府管制手段唱赞歌，相反，20 世纪后期对自来水行业的研究的主流在于，将市场化视为自来水行业的关键，新的问题是：市场化拥有哪些模式？在市场化的过程中，政府应该扮演什么角色？

市场失灵依然是政府管制的逻辑起点，自来水行业的市场失灵表现在三个方面：自然垄断、负外部性以及信息不对称[1]，这三个问题在上文已经得到了深入讨论。正是因为这些"市场失灵"表现的存在，使得政府建立了必要的管制体系以实现自来水行业的规范化，这些管制手段包括进入管制、价格管制、质量管制以及环境管制等内容。随着 20 世纪六七十年代"公共选择理论"的兴起，以及后来的"市场化浪潮"和"新公共管理"革命的推动，对市政公共服务公有化的批判随之增多，而这也意味着，对于自来水行业的研究主要是在进入管制的范畴下进行的，围绕进入管制，辅之以价格管制、质量管制以及环境管制，构建自来水行业管制的体系。

为确保自来水产业的稳定性，实现自来水产业的发展以及自来水产业民营化的有序进行，Finger 和 Allouche 指出，政府需要在两个方面实现进展：一方面要对市场进行规制以实现公平竞争；另一方面需要对自来水行业的质量和价格进行管制，破除自然垄断造成的效率损失。二者结合起来，是实现自来水产业市场化得以有序化、正常化的关键[2]。而对于自来水产业的市场化问题，世界银行的建议更为直接：一个国家的自来水产业由私人企业拥有及经营，政府负责垄断规制是最佳的选择模式[3]。

市场化是一个问题，市场化的模式以及市场化过程则是另外一个问题，有效的市场化是以有效的市场化模式为基础的。对自来水产业的市场化问

---

① Judith A. Rees, Regulation and Private Participation in the Water and Sanitation Sector, http: //www. gwpforum. org，Jul, 1998：56.

② Matthias Finger and Jeremy Allouche, *Water Privatization：Trans-National Corporations and the Re-Regulation of the Water Industry*, London：Spon Press, 2001：73.

③ World Bank, *Water Resources Sector Strategy：Strategic Directions for World Bank Engagement*, 2000：85.

题，学者们将许多精力投入到了对市场化模式的研究中，这些模式包括特许投标模式、区域间竞争模式以及产业切割模式。

对于公共选择理论学家或者"芝加哥经济学派"的学者来说，特许投标制度往往是"市场化"的标准解。其实，特许投标制度早在 1859 年就由凯德维克（Chadwick）提出了①，并且这一政策的实施历史还是比较早的。凯德维克就是在当时研究了法国城市供水中实行的特许投标制度，并将这一制度作为维多利亚时期英国市政服务改革过程的一部分，而且将其理论化，最终才在理论上对这一制度进行探讨的。这一制度实践通过威尔考克斯对纽约市政服务过程中的观察得以进一步理论化②，但后续的研究依然缺乏，特别是对这一制度的理论机制的探讨。直到 1968 年德姆塞茨重新发现了特许投标制度与市场化之间的内在联系③，将其作为对自然垄断产业的"标准方法"，从而得到了理论界的深入讨论。1972 年，波斯纳进一步提出了在特许权招标的过程中应该采纳的操作性政策过程，从而使特许权招标制度成为显学④。自此，特许投标制度伴随着"新公共管理"和放松管制浪潮的兴起，在不同国家、不同地区以及不同的领域都有实践，并且这一制度实践的绩效表现也值得肯定，特别是在成本的节约上。

第二章对可竞争市场理论进行了分析后指出，当一个行业不存在超额利润以及不存在管理或生产的低效率时，这一行业的市场结构就是可竞争的市场⑤。鉴于自来水行业的区域性垄断特点，以可竞争市场以及区域性垄断为基础，英国在 1989 年进行了新的制度实践——区域性比较竞争制度，即放松市场进入的壁垒，让不同的自来水企业在不同的生产流程实现区域

① Edwin Chadwick，"Results of Different Principles of Legislation and Administration in Europe，of Competition for the Field，as Compared with Competition within the Field，of Service"，*Journal of the Statistical Society of London*，1859，22：383 – 420.

② Delos F. Wilcox，*Municipal Franchises：A Description of the Terms and Conditions upon which Private Corporations Enjoy Special Privileges in the Streets of American Cities*，*Volume I*，New York：McGraw Hill，1910：53.

③ Harold Demsetz，"Why Regulate Utilities？" *Journal of Law and Economics*，1968：55 – 65.

④ Richard A. Posner，"The Appropriate Scope of Regulation in the Cable Television Industry"，*The Bell Journal of Economics and Management Science*，1972，3（1）：98 – 129.

⑤ William J. Baumol，John C. Panzar and Robert D. Willig，*Contestable Markets and the Theory of Industrial Structure*，New York：Harcourt Brace Jovanovich Ltd.，1982：62.

间的竞争。这一制度在实践中得到了大力推广，也取得了相当的成效①。

这种方式主要是以产业切割为基础的，所谓产业切割（Unbundling），是指拆解物品与服务供给的个别阶段，根据不同阶段决定其成本的过程②。上文对自来水产业的不同阶段以及不同阶段的市场属性进行了分析，以此为基础，由于不同的阶段具有不同的市场属性，这意味着可以对不同的阶段利用不同的市场管制手段。按照产业链分割方式的差异，可以将这一模式分为两种类型：垂直切割和水平切割。对于水平切割的最全面的论述来自 Suresh，如图 4 - 1 所示，可以将自来水产业分解为原水处理、输水、配水以及日常运营服务等过程，不同的过程可以有不同的部门——或者私营部门，或者公有部门来运营，从而最大化市场竞争的可能性③。但是，通过垂直切割实现自来水产业的竞争化和市场化需要满足两个条件：第一，产业链上游必须是具有可竞争性的。第二，产业链上游的供应来源必须是可选择的。如果没有可选择性和可竞争性，产业的市场化是没有意义的。类似于区域间的竞争，自来水产业的水平切割是以规模经济为基础的，在全国市场的视野中，将全国分割为不同的供应区域，在一个区域内可以是垄断性的，但区域间是竞争性的④。传统的自然垄断由于无法对各个自来水企业的价格和效率进行监管，使得自然垄断常常成为社会效率损失的原因；但是，许多国家通过引入市场水平切割，使得区域间的成本和绩效的比较成为可能，各公司为了自身的市场份额也会竞相提高效率，所以对自来水产业市场化的有效运转也具有促进作用⑤。

在西方学者的研究中，自来水产业的市场化模式是非常多样化的，正是这些多样化的自来水产业市场化模式，保证了市场化运作的有效性。并

---

① OFWAT, *Competition in the Water Industry*：*Inset Appointments and Their Regulation*，Birmingham：Office of Water Services, 1995：65.

② Duncan Williamson, "An Introduction to the Underlying Principles of Unbundling Costs：What it is and how to do it", http：//www. duncanwil. co. uk/pdfs/unbub. pdf, 2001：31.

③ V. Suresh, "Strategies for Sustainable Water Supply for All：India Experience", http：//www. oieau. fr/ciedd/contributions/at3/contribution/suresh. htm, (undated), 1999：26.

④ S. Sundar and S. K. Sarkar, "Private Sector Participation in Water Supply", http：//www. terlin . org/features/art56. htm. Sep, 1999：25.

⑤ IFC（International Finance Corporation）, "Introduction and Background Information on Privately Financed Infrastructure Projects", http：//www. uncitral . org/English/texts/procurem/3 - 22 - e. pdf, Feb, 1996：13.

且，这些模式之间也是可以交叉运作的，而且交叉运作往往更有效。这些模式以及不同模式之间的交叉运作的总结可以参见萨瓦斯的总结，如表4－2所示。

表4－2　市场化模式总结

水务基础设施类型	模　式	描　　述
现有水务基础设施	出　售	民间企业收购水务基础设施，在特许权下经营并向用户收取费用
	租　赁	政府将水务基础设施出租给民营企业，民营企业在特许权下经营并向用户收取费用
	运营和维护的合同承包	民营企业运营和维护政府拥有的水务基础设施，政府向该民营企业支付一定的费用
扩建和改造现有基础设施	租赁—建设—经营（LBO）购买—建设—经营（BBO）	民营企业向政府租用或收购水务基础设施，在特许权下改造、扩建并经营该基础设施，它可以根据特许权向用户收取费用，同时向政府缴纳一定的特许费
	外围建设	民营企业扩建政府拥有的水务基础设施，仅对扩建的部分享有所有权，但可以经营整个水务基础设施，并向用户收取费用
新建水务基础设施	建设—拥有—经营（BTO）	民营企业投资兴建新的水务基础设施，建成后将所有权移交给公共部门，可以经营20～40年，在此期间向用户收取费用
	建设—转让—经营—转让（BOOT）或者建设—经营—转让（BOT）	与BTO类似，不同的是，所有权在经营期满后才移交给公共部门
	建设—拥有—经营（BOO）	民营企业在永久特许权下，投资兴建、拥有并经营

资料来源：E. S. 萨瓦斯：《民营化与公私部门的伙伴关系》，中国人民大学出版社2002年版，第198页。

二、中国自来水行业的市场化模式：一些讨论

由于我国自来水行业的特殊性，以及近年来我国对自然垄断行业管制

问题研究的逐渐增多，对于我国自来水产业市场化模式的探索也非常多样化。这些讨论主要以两种路径为基础：一是以市场结构和产业结构为基础，对我国自来水行业的纵向市场分割；二是更加具体地对我国自来水产业市场化多样化模式的探讨。

我国传统的自来水产业市场结构是高度垄断的纵向一体化市场结构，如图4-3所示，其中管制部门是通过垄断性企业实现进入管制和价格管制的，没有在根本上改变垄断企业的垄断事实，对于不同阶段的不同业务也没有实现市场化的优势，所以需要对这种一体化的模式进行变革，即纵向分离的模式，如图4-4所示。纵向分离的市场结构是由自来水行业不同阶

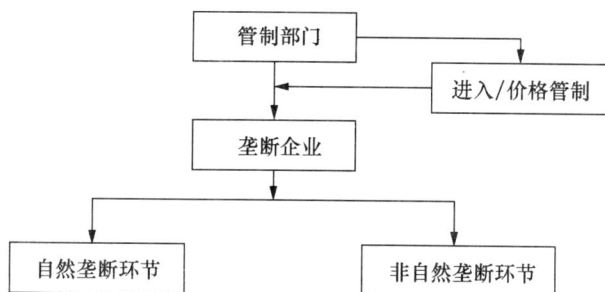

图4-3　我国传统的自来水产业市场结构

资料来源：王俊豪：《英国政府规制体制改革研究》，上海三联书店1998年版，第263页。

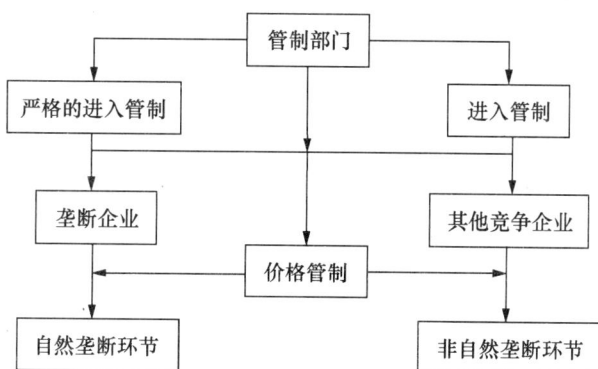

图4-4　纵向分离的市场结构

资料来源：王俊豪：《英国政府规制体制改革研究》，上海三联书店1998年版，第304页。

段的技术特征、经济属性和市场结构属性决定的，无论是自然垄断环节还是非自然垄断环节，政府都要进行相应的进入/价格管制，但不同的环节中政府的管制程度、管制手段等都是有差异的。纵向分割的市场结构要求政府管制的过程中对不同阶段进行不同的进入/价格管制，一般来说，对于自然垄断环节，进入管制和价格管制相对严格，但对于非自然垄断环节，价格管制和进入管制都相对微弱，市场发挥作用的范围和程度会更大。

除了王俊豪对纵向分割体制探讨外，我国学者还基于国外学者对市场化模式的讨论，对我国自来水行业市场化的具体模式问题进行了深入研究。综合目前学术界的讨论，我国学者主要提出了四种自来水产业市场化的模式，包括管网设施与服务的分离模式、整体出让模式、设施经营承包模式以及政府资金与市场运营相结合的模式策略。

管网设施与服务的分离模式是一种在产业链上针对不同阶段实行的不同管制方式。管网的建设具有沉淀资本的特点，属于自然垄断环节，所以需要政府负责管网的建设和维护。但是供水厂和污水处理厂的建设是可以引入竞争机制实现市场化的，因此，在自来水厂、污水处理厂等环节实现特许经营模式。这种方式是典型的"厂网分离"模式，目前这种方式在我国的上海和北京进行了实践，并取得了一定的效果。这种方式保留了政府对整个产业的控制能力，但"厂网分离"也对自来水行业的整体性特点造成了分割，所以也是有成本的。

整体出让模式的目的在于保留自来水产业的整体技术特点，即保留城市自来水产业的纵向一体化制度结构，但是将这一产业结构整体作为一种特许经营权，实现产权交易。每一个公司对作为一个整体的自来水产业进行投标，以此实现拟市场化竞争的效果。这一方案有比较成功的案例，例如2002年，威立雅收购上海市自来水浦东有限公司50%的国有股权，从而获得向浦东地区供水50年的特许经营权。这些股权包括管网在内，所以没有破坏自来水产业的完整性。同样，2003年北京首创集团联合威立雅成立了合资公司，最终购买了深圳水厂45%的所有权，获得了深圳特区供水和污水处理的特许经营权。总体来看，整体转让模式没有破坏产业结构的技术集中性，但这种"整体性"也意味着自然垄断的市场结构依然存在，并且特许经营权的时间越长，这种垄断可能造成的损害就越大。

设施经营承包模式则是市场化程度比较低的模式，因为这种模式没有改变地方政府垄断的事实，政府负责管网、供水服务、排水服务等设施的建设，但是在经营管理环节，这些设施可以引入竞争，利用私人部门的管理技术实现 X—效率的改进。这种模式保证了资金来源、城市供水质量和数量的稳定性，也实现了规模经济的特点，引入竞争也在一定程度上实现了资源的节约。但总体来看，企业运营受制于产权国有，投资的单一化导致自来水产业竞争整体上质量不高。

最后一种模式是将政府资金与市场运营相结合的模式，是国际上公认的模式。这种模式也是以"管厂分离"为特征的，但管网建设是政府出资的，管网的产权是归政府所有的，但政府会将管网委托或出租给市场化主体进行经营和管理。受委托的市场化主体在获得管网的经营权之后，结合自身的自来水厂和污水处理厂实现自来水和污水处理服务的供给，政府在整体上对自来水产业进行管制。这种模式既保证了自来水产业的整体性，也保证了自来水产业的稳定性。但只有一家企业拥有管网的经营权，事实上已经造成了垄断结构，所以这种模式的弊端在于垄断市场结构在整体上来说依然威胁着自来水产业的效率。

如表4-3所示，我国学者总结的市场化模式也是在西方学者的基础上得出的，但不同的模式对于中国自来水产业的改革都具有重要的意义，并且一些模式在中国的某些城市已有实践。但需要注意的是，每种模式都有自身的缺陷，不能期望采用任何一种模式就可以实现理想的市场化运作，因为每一种模式都是有成本的。

表4-3 四种市场化模式的比较

各类模式	主要特点	目前状况	优点	缺点	可能的策略
"厂网分离"	仅在污水处理上和供水企业实现市场化；政府需要安排原水供应	成都六厂	侧重水处理；规模小，易操作；体制问题不会成为障碍	改革的非整体性；水业完整性破坏	鼓励跨区域水公司的发展；调节污水厂和供水厂之间的冲突
整体出让	包括管网在内的整体水业市场化	上海浦东；深圳水厂	彻底市场化；水业完整性；消除污水处理和供水之间的潜在矛盾	现有体制是障碍；政府控制能力的挑战；依然存在垄断	建立自来水产业体系；建立和完善法律结构和监管机构

各类模式	主要特点	目前状况	优点	缺点	可能的策略
设施经营承包	水业非私有化；管理环节引入竞争		水业完整性，且政府所有；企业经营效率	无法实现资金多元化；仍会产生垄断	建立专门管制机构；建立指标系统以衡量效率
政府资金与市场运营的结合	部分私有化；管网的委托经营或租赁		水业完整性；提高效率；基础设施政府所有	产生垄断	完善政府管制

第三节　中国水务改革：历史与现实

　　1883 年，上海建立了中国第一家自来水厂，所以我国城市自来水产业已经有 130 多年的历史。但是，在新中国成立之前的 60 多年里，我国自来水产业的发展速度非常缓慢。新中国成立时，我国仅有 72 个城镇拥有自来水厂，供水管道总长为 6589 千米，以自来水为日常用水来源的人口约为962 万人，仅占全国人口非常小的部分，每天仅能生产 240 万立方米的自来水，且这些自来水产业主要集中在沿海和西南等水资源丰富的地区。新中国成立后，我国自来水产业开始持续发展；改革开放之后，随着市场化和城市化的加速，我国自来水产业也在迅猛发展。

　　随着自来水产业的发展以及经济政治体制改革的推进，我国对自来水产业的政府管制也逐渐加速。由于我国自来水产业是在"国退民进"的大的政策背景下，以及全世界的"市场化"浪潮中推进的，所以我国自来水产业的整体过程与上文的理论探讨类似，也是趋于"市场化"的过程，政府管制也是在市场化的过程中，逐渐实现放松进入管制——私营企业、私营资本逐渐进入自来水产业，以及逐渐实现价格管制的市场化过程。以放松进入为基础的市场化趋势也决定了政府管制需要对市场化可能造成的水质以及环境等问题进行政府监管，所以本节首先介绍政府放松市场进入的过程，以及在放松进入之后政府进行的水质和环境管制；然后专门介绍价格管制改革的过程。

一、向市场进军：自来水产业改革的三个阶段

1. 改革初始阶段（20世纪80年代初至90年代初）

20世纪80年代初期，我国开始推进自来水产业改革。由于我国市场化改革刚刚推进，自来水产业面临的最大问题是资金不足，所以在改革初期，我国自来水产业主要是围绕资金问题进行的，即"招商引资"，实现自来水产业的资金多元化。招商引资的第二个目的是实现技术的引进，当民间资本以及外资被逐渐引进到城市自来水产业之后，民间资本对于技术的改进和引进具有重大的激励力量，从而实现我国自来水产业的技术、设备的更新。

随着多元化资本被引入自来水产业，由于信息不对称以及标准的不统一，城市供水的质量问题就成为政府管制的难点。基于这一问题，我国于1985年颁布了《生活饮用水卫生标准》（GB5749—85），这是我国第一个对城市自来水质量进行监管的标准体系，这一标准体系有四类共35项指标，其中一般化学指标共计15项，毒理学指标共计15项，细菌学指标共计3项，放射性指标共计2项①。这一指标体系构成了我国自来水质量管制的基础，对我国自来水质量管制以及质量的标准化和统一化具有重要的意义。

随着我国市场化以及城市化的加速，我国水资源的浪费和污染也逐渐成为制约我国自来水产业发展的"瓶颈"。1985年，《中华人民共和国水污染防治法》颁布实施，对水环境质量标准、污染物排放标准、水污染排放总量控制以及核定、水污染事故报告处理制度、水污染排放收费制度等进行了相应规定，一方面构成了后续水环境管制体系的基础，另一方面对水污染的预防和治理也起到了推动作用。

总的来看，早期的自来水产业改革主要是以投资主体改革为基础的，主要的侧重点在"招商引资"，以实现多元化的融资结构，这一时期的具体实践也是以此为基础的。20世纪80年代，国务院批准上海市设立"94专项"，市政基础设施的外资引进在实践上开始破冰。1986年，长春市中日友好水厂建立，这一水厂是以日元贷款支持的，正式打通了外资进入我国自

---

① 李贵宝、周怀东、刘晓茹：《我国生活饮用水水质标准发展趋势及特点》，《中国水利》2005年第9期，第42页。

来水行业的渠道。在这一阶段（截至 1992 年底），自来水产业利用世界银行、亚洲开发银行等机构，以及日本、法国等发达国家提供的优惠贷款建立的供水项目超过 140 项，利用的外资总额达 17 亿美元。并且，1979 年开始，国家也在财政资金体系进行了配套性的改革——"拨改贷"，即将市政基础设施建设所需要的投资拨款改为贷款，这进一步激励了城市政府管理机构利用外资实现自来水供给，实现自来水产业的多元资金来源结构。

2. 稳步推进阶段（20 世纪 90 年代至 2002 年）

随着资金来源的多样化以及我国自来水产业改革市场化的推进，20 世纪 90 年代之后，我国的自来水产业改革逐渐从融资结构改革过渡到供给模式的改革，并且颁布实施了一系列政策法规以实现我国自来水产业的市场化改革，特别是鼓励地方政府采用 BOT 模式进行自来水产业的有效市场化。

上文对 BOT 模式进行了分析，BOT 在本质上也是一种项目融资的模式，按照世界银行在《1994 年世界发展报告》中对 BOT 模式的界定，BOT 模式至少包括三种：BOT（Built-Operate-Transfer），即建设—运营—移交；BOOT（Built-Own-Operate-Transfer），即建设—拥有—运营—转让；BOO（Built-Own-Operate），即建设—拥有—运营。问题的关键在于，BOT 模式是对自来水产业的产业链条进行分解，以及对自来水产业的市场结构进行分解之后得出来的，这说明，国家鼓励推进 BOT 模式的过程，也是对我国整体的自来水行业以及自来水市场结构的重新界定，并以此为基础对全国范围的自来水产业结构进行改革，推进市场化的进程。1998 年长沙建设集团股份有限公司投资建设长沙第八水厂，这是我国第一个自来水产业的 BOT 项目。

产权改革的过程也是促进企业治理机制改革的过程，在这期间，我国政府逐渐开始按照"产权清晰、权责明确、政企分开、管理科学"的原则重组我国国有自来水企业，逐渐将自来水公司与行政职能剥离，并且在企业内部逐渐实行现代企业制度，促进管理的科学化。例如，企业名称逐渐从"自来水公司"变更为"自来水（集团）有限公司"，名称的变更意味着产权基础的变革，成立了一批国有独资的有限责任公司。产权变更的过程使得外商逐渐开始直接参与我国自来水产业的运营，而不单纯是资金投资。1992 年，中山坦洲水厂与法国苏伊士水务公司签约，法国苏伊士水务公司不仅投资建设了中山坦洲水厂，而且可以对其进行经营。并且，政府也适时出台了相关的法律法规以规范外商经营市政服务。如 1993 年，我国政府出台了《全民所有制城市供水、供气、供热、公交企业转换经营机制办法》，1995 年出台了《市

政公用企业建立现代企业制度试点指导意见》，这些政策开始在操作层面指导
水务企业的市场化和产权改革。法国苏伊士、英国泰晤士以及法国威立雅等
国外水务公司均开始向中国自来水产业进军，如表4-4所示。

表4-4　发展阶段我国自来水产业市场化进程案例

年份	未开放管网阶段城市自来水产业市场化改革事件
1995	香港中法水务投资公司与沈阳水公司合资经营水厂
1997	威望迪控股55%与天津市有关部门成立合资企业——天津通用水务公司，负责经营凌庄水厂，这是中国政府第一次将特许经营权给予外国公司
1998	法国通用水务集团与成都自来水公司采用BOT方式进行融资
2000	中法水务公司与保定自来水公司组成合资水厂，合作期20年
2001	法国昭和水务公司与上海奉贤自来水公司第三水厂合作成立昭和自来水公司

资料来源：中国水利部网站、中国水网。

　　产权改革和现代企业制度改革逐渐对自来水产业的质量和环境问题带
来了挑战，在这期间，政府对供水质量以及环境等方面进行了管制。1993
年，建设部制定了"中国城市供水行业2000年技术进步发展规划"，对
2000年中国自来水水质将要达到的88项指标做出了规定，这一规划所确立
的指标逐渐向欧盟以及世界卫生组织20世纪80年代的标准靠近。2001年9
月，卫生部颁布了《生活饮用水卫生规范》（卫法监发［2001］161号），
对国家自来水质量标准进行了一定程度的修改，共确定了96项检验项目，
其中34项为常规检验项目，62项为非常规检验项目[①]。某些项目由于一直
处在检测限值以下，所以新的规范删除了这些项目，但有些标准更加严格。
由于有毒有机污染项目对自来水产业的威胁逐渐上升，所以新规范增加了
大量有毒有机污染物的检测项目，其中非常规检测项目中多数都是有毒有
机污染物检测项目，这也是我国自来水质量规范逐渐向国际接轨的标志。
　　随着水环境的恶化，我国对自来水环境管制也出台了一系列新的管制
政策。1996年，修订了《中华人民共和国水污染防治法》，环境质量标准、
污染物排放标准、水污染影响评价制度、水污染排放总量控制和核定制度、
水污染事故报告处理制度、水污染排放收费制度等原有的内容变得更加详

---

① 秦钰慧、张丽霞：《我国生活饮用水水质卫生规范简介》，《环境与健康杂志》2002年第19期，
第8页。

细、具体，且更具有可操作性。《水污染防治法》的颁布和修订，使我国水污染防治逐渐从有法可依到详细规范，对于我国水污染的防治以及避免各大水系的水质进一步恶化起到了一定的积极作用。

3. 深化改革阶段（2002 年之后）

2002 年之后，我国自来水产业的改革进一步推向深入。2002 年 3 月 4 日，国家计划委员会发布了《外商投资产业指导》，电信、燃气、热力、供排水等城市管网对外资开放，如"允许外资进入供排水领域，进一步放宽外商投资股权限制"，而这些项目曾经是禁止开放的领域。2002 年 12 月，建设部颁布了《关于推进市政公用行业市场化改革的意见》，明确规定自来水厂应逐渐向市场化改革，包括特许经营权的引入，扩大市场准入制度的幅度，不仅要鼓励社会资金、外国资本等进入到自来水领域，而且鼓励这些资本采用多样化的合作方式，如独资、合资合作等形式，促进市场化竞争格局在自来水行业的发展，打破原有的政府垄断产业结构，促进自来水行业绩效的改善。建设部于 2004 年 5 月颁布了《城市市政公用行业特许经营管理办法》，明确将特许经营制度作为城市市政行业的主要供给模式，促使其在自来水产业领域的推广和应用。这一管理办法规定，民营企业在市政服务领域"凡是法律没有禁止的领域都可以进入"，进一步增加了进入市政服务行业的积极性。民营企业可以各种形式进入城市自来水领域，包括 BOT 形式、合资合作形式等。国有资本也逐渐发现自来水产业的发展前途，通过资产重组以及现代企业制度的改革，增强了自身的企业规模还是市场竞争力，逐渐参与到与外资企业、民营企业的竞争之中。例如，北京首创股份在浙江余姚、安徽马鞍山等东南沿海地区进行合资，深圳水务集团与河南焦作合资设立了水务公司，就是这种发展趋势的典型案例。

这期间是我国自来水行业深化改革的阶段，这主要表现在两个方面：第一，我国自来水产业无论是资金来源、市场化的模式、市场化的规模还是市场化的程度等都有了实质性的进展。"'十五'规划期间，我国市政公用事业各行业投资均大幅上涨，其中，供水行业投资增长 38%，排水行业增长 163%"[①]。第二，国有资产真正开始与行政管理职能分离，无论产权归属如何，国有资产公司也需要在市场上与其他市场主体展开竞争，自来水产业的产权改革真正加速，上海、深圳等自来水产业的产权转让是标志

---

① 建设部课题组：《市政公用事业改革与发展研究》，中国工业出版社 2004 年版，第 14 页。

之一（见表4-5）。2002年成立的"上海浦东威立雅水务公司"，是我国第一次将完整服务内容以合同的方式授权给外资企业；2003年，深圳水务集团以国际招标的形式转让股权，最终转让比例高达45%，首创水务投资有限公司（包括北京首创与法国威立雅合资的首创威水）持股40%，法国威立雅水务公司持股5%，这是迄今为止我国自来水产业的最大交易。

表4-5 深化改革阶段自来水产业市场化改革的代表性案例（截至2005年）

年份	深化改革阶段城市自来水产业市场化改革事件
2002	上海浦东自来水公司50%国有股权溢价转让给威望迪。威望迪以20亿元现金，承诺对合资公司1582名员工不进行裁员，保证提供优于现有标准的优质自来水并将保持政府统一定价的条件，首次涉足供水管网
	上海威立雅以2.45亿美元取得了上海市自来水浦东有限公司50%国有股权
	上海友联联合体获得了上海市最大污水处理项目——竹园污水处理厂20年特许经营权，随后北京、深圳、武汉等多个自来水和污水处理项目向民间资本开放
2003	法国威立雅水务公司（威望迪改名为威立雅）与首创股份合作成立国内第一家合资水务公司——首创威水投资有限公司
	深圳政府以4亿美元的价格将其下属水厂——深圳水厂的45%所有权出售给北京首创集团和威立雅成立的合资公司
	中环保投资有限公司以4.61亿元竞得厦门水务集团部分资产成立合资公司——厦门水务中环制水有限公司和厦门水务中环污水处理有限公司
2005	香港中华煤气和江苏省吴江市区域自来水投资有限公司合资成立吴江华衍水务有限公司，中华煤气拥有该公司80%股权及管理权，双方合资期限30年，项目总投资人民币9.7亿元

资料来源：中国水利部网站、中国水网。

随着自来水产业市场化进程的加快，我国对自来水产业的质量管制也进一步得到发展。2005年2月5日，建设部发布了《城市供水水质标准》（CJ/T206—2005），并于2005年6月1日正式实施。这一标准对供水质量提出了更高的要求，总项目共计101项，包括42项常规检测项目、59项非常规检测项目[1]。随着生活水平的提高，人们对健康的要求也更加强烈，原有

---

[1] 高娟、李贵宝：《最新颁布实施的〈城市供水水质标准〉的特点》，《中国水利》2005年第15期，第53页。

的《生活饮用水卫生标准》已经很难满足保障健康安全的需要。卫生部和国家标准化管理委员会联合发布了新的《生活饮用水卫生标准》（GB 5749—2006）（下称新标准），这是对原有标准进行的重大修订，并于 2007 年 7 月 1 日起开始实施。与原有的卫生标准相比，新标准在如下三个方面实现了重大修正：①对自来水的有机物、微生物和水质消毒等方面的要求更加严格。自来水指标从 1985 年的 35 项增加到新标准的 106 项，总计增加了 71 项，新标准中有 43 项属于常规性指标，有 63 项属于非常规性指标。并且对整个自来水产业链的技术环节都有规制，增加了对水源、制水、输水材料和过程以及自来水存储的材料和过程的要求。②新标准首次将城市自来水标准与农村饮用水标准统一起来，打破了原有的城乡水质标准不统一的状况。③新标准全面与西方发达国家的水质标准接轨。其中，新标准的建构充分考虑了世界卫生组织《饮用水水质准则》、《欧盟饮用水水质指令》、《美国饮用水水质标准》对饮用水的指标规范，并且由于我国水源地环境的脆弱性，我国对水源保护等标准相较而言更加严格。当然，由于我国地域的广阔性和各个地区情况的复杂性，各地省级政府对新指标的采用具有一定的灵活性，但全部指标在 2012 年 7 月 1 日之后必须实施（见表 4 - 6）。

表 4 - 6　深化改革阶段我国有关自来水产业市场化的相关法规政策

时间	文件/法规名称	主要内容
2002 年	《关于推进城市污水、垃圾处理产业化发展意见》、《关于加快城市公用行业市场化进程的意见》	允许社会、外国资本参与供水、污水处理等公用设施建设；明确提出特许经营模式，规定了特许经营权的获得、变更与终止等内容
2004 年	《市政公用事业特许经营管理办法》、《城市供水行业特许经营示范文本》	明确规定了特许经营方面的权利、责任、市场准入和退出机制等
2004 年 4 月	《国务院办公厅关于推进水价改革促进节约用水保护水资源的通知》	提出建立多层次供水价格体系，扩大资源费征收范围并适当提高征收标准，同时要加快推进对居民生活用水实行阶梯式水价制度
2005 年	《国务院关于鼓励支持和引导个体私营等非公有制经济发展的若干意见》	加快完善政府特许经营制度，规范招投标行为，支持非公有制资本积极参与城镇供水、污水垃圾处理等市政公用事业和基础设施的投资建设与运营

时间	文件/法规名称	主要内容
2006 年	《取水许可和水资源费征收管理条例》	明确了取水单位或个人应该缴纳水资源费
2010 年 5 月 7 日	《国务院关于鼓励和引导民间投资健康发展的若干意见》	鼓励民间资本参与水利工程建设；鼓励民间资本积极参与市政公用事业单位的改组改制，向民间资本转让产权或经营权；积极引入市场竞争机制，建立健全市政公用事业特许经营权制度

二、价格管制的演进

上文主要介绍了我国自来水产业的市场化改革过程，以及围绕市场化改革实行的进入管制、质量管制以及环境管制。此外，我国自来水产业管制的核心内容即对自来水价格的管制。对于自来水行业来说，自来水的价格主要表现为三个部分：资源水价、工程水价以及环境水价。资源水价与我国水资源的稀缺性有关，由于水资源具有承载力限制，资源水价体现了在水资源配置过程中对替代性配置的补偿，那些直接从江河湖海或地下水获得水资源的单位或个人一般是向水行政主管部门缴纳水资源费。工程水价是由自来水生产的技术环节的成本决定的，从资源水、原水到饮用水需要加工和处理，这需要工程投资、对自来水企业的管理、对资本的运营和维护以及自来水企业的合理利润，这些构成了工程水价的基础。环境水价是对水资源外部性所征收的费用，在我国主要是指污水处理费。

从我国自来水产业的价格管制过程来看，我国对自来水价格的管制主要经历了四个阶段：无偿供水阶段、低水价阶段、不完全成本回收阶段以及合理收益阶段[①]。目前，我国自来水价格在水价的三个组成部分上都已有突破，并且逐渐形成了合理的价格结构和价格管制体系。

1. 资源水价

1988 年，《中华人民共和国水法》颁布，以法律的形式明确规定了如下两点：第一，水资源是国家所有的；第二，任何个人或者单位对水资源的

[①] 谢永刚：《水权制度与经济绩效》，经济科学出版社 2004 年版，第 182 页。

使用都应该缴纳水资源费，这意味着传统的水资源无偿使用制度逐渐向有偿使用制度转变。2002 年 10 月 1 日，新的《中华人民共和国水法》开始实施，其明确规定了"水资源属于国家所有"，并且"国家对水资源依法实行取水许可制度和有偿使用制度"，"直接从江河、湖泊或者地下取用水资源的单位和个人，应当按照国家取水许可制度和水资源有偿使用制度的规定，向水行政主管部门或者流域管理机构申请领取取水许可证，并缴纳水资源费，取得取水权"。这是对国家水权的进一步确认，以及对有偿使用制度的进一步规范化。由于我国经济发展的加速以及水资源的破坏，我国对水资源的整体调查、资源使用的评价、资源破坏的监测、整体利用的规划、水资源保护与管理、科研等方面都进行了大量的投入，这需要资源水价对这些成本进行补偿。水资源的开发和利用会对水资源带来两个后果：水资源的总量减少以及水资源质量的破坏，所以水资源的补偿费用也是由两部分构成：一是水量补偿费；二是水质补偿费。2003 年，我国地表水水资源费平均为 0.06~0.09 元/吨，但不同地区有一定的差异，例如北京、济南等地由于地下水资源的缺乏，所以高达 0.6 元/吨；海口、南昌等地下水资源比较丰富的地区则约为 0.01 元/吨[①]。

2. 工程水价

一直以来，我国都是实行"福利供水制度"，1985 年，《水利工程水费核定、计收和管理办法》颁布实施，我国无偿供水的历史被终结，但当时的水费标准依然比较低。1990 年，哈尔滨、石家庄、西安、武汉等 17 个地区 70 个大中城市意图提高自来水价格，最终获得了国家的批准，自此，我国"福利型低水价"政策逐渐放松。结果，居民生活用水提高了 0.06 元/吨，非居民用水平均提价约 0.10 元/吨，提价总额高达 6.54 亿元。随着我国自来水产业的市场化，我国自来水的商品化改革也逐渐完成。到 2003 年，我国 35 个城市的居民用水价格从 1988 年的 0.14 元/吨涨至 1.34 元/吨，年均上涨率约为 16.4%。1990 年，居民用水价格为 0.17 元/吨，到 1996 年涨至 0.61 元/吨，到 2002 年，居民用水价格已经达到 1.26 元/吨[②]。

不仅水价逐渐上涨，而且随着市场化的进行，水价计费的方式也逐渐

---

① 中国水务网，http：//www.cnwaternews.com/，2012 年 5 月 10 日。

② 根据《中国物价年鉴》1990~2004 年的数据整理，参见《中国物价年鉴》（1990~2004），中国物价出版社 1991~2005 年版。

转变。1998 年 9 月 23 日，《城市供水价格管理办法》颁布实施，规定容量水价和计量水价相结合的两部制水价（即阶梯式水价）开始实行。2004 年 1 月 1 日，《水利工程供水价格管理办法》颁布实施，规定逐渐推进水利工程供水实现基本水价和计量水价相结合的两部制水价。2004 年 1 月 1 日，银川开始试行阶梯式水价，随后，深圳、厦门等也逐渐加入阶梯式水价的行列；南京、北京、上海等城市也开始尝试阶梯式水价改革。银川实行阶梯式水价之后，取得了一定的节水效果：机关、企事业单位节水率达到 3% ~5%，居民节水率达到 10% ~15%[1]。

3. 环境水价

《城市供水价格管理办法》明确规定"污水处理费计入城市供水价格，按城市供水范围，根据用户使用量计量征收"。随后，污水处理费征收在全国范围内逐渐推行。2005 年 6 月底，我国共有 475 个城市实施了污水处理收费制度。2003 年的统计数据显示，35 个大中城市中，居民生活用水的污水处理费约为 0.40 元/吨，其他用户平均约为 0.56 元/吨。污水处理收费总额从 1999 年的 17.7 亿元上升到 2002 年的 42.5 亿元，年平均增长率高达 33.9%[2]，污水处理费成为水价改革增幅最大的部分。

三、综合评价

无论是市场化制度和模式的改革，还是围绕市场化的价格、质量以及环境管制的改革，在一定程度上都说明了我国自来水产业改革的决心，也说明了我国自来水产业改革已具有明晰的方向。所以，我国自来水产业管制改革的历史就是我国自来水产业迅猛发展的历程。但是，我国自来水产业依然存在着困顿，虽然不能说自来水产业管制是失败的，但依然有自身的缺陷。

1. 成功之处

对我国的自来水价格管制历史的分析已经说明，我国自来水价格逐渐提高，水价的制定机制也逐渐趋于合理化，"福利型低水价"的低效率分配

---

① 杜峻晓：《居民节水立竿见影　银川阶梯水价引发用水革命》，http：//www.people.com.cn/GB/huanbao/1072/2674091.html，2012 年 6 月 7 日。

② 根据《中国物价年鉴》1990 ~2004 年的数据整理，参见《中国物价年鉴》（1990 ~2004），中国物价出版社 1991 ~2005 年版。

模式已经终结，使我国自来水企业的亏损状况得到缓解，水价基本上可以补偿自来水生产的成本。1986 年，我国城市居民生活用水价格为 0.14 元/吨，1990 年为 0.17 元/吨，1996 年为 0.61 元/吨，2002 年已经涨至 1.26 元/吨。

水价的上升刺激了城市供水能力建设，这体现在如下几个方面：①我国城市综合供水能力逐渐提高，1986 年，我国城市自来水行业的综合供水能力为 10407.9 万吨/日，1997 年为 20565.77 万吨/日，2004 年为 24753.0 万吨/日，年均增长率为 4.9%，发展较快。在供水总量方面，1986 年我国城市自来水行业全年供水总量为 2773921 万吨，到 2004 年已经高达 4902755 万吨，相比 1986 年增长了 76.7%。②我国城市用水普及率上升，2002 年，我国城市用水普及率已经高达 77.9%，全国自来水用水总人口 27420 万人，占全国总人口的 21.1%。③城市供水管网建设发展迅速，2004 年，城市供水管道总长度为 358410.5 千米，但在 1986 年，这一数字仅为 72557 千米，年均增长率为 9.3%。④城市日供水能力与最高日需水量的比值从 1988 年的 0.73 上升到 2003 年的 1.38，人均家庭生活用水量由 1988 年的 143.4 升/人·天增加到 2003 年的 158.6 升/人·天，已经可以基本满足日常生活所需[1]。

由于环境水价管制逐渐实行，我国污水处理能力也得到了很大的提高。2004 年，我国的 661 个城市建有污水处理厂 708 座，总污水处理能力达到 4912 万吨/日，而 2002 年的数据仅为 2004 年数据的一半，如果回溯到 1986 年，当时我国污水处理厂仅为 64 座，相当于 2004 年的 9%，日处理能力仅为 176.7 万吨，相当于 2004 年的 3.6%。2002 年城市污水处理总量为 162.8 亿吨，比 2000 年增长了 43%，且污水处理率达到了 45.7%。[2]

2. 改革之殇

虽然市场化模式和市场化过程，以及市场化的政府管制都在一定程度上保证了市场化的运营，但总体来看，我国自来水行业的市场化之后也带来了一些弊端。这些弊端主要包括水质问题、管网维护以及水的漏损。在水质方面，虽然我国出台了一系列的政策法规对水质进行管制，但总的来

---

[1] 宋序彤、许俊仪：《我国城市供水排水产业发展分析》，《中国给水排水》2005 年第 1 期，第 3 页。

[2] 根据《中国统计年鉴》1987～2005 年的数据整理，参见《中国统计年鉴》(1987～2005)，中国统计出版社 1988～2006 年版。

看效果并不理想。根据济宁供水集团总公司在 2000 年对国内 45 个城市的调研函件结果（平均值）显示，管网水浊度比出厂水增加了 0.38NTU，色度增加了 0.45 度，铁含量增加了 0.04mg/L，锰含量增加了 0.02mg/L，细菌增加了 18 个 m/L，管网末段余氯下降到 0.015mg/L，大肠杆菌增加了 0.4 个/L，水质总合格率平均下降了近 20%。这说明，我国自来水市场化的过程并没有实现水质的真正改善[1]。

不仅如此，我国管网的供水漏损率逐渐增加，近年来，我国爆管事故频发就是明证。对我国 184 个城市的统计分析表明，2000~2003 年我国爆管停水事故高达 13.7 万次，管网漏水导致水质发生二次污染，总计高达 4324 次。因为管网事故对高峰期用水造成了影响，总计 21537 次，被影响的人口高达 3819 万人。但是，根据国家规定，自来水产业的管网漏损率不能超过 12%，只有 1996 年勉强达到 11.3%，但 2006 年达到了 30.0%，漏损率已经远超国家规定的限度。其实，我国许多城市的自来水管网都是在 20 世纪五六十年代建成的，东北等地的一些城市甚至可以追溯到更早的时期，远远不能满足当下对自来水的高需求。1996 年，广西壮族自治区的 72 个县城中有 1/3 的县城因供水设备陈旧或输水管网建设滞后造成缺水或供应紧张[2]。表 4-7 显示了我国自来水产业的漏损率之严重，这进一步说明了我国自来水产业的困顿。

表 4-7 自来水漏损率的国际比较

国家或地区	漏损率（%）	国家或地区	漏损率（%）	国家或地区	漏损率（%）
中国（平均）	20	罗马	27.0	神户	10.0
洛杉矶	7.0	新加坡	11.7	广岛	27.0
伦敦	20~25	鹿特丹	9.0	川崎	11.7
巴黎	10.6	东京	7.0	名古屋	11.7
慕尼黑	10.0	大阪	10.6	横滨	9.0

资料来源：《经济日报》，1998 年 5 月 7 日。

---

[1] 陈明吉：《城市供水管网水质二次污染与防治对策》，《净水技术》2008 年第 5 期，第 6-8 页。
[2] 王俊豪：《政府规制经济学导论》，商务印书馆 2003 年版，第 69 页。

四、改革不够成功的原因

上文对我国自来水行业管制的效果进行了分析，成功与失败兼具。说明虽然我国自来水产业管制的改革取得了一定的成效，但总的来看依然存在很多的问题。这些问题主要表现在两个方面：现有体制有一定的缺陷，对我国自来水产业的管制带来了负担；市场化改革的加快推进导致市场化改革的机制不够健全。

由于我国传统的自来水产业是以政府垄断的垂直一体化市场结构为基础的，虽然进行了自来水产业的市场化改革，但无论是我国传统的自来水产业管理体制还是传统的自来水产业供给体系都会对自来水产业的市场化改革带来负面影响。我国传统的自来水产业管制体制是由水利部管理的，但自来水产业的基础设施建设却是由建设部管理的。随着水质问题重要性的上升，卫生部对自来水管制也负有重要的责任，而随着环境管制的加速，环保部也与城市自来水管制体系有关。最终，我国的自来水管制是由不同的部门进行的，但政出多门的情形导致我国自来水产业管制缺乏有效的协调和整合，导致自来水产业的管制效率低下。我国传统的自来水管制体系造就的政府垄断性自来水供给体系也对自来水产业的市场化造成了阻碍，从总体上来说政府垄断不易被打破。

市场制度改革的进行需要配套制度的改革，但是我国市场化制度改革囿于时间的快速化以及传统体制的束缚，使得市场改革本身不够完善和彻底。对于自来水产业改革来说，产权改革是核心，只有实现了有效的产权改革才有可能进一步引进民间资本，促进自来水产业的内部组织形式的改革和现代企业制度的建立，才能实现市场竞争的有效性[1]。但是，我国自来水产业的产权改革依然没有完成，导致了自来水产业融资方式的单一化。我国自来水产业的融资结构是以银行贷款为主的，其比例高达83%，但发达国家的这一比例低于50%，这进一步说明我国自来水产业依然没有实现融资结构的多元化[2]。同理，有效的市场听证对于市场化改革来说是非常关

---

① 申理峰：《关于中国城市水务企业产权改革问题的思考》，《经济与管理》2005年第7期，第24-27页。
② 郑海良、李向科：《我国当前水务产业的投融资困境与出路》，《中国给水排水》2008年第7期，第76-78页。

键的，但我国的水价听证会往往流于形式：信息不对称导致消费者与自来水企业之间的谈判能力非对等化，而垄断性的产业结构导致自来水企业与消费者之间的谈判地位也是不对等的。并且，由于自来水产业的市场化对政府管制的能力提出了重大的挑战，但我国政府对自来水产业管制的职能往往缺位，管制能力捉襟见肘。

第四节　西方自来水产业改革的经验

由于我国自来水产业的市场化过程带来的局限，所以对西方国家自来水产业改革的经验进行研究就显得非常重要了。一方面，西方国家的自来水产业改革也是经历了"国退民进"的过程，这一过程对于中国的自来水产业市场化来说具有特殊的意义；另一方面，我国由于缺乏具体的自来水产业管制的经验，西方国家自来水产业市场化的过程也是一种重要的经验补充，有利于发现自来水产业市场化的边界以及市场化得以成功的其他条件。其中，英国、法国以及美国的经验最具启示意义。

一、英国自来水产业的市场化：整体私有化

英国的自来水产业有近200年的历史，是较早对自来水产业进行管制的国家之一。200年间，英国自来水产业首先是私营化的。契合于"福利经济学"的理论脉络，20世纪以后，英国自来水产业逐渐国有化。政府通过发行市政债券，逐渐成为自来水产业的投资主体，随后政府逐渐卷入自来水产业的内部经营管理体系之中，自来水行业成为政府垄断行业。但到20世纪七八十年代，私有化再次成为主流。

20世纪70年代，石油危机带来的后遗症给西方的凯恩斯主义国家政策造成了一定的冲击，结果，高失业率和高通货膨胀率使得政府财政平衡出现问题，财政赤字逐年增大。财政赤字的出现意味着政府无法实现曾允诺的对市政公用设施的投资，最终导致了自来水产业的总体投资额大幅下降，自来水供给和需求之间的裂缝开始出现，政府的自来水供给能力受到削弱，居民基本生活必需品的供给受到挑战。为了解决市政公用设施的资金来源

问题，满足自来水产业的巨额资金投入，英国政府最终逐渐放宽市政服务行业的资金准入体系。另外，由于传统的自来水产业是以政府垄断的市场结构为基础的，这导致无论是资本投资的回报率还是内部的管理体制，都造成了大量的 X—非效率问题，自来水产业的供水质量严重下降。为了扭转自来水产业的投资不足以及内部低效率的问题，1979 年，以撒切尔夫人为代表的保守党政府开始执政，主张降低政府在市场管制中的角色，解决政府垄断以及政府管制性行业的整体低效率问题，引入市场机制，随之拉开了自来水产业市场化改革的大幕。

1984 年，英国正式提出自来水产业市场化改革的计划，但这一计划遭到了全英国人民的强烈反对，因为这很可能导致水价的上升以及供水质量的下降。但是，鉴于当时整个自来水产业的困顿局面——资金以及效率问题，这一计划依然被逐渐推行。1986，环境部门发表《自来水产业改革的白皮书》，建议在原有的 10 个管理机构的基础上进行管制体系的改革。根据这一白皮书的规定，自来水产业市场化改革的目的包括：通过市场化的重整，使经营目标更为清晰；改善低度投资现象，以符合欧盟关于水质的规定；合理调整水价充分反映成本；有助于私营部门吸引高级管理人才等①。紧接着，英国政府于 1989 年颁布了《自来水法》，建立了"自来水服务管制办公室"，成立了"国家江河管理局"以实现对自来水环境的管制。1991 年，英国政府连续颁布了两部有关自来水产业市场化改革的法规——《城市供水产业法》、《水资源法》，这为英国自来水产业的市场化建立了重要的基础。1992 年，"鼓励私人投资行动"的概念被提出，1997 年，私人进入市政公用事业的壁垒进一步被打破，英国自来水产业的市场化达到了高潮。"从 1997 年至今，英国已经签约的鼓励私人项目总金额为 70 亿英镑，每年可以吸引 80 亿英镑的民间资本进入基础设施领域"。②

英国的自来水市场化改革模式趋向于一个极端，即完全市场化模式。英国政府公开发售了 10 个自来水企业的股份，最终成立了 10 个私营自来水公司。市场化的过程主要是采取三种手段实现的：①将政府所有的自来水产业资产向社会出售，通过向社会公开发售国有资产的股票，实现融资的

---

① Malcolm Newson, *Land*, *Water and Development*: *River Basin Systems and Their Sustainable Management*, London: Routledge, 1992: 263.

② Thomas O. Malle, "Privatisation: A UK Success Story", http://www.freemarketfoudation.com/htmupload/PUBDoc393.doc, 1998: 9.

市场化和社会化，并改变了自来水产业的产权属性。②利用特许经营权制度鼓励私营企业部门对自来水产业进行投资，在这种模式中，自来水产业的产权依然归政府所有。③对自来水产业放松经济管制，加强社会性管制。具体的做法是，经济管制中的价格管制和进入管制均已放松，私营企业可以自由进入自来水产业，并且自来水公司对自来水产业的价格具有更大的决定权。与此同时，加强自来水产业的"社会性管制"，即加强质量管制以及环境管制。

以英国市场化改革最成功的公司——泰晤士水务集团为例。泰晤士水务集团的前身是泰晤士河水务局，当时是政府所有的公营企业，1989年开始通过股票市场筹集资金，最终实现了彻底的市场化，目前已经成为"世界水务三巨头"之一。泰晤士水务在英国拥有供水用户720万，污水处理用户12000万，日污水处理量达420万立方米。不仅如此，其业务遍布20个国家和地区，在国际市场拥有7000万客户。这进一步说明，英国自来水产业的市场化取得了不错的效果。

二、法国自来水产业改革：委托经营

如果说英国的市场化更彻底，且市场化的模式更多样化，那么法国自来水产业的管制改革则是以政府为中心的，所有的改革模式都是以"特许经营权制度"为基础的。法国既是市政公用事业行业最早实行特许经营权制度的国家，也是将特许经营权制度运转得最有效的国家。正是因为其长期有效的管制经验，法国拥有"世界水务三巨头"中的两个——威立雅和苏伊士。并且，法国的水务改革一直是以政府为中心的，这也与我国当下管制改革的背景具有契合性，所以研究法国的自来水产业管制改革的历史具有重要的意义。

正如前文所言，法国很早就开始在城市自来水行业引入私人资产，最早可以追溯到1853年拿破仑二世执政时期，当时 Generale des Eaux 获得了第一个城市自来水供应合同；甚至早在1782年，Perrier 兄弟创办的公司（伊云）就获得了巴黎市区供应自来水为期15年的特许经营权①。但是，与英国类似，20世纪后，政府开始投资城市自来水行业，回收所有权，建立

---

① G. Roth, *The Private Provision of Public Services in Developing Countries*, Oxford, 1987: 371.

起了政府所有的行业垄断型市场结构。

到 20 世纪七八十年代，经济滞胀的旋风袭击了所有的西方国家，法国也没能幸免。同样，法国面临自来水行业市政投资不足，以及国家所有的自来水公司运营效率低下的困境，技术、管理以及运营等都受到了损失。适时，"市场化"和"新公共管理"浪潮也对法国自来水市场的改革带来了新的方法，即市场化。但法国自来水产业的市场化不是从私有化开始的，而是以立法先行为特点的。1982 年《分权法案》颁布，1991 年又相继颁布了《水法》、《环境保护管理法案》、《价格与规制独立仲裁庭法案》，1997年《环境保护运营法案》颁布实施，1998 年又颁布实施了《水法修正案》，可见，利用一系列的法律制度体系，法国自来水产业改革的过程始终在法律规制体系下运转。

这在一定程度上也决定了法国自来水产业市场化模式的特点。在法国，主要存在三种自来水市场化的模式：国有、私营和合营，但是合营模式居于主导地位。所以，与英国的彻底私有化模式不同，法国的私有化程度比较低，引入市场机制的程度也相对较低。这种方式的自来水产业改革也取得了巨大的成功，供水效率大大提高。在法国，私人部门提供供水服务的人口比例超过了 75%，除了三个自来水产业巨头——威立雅、苏伊士以及 SSUR 为法国 4500 万人提供自来水服务外，法国还存在 50 多个小规模的私人公司为各城市提供供水以及污水处理服务。

法国的自来水产业市场化的程度较低，混合经营的模式往往以"委托经营"方式为主，如图 4 - 5 所示，将"特许经营权"制度作为整个自来水产业市场化运作的基础。委托经营的方式可以将政府投资与企业运营管理有效结合。对于长期性的具有很强的专用性的管网投资是政府的职责，对于已经投资建成的管网设施，自营部门只需要运营；私营部门与政府签订运营合同；私营公司在市场竞争的压力以及节约管理运营成本的刺激下实现效率改进；同时，政府也保留了对自来水产业的价格、质量以及环境管制的优先性。当然，在具体运作的过程中，这种"委托经营"模式也有许多变体，包括特许经营、承租经营、法人经营和代理经营等具体的运作方式，如表 4 - 8 所示。注意，这种模式完全规避了产权问题，并且没有在根本上损失市场效率。相反，世界上最有效的自来水产业集团就是在法国的特殊管制体制中成长起来的，可见产权改革与市场化模式的成功之间的关系是比较复杂的。

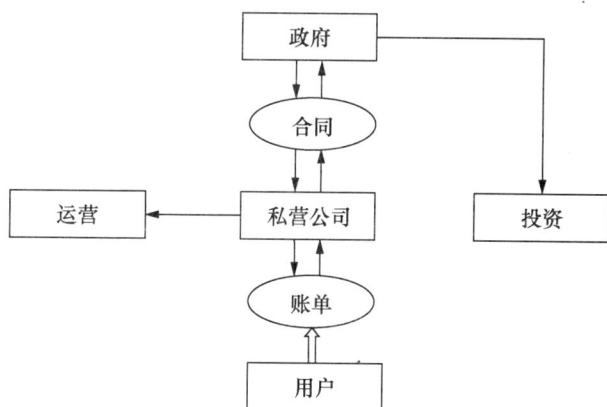

图 4 - 5　法国自来水产业市场化的主要特征

资料来源：王盛、俞国平：《法国水务管理模式》，《城市公用事业》2006 年第 3 期。

表 4 - 8　法国自来水产业市场化的四种形式

	特许经营	承租经营	法人经营	代理经营
投融资负责方	私有水务企业	地方政府	地方政府/公共部门	地方政府/公共部门
运营成本融资负责方	私有水务企业	私有水务企业	地方政府/公共部门	地方政府/公共部门
所有制形式	公有	公有	公有	公有
管理方	私有水务企业	私有水务企业	私有水务企业	私有水务企业
企业财务风险	高	中	低	低
委托期限	20 年	10～12 年	合同	合同
水价制度	合同	合同	地方政府/公共部门	地方政府、私有企业
企业收益	征收用户水费	征收用户水费	固定收入	固定收入/绩效奖金

资料来源：Elnaboulsi J. C. Organization, Management and Delegation in the French Water Industry, *Annals of Public and Cooperative Economics*, 2001, 72 (4): 507–547.

三、美国自来水产业的市场化：公私合营

　　美国政府早期的自来水产业结构也是以公有为基础的垄断性产业结构为基础的，但是由于特殊的政治和行政史，美国历来的市政公用事业的产业结构都比较复杂。例如，在 1790 年，费城是美国最大的城市，人口有

4.3 万；第二大城市是纽约，人口有 3.3 万。当时由于没有集中的自来水供应系统，每家每户需要在自家的水井或者街中心的公共水井中取水。但是，人口的集中带来了疾病以及消防风险，为了解决这一问题，在 19 世纪，两个城市相继利用私人资金建立起了城市供水和污水处理系统。

在 20 世纪上半叶，美国全面接受了凯恩斯主义和福利经济学对市政公用事业进行管制的警告，在美国政府的资助下，各大城市的城市供水基础设施以及污水处理设施的管网建设逐渐完成。并且，相对于英国和法国成效斐然的自来水产业市场化历史，美国自来水产业的市场化程度还是比较低的；由于自来水产业被视为"公用事业"的一部分，水价基本上属于"社会福利"，价格较低。自来水产业的投资以政府为主，融资方式主要利用市政债券和低息贷款，并且建成后的自来水管网也直接由政府运营和管理。所以，美国自来水产业的市场化是以美国有效的市政融资体系的市场化为基础的。虽然美国自来水产业中政府一直扮演非常关键的角色，但是这样的角色却是利用政府本身的市场化实现的。正是因为市政债券市场的繁荣，早期美国自来水产业有如下的特征：①政府扮演着非常积极的角色，对自来水基础设施建设、运营维护以及产业管理方面都有建树。②政府既有充足的资金来源，也面临着盈利的压力，所以美国自来水产业历来就具有市场化的属性。

长期依赖公共资金给美国财政体系带来了巨大的压力。1984 年，联邦政府已经将超过 400 亿美元的资金投入到了地方自来水体系的建设和运营中，超过 1.7 万个项目都是来自联邦政府的资助①。这样的资金投入如果继续下去可能会打破联邦政府的财政收支平衡，根据联邦政府的估算，1995～2015 年，美国城市供水系统大约需要 1384 亿美元的投资，污水处理系统大约需要 3320 亿美元的投资②。但是美国政府的财政体系是很难承担这一任务的，根据 Anderson 的研究，联邦资金的比例从 1979 年开始出现了大幅下降③。当联邦政府无力承担这样巨大的资金投入之后，引入私营资金成为最现实的选择，美国自来水产业的市场化逐步展开。

虽然美国自来水产业的市场化有充分的理由，但美国自来水产业的市

---

① C. D. Jacobson and J. A. Tarr, "Ownership and Financing of Infrastructure: Historical Perspectives", *A Background Paper for the 1994 World Development Report*, 1993: 75.

② Project Finance, "Made in Europe", 1999: 16–17.

③ R. Anderson, "EPA Paints Bleak Picture for Water Infrastructure Investment", http://www.usmayors.org/uscm/us_mayor_newspaper/documents/10_18_99/epa_article.htm, 1999: 5.

场化进展完全没有英国和法国迅速。迄今为止，美国城市自来水行业主要还是由地方政府公共部门负责，只有10% ~ 15%的自来水公司（约5.5万个）完全由私人部门拥有。正是因为美国自来水产业管制历史的特殊性，导致美国自来水产业的管制模式也比较特殊，既不是类似英国的"彻底市场化"模式，也不是如法国般贯彻"特许经营"模式，而是采用了"公私合营"的模式，在"公私合营"的模式中，又包括不同的形式，如特许经营权制度、租赁/委托经营制度、设计—建造—运营（DBO）制度、运行合同、合营等模式，不同类型的特性如表4-9所示。

表4-9　美国自来水产业市场化的主要类型

类型	职能范围	经营期限	资金来源	水价结构
特许权招标	负责全部系统和服务，包括开单和收费	20 ~ 30年	私营公司处置债务、筹集资金和特许权费用	由私营公司决定
租赁/委托合同	负责全部系统和服务，包括开单和收费	10 ~ 20年	私营公司适度投资	固定水价、额外服务合同、股权回报
DBO	设计、建造、运行和新设施的维护	12 ~ 25年	市政府提供新设施的建设费用	固定设施费用和固定的运行费用
运行合同	全部运营和维护	3 ~ 5年	市政府	固定水价、额外服务合同
合营	合营公司或水务局和私营公司	30年	公有公司和私营公司	按新增资金百分比

资料来源：戴克志：《美国新出版的〈城市供水手册〉简介》，《中国给水排水》2003年第11期。

可见，美国的自来水产业市场化的主要模式并没有将产权转让给私营公司，仅仅将经营权转移了。这种方式一方面刺激了私营公司投资和管理自来水产业的积极性，增加了资金投入的来源，增加了城市供水的绩效；另一方面由于政府的产权控制，"合营模式"中对价格和质量管制也更加容易实现[①]。当然，这需要以政府资金充足、政府投资来源的稳定性为前提。

---

① D. Haarmeyer and A. Mody, Tapping the Private Sector: Reducing Risk to Attract Expertise and Capital to Water and Sanitation, Washington, DC: The World Bank, 1997.

第五节　自来水产业的"多中心化"：超越国家与市场

一、政府与市场：理论与经验

上文对自来水产业的理论基础、我国的市场化管制历史遗迹、西方国家的管制经验进行了深入分析。自来水产业改革的理论研究都倾向于将自来水产业视为具有一定程度的自然垄断性，但普遍对原有的政府垄断性供给持怀疑态度。无论是西方学者还是中国学者都对国有化的自来水产业的管制状态不满，都在理论上寻求市场化的药方，不仅对市场化的效果深信不疑，而且深入研究了市场化的各种模式。

同样，与各种理论进展类似，西方各个国家都在"新公共管理"的浪潮下实现了对自来水产业的市场化。但是，西方国家的自来水产业管制的改革历史绝对不是用"市场化"就能概括的，其所展示的内容远比市场化来得复杂。西方国家的自来水产业的市场化深刻地说明了两个问题：①私有化是一个非常复杂的过程，私有化的模式是多元化的。私有化不仅是"特许权招标"，或者其他任何手段的体现；相反，私有化是根据不同国家的特定制度环境选择的管制手段的变革，但变革的手段、变革的程度以及具体的运行方式都是有巨大的差异的。②政府从来没有在"市场化"的过程中退出，自来水产业依然是政府实行强管制的产业，只不过政府管制的方式使得自来水产业的市场结构更加趋于市场化，但这并不意味着政府管制的减少或减弱；相反，尽管在不同的国家有所不同，但政府对于自来水产业从来都是扮演着极为重要的角色，这对政府管制能力以及管制方式都提出了非常重大的挑战。

也许再也没有学者比斯蒂格勒对私有化更加坚定不移的推崇了，但是如斯蒂格勒般坚定的"市场主义者"在对自来水产业的市场化过程"开药方"时也对市场和政府之间的复杂关系有所关注①，在强调产业流程分割以及保持对"政府失灵"谨慎的同时，他也强调对自来水公司行为管制的重要性，包括价格管制、质量管制等，也申明了公有的业务是主导、民营化为辅助的原则。这进一步说明，自来水产业的产业结构不是在市场与政府之间进行选择，而是在市场与政府之间进行整合，所以对于自来水产业来说，市场化永远只是一种"理想模型"，真实的市场结构永远都是政府管制与市场化竞争交互作用的结果。这就导出了另外一个问题，当卷入了政府管制和政府失灵，以及市场化和市场失灵时，每一种无论是纯粹的市场化模式还是纯粹的官僚化模式都是高成本的。

市场化是有成本的，市场化的成本主要体现在政府与私营企业交易过程中的交易成本当中，也体现在市场化之后可能导致的过度竞争和资源浪费当中。由于信息不对称，自来水公司往往在与政府交易的过程中存在道德风险问题，自来水的价格以及自来水的质量都有可能成为问题。这就意味着，无论是在合同的准备过程、合同的签订过程还是在合同的执行过程都可能因为信息问题而成本高昂。交易成本只是问题的一个方面，市场化还有可能带来自然垄断行业的过度竞争。过度竞争的风险表现在两个方面：一方面，过度竞争可能导致过度投资，资源无法实现有效配置，导致社会资源的浪费；另一方面，过度竞争表现为价格竞争，最终导致自来水企业的入不敷出，可能被集体挤出自来水市场。当然，市场化的收益是明显的：通过市场竞争激励自来水企业改善经营的效率，提高经营的质量。

政府管制也是有成本的。政府管制的成本主要体现在两个方面：管制机制的成本以及管制给市场结构带来的风险。政府管制需要新的管制法律和管制机构，管制法规的出台是一个非常复杂的过程，需要政治资源和政治结构的动员，管制机构的建立不仅需要政治资源，还需要经济资源、人力资源的投入。就算管制法规和管制机构建立起来，管制的过程也是需要成本的。类似于交易过程，政府要对价格和产量等方面进行管制也是需要信息的，在信息不对称以及存在道德风险的前提下，政府对信息的搜集、对管制政策的执行等都是成本高昂的。并且，政府管制还带来了另外一个问题，即"政府失灵"。一方面，政府可能在管制的过程中寻租，与被管制企业结成利益共同体；另一方面，当一个产业被管制之后，追求技术效率

---

① ［美］斯蒂格勒：《产业组织与政府管制》，潘振民译，上海三联书店1996年版，第79页。

和 X—效率的动力就会打折扣。

二、超越国家与市场：多中心化

总的来看，自来水产业的两个特征决定了自来水产业结构是以"市场化"为基础的。第一，自来水产业具有"区域垄断性"的特点，即自来水产业的规模效应是有边界的———一般局限于一个城市之内，如果将全国视为一个市场，横向来看，地区之间的产业竞争是足以形成一个统一的市场的；第二，自来水产业具有很强的"外溢性"，这主要体现在三个方面：对于居民来说是生活所需、对于产业链来说可能造成环境破坏以及水质可能成为居民健康的威胁。这说明，政府对自来水产业的管制必须在市场化的基础上进行。

但是，在无论是市场化还是政府管制都有成本的条件下，什么样的管制结构最有利于制度成本的节约呢？对于这一问题我们可以从西方自来水产业管制的历史中找到部分答案。西方自来水产业主要是根据自身的制度环境选择了一种"公私合营"的模式，这种模式要求政府和私营部门之间实现风险共担和收益共享，政府从来没有转让自身对自来水产业的控制权，而私营部门也只是在政府设定的边界内进行自身的利益最大化。"公私合营"的模式在理论上来说是一种"公私伙伴关系"（Public-Private Partnership，即 PPP 模式）。所谓"公私伙伴关系"，萨瓦斯在三个层面上界定了这一概念的范畴："首先，是广义界定，指公共和私营部门共同参与生产和提供物品和服务的任何安排。合同承包、特许经营、补助等符合这一定义。其次，它指一些复杂的、多方参与的并被民营化了的基础设施项目。最后，它指企业、社会贤达和地方政府官员为改善城市状况而进行的一种正式合作。"[①] 而张敦富将 PPP 模式界定为："公共机构与民营组织就公共基础设施和公用事业的建设和运营通过签署合作协议明确双方权利义务的法律制度。其基本特征为：合作各方共同出资、共同经营、共担风险、共享利益；合同的标的是公共基础设施和公用事业的建设运营。"[②]

PPP 模式的核心在于伙伴关系，如图 4 - 6 所示，伙伴关系意味着政府

---

① ［美］萨瓦斯：《民营化与公私部门的伙伴关系》，周志忍译，中国人民大学出版社 2002 年版。
② 张敦富：《城市经济学》，中国轻工业出版社 2005 年版，第 311 页。

和私营部门在市场化的过程中可以建立一定的制度机制保证市场化运转的同时，实现有效的政府管制，所以，"伙伴关系"强调的是，为了确保市场化过程的有效性和管制的有效性，一系列的制度规则是自来水产业市场化的核心。如果自来水产业结构中具有这些规则结构，无论是对于市场成本还是对于管制成本来说都是节约。这些"伙伴关系"式的规则往往降低了欺骗的可能性，增加了信息传播的效率，这都会对自来水行业的产业结构带来深刻的影响。

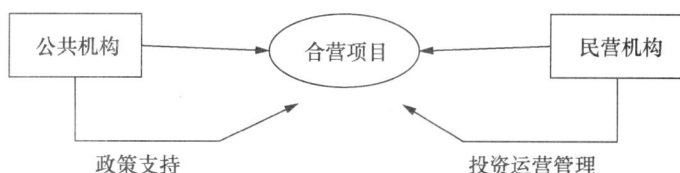

图 4-6　PPP 模式

资料来源：张敦富：《城市经济学》，中国轻工业出版社 2005 年版。

　　进一步地，PPP 模式所强调的"政府—市场"的内部规则建构，以及以此为基础实现的自来水产业的"多中心化"，相对于传统的"国家—市场"而言就是一种重大的超越。传统的"国家—市场"强调非此即彼的选择，强调二者动力机制的不同、角色的不同以及运作逻辑的不同，上文已经对这一问题进行了深入分析：无论二者有多么不同，都需要整合进自来水产业的产业结构之中。在市场和管制都存在巨大的成本时，最有效的方式恰恰是政府与私营部门建构内部的规则体系——"伙伴关系"就是其中之一，实现对"国家—市场"的超越，也是一种在政府管制失灵与市场失灵之间的替代选择。

　　自来水产业最为现实的模式即为"多中心化"，这一模式有两层含义：①对于全国市场范围来说，由于自来水产业的区域性垄断特性，每一个区域可以成为一个"中心"，在地区之间实现自由竞争，竞争可行则市场化就是可行的。②对于任何一个"中心"内部，也有两层含义。第一，由于技术的不可分割性，所以整体来看，要求在这一中心内部实现"技术一体化"以及产业结构的整合化。第二，对于这一"中心"来说，政府和政府管制、私营部门和市场竞争两个主题利用不同的动力机制实现自来水产业的重构，重构的方式，或者说市场化和政府管制相互结合的方式是多种多样的，问题的关键在于政府和私营部门之间怎样建构起有效的互动关系和互动规则，实现市场化成本和管制成本的节约。

三、放松管制与去垄断化

以上述讨论为基础，我国自来水产业的问题主要包括两个方面：①市场化不彻底，这也与另外一个问题有关，即政府管制缺乏有效性。我国自来水产业是在政府垄断的基础上前进的，这就意味着我国自来水产业管制的核心依然是去除政府垄断的市场结构，实现市场化运转的有效性。但市场化的模式是多样化的，法国政府的"委托经营"，或者美国的"公私合营"都是可以借鉴的模式选择。②在去除政府垄断的同时实现政府职能的再造，即政府依然对自来水产业管制负有责任，恰恰是市场化给政府实现有效管制带来了更大的挑战。怎样在市场化的基础上建立政府与自来水公司之间的"伙伴关系"，怎样在"伙伴关系"的基础上发展出更加多样化的"公—私"规则体系，实现市场化成本和管制成本的节约，是我国自来水产业改革面临的最大挑战。

第五章　行业管制：电力行业案例

本书第四章主要讨论了自来水行业的产业管制，由于自来水产业具有区域性自然垄断的特征，即在全国范围内，自来水产业在技术上是可分的，但与此同时，自来水产业也具有强"外溢性"特征，所以"多中心"体制是最适宜的产业管制手段。由于自来水行业在技术上具有可分割性，导致自来水产业的市场是可分割的，市场竞争是可行的，但如果在整体上技术不可分割，产业市场的建构将是困难的，这就需要加强政府干预的程度，电力行业就符合这一特征，这就是本章将要讨论的内容。

本书第三章按照两个维度对产业的属性进行了分析，并且认为不同的属性决定了产业管制中政府干预手段的差异，其中，对于技术不可分，且外溢性比较低的产业实行"经济管制"是最可取的政府干预手段。但同时，每种类型也只是一种"理想类型"，随着技术不可分性程度的上升，一般来说这些产业往往也具有强的"外溢效应"，或者说，具有一定的"公共性"，电力行业就是典型案例。但是，国家垄断作为一种理想类型，是政府干预的极端手段，干预成本非常高。所以，对于具有电力产业属性的行业来说，怎样在市场激励、经济管制和社会性管制之间找到有效的衔接和平衡机制，建构全行业的行业管制体系，对于电力行业的有效运转具有根本性意义。

第一节　电力产业的行业特征

一、电力产业的属性

电力产业的特殊性主要表现在三个方面：就技术特征而言，电力产业具有自然垄断的特征；就物理特征来说，电力行业的服务供给服从非常严格的物理协调规律；就经济特征来说，电力行业具有"公用事业"的属性。

1. 电力产业的自然垄断特征

电力产业与任何具有"网络特征"的产业（如电信、邮政、机场、铁路等）一样，都具有自然垄断的特征[①]。电力产业的自然垄断特征表现为巨额的沉淀成本。电力产业是由一系列复杂的发电、输电以及配电网络构成的，每一个环节的投资都具有专用性，且每一个环节都包括技术和设备两个方面。一方面，电力产业需要高水平的技术支撑，例如电力产业的核心之一就是怎样将其他的能量转换为电能，这需要发电机组的高效率以达到在能量转换的过程中损失最小化，但这种技术是无法转用于其他行业的，所以技术具有专用性。另一方面，在一定的技术支撑下电力从生产到消费的整个过程，无论是发电（如发电机组）、输电（如高压线路的修建）还是配电（如变压器），都需要巨额的设备投入。往往这些设备都是为一定的技术服务的，且成本非常高昂，一旦投入使用就可能因场地、时间等专用性问题导致转为他途的成本很高，沉淀成本也很高。

电力产业的自然垄断属性表现为电力网络的边际成本趋于零的特点。随着发电、输电以及配电网络的兴建，随着巨额的沉淀成本投入，用户在使用电力时的边际成本逐渐趋于零。例如，如果一个城市的电力网络已经建立，个人消费者为获得电力消费的投入就是非常低的。并且，趋于零的边际成本不会因为市场范围的扩大而改变；相反，网络越大，电力产业的平均成本就越低，所以电力产业具有典型的规模经济和范围经济。

2. 电力产业的物理特征

其实，电力产业的规模经济特征在一定程度上也是由电力产业的物理性技术特征决定的。首先，电力的需求变动非常大，随着时间、地点以及季节等的变化，电力的需求也会产生变化，这一变化非常难以预期。并且，无论是对于电的力配送者还是电力的消费者来说，电力都严格遵循"产品流向的单一性"的特点[②]，即在电力配送的过程中，电力无法以任何形式寄存于配送者、消费者或中间商手中，并且在传输的过程中还必须确保电力传输网络的电压稳定。这在技术上要求配电者和电力消费者实现在不同时

---

① 于良春等：《自然垄断与政府管制》，经济科学出版社 2003 年版，第 32－33 页。
② 于良春等：《自然垄断与政府管制》，经济科学出版社 2003 年版，第 134 页。

点上的平衡，这种平衡的实现往往需要发电方、传输方以及配电方的有效协调体系。

其次，电力网络系统不仅是将电力从发电厂输送到消费者手中的"运输工具"，电力网络也是一个非常复杂的协调体系。对于如铁路和邮政产业的运输网络来说，网络是将产品从点 A 运输到点 B 的过程，只需要相对简单的协调，但电力系统的交流电运行系统是依据物理法则运行的整合系统，一旦其中的某一设备出现故障，整体网络的有效运转都会受到影响，所以其所需的协调程度和协调手段都更为复杂。并且，在这样的网络条件下，电力产业还面临电力供给和需求的极大不平衡，电力网络还要将不同地域的电力需求和电力供给的差异有效地协调起来，保证电力系统运转得顺畅和稳定，这进一步加大了电力产业的技术复杂程度。正是因为电力产业的物理性技术特征，使得电力产业的每一个环节以及每一个环节内部都面临复杂的协调压力，使得电力产业需要复杂的产业结构支撑其有效运转。①

3. 电力产业的"公用事业"属性

其实，公用事业的判断标准是非常模糊的，这也是为什么公用事业容易引起争论的原因。崔运武界定的公用事业是指"社会全体公众的事业，即关系到社会全体公众基本生活质量和共同利益的特定的社会公共事务"，如果从公共物品的角度考虑，"公共事业则主要是由公共物品和准公共物品构成的，但主体是准公共物品"，并且，中国传统公用事业的内容主要包括两部分："一是属于纯公共物品的事业；二是属于准公共物品的事业。"② 我国以法规形式对公用事业进行界定可以追溯到 1993 年，当时我国出台了《关于禁止公用企业限制竞争行为的若干规定》，其中第 2 条明确指出"本规定所称公用企业，是指涉及公用事业的经营者，包括供水、供电、供热、供气、邮政、电信、交通运输等行业的经营者"，在一定程度上给我国公用事业划定了边界。但是随着经济社会的发展，一些新的社会职能也逐渐具有公用事业的属性，我国于 2002 年颁布的《关于加快市政公用行业市场化进程的意见》对这一划分进行了调整。该意见指出，公用事业范围除了上述提到的行业外（即 1993 年的《规定》），还应该包括污水处理、垃圾处理

---

① Paul L. Joskow and Schmalanseer, *Markets for Power Analysis for Electric Utility Deregulation*, Cambridge: MIT Press, 1983: 37; Paul L. Joskow, "Introducing Competition in Network Industries: From Hierarchies to Markets in Electricity", *Industrial and Corporate Change*, 1996, 5: 314 - 382.
② 崔运武：《公共事业管理概论》，高等教育出版社 2002 年版，第 14 - 15 页。

经营性公用设施和园林绿化、环境卫生等非经营性设施。

但是，这只是在概念上以及类别上对公用事业的区分，没有界定公用事业的本质特征，对于公用事业的本质特征则需要进一步的分析。Bonbright提出了公用事业的五个本质特征：资本密集性、产品社会必需性、产品或服务的不可储存性、生产地域相对固定性和与消费者的直接紧密关系性[①]。Howe 则从政府管制的必要性角度提出了公用事业的六个本质特征：自然垄断、受政府管制、提供消费者愿意接受的价格、特许经营、产品或服务为社会基本生活必需品以及多部门管制[②]。可见，公用事业的两个特征非常关键：首先，公用事业基本上都具有自然垄断的色彩，这在一定程度上说明了公用事业供给的技术复杂性；其次，公用事业一般都具有生活必需品的特征，这说明公用事业对整个社会生活的持续和稳定来说具有特殊的意义。

正是公用事业的两个典型特征说明了电力产业的公共事业属性。首先，电力产业具有强自然垄断的特性，上文已经对这一问题进行了深入分析。其次，电力产业具有生活必需品的特征。正如于良春所言，"电从发现之日起，逐渐地成为社会生产和居民生活所必需的能源，电力产业必须提供稳定的、质量可靠的和可信的电力产品才能让社会绝大多数地区和用户所接受"[③]，这也是为什么电力价格必须是消费者可以接受的原因。电力所具备的生活必需品的特征决定了电力产业需要实现普遍服务。所谓普遍服务，是指"公用事业部门被规制者要求对边远地区或农村等典型高成本地区必须提供基本服务，而且还不能收取与高成本相应的高价，此外还要保证所提供产品或服务的质量"[④]。一方面，电力的"普遍服务"是社会生活最基本的公平性和保障性的体现；另一方面，由于电力既是社会生活的必需品，也是经济社会发展的前提条件，所以任何地区的经济发展都需要以电力的稳定供给为前提。

电力产业公共性的最后一个方面体现为"公害性"，即在电力产业的供给过程中很容易产生强负外部性。电力产业负外部性的产生与电力生产紧密相关。世界上主要通过两种方式实现能源转换：火力发电和核电。火力发电主要依靠自然资源为支撑，例如煤炭、天然气等，这些资源都不具备

① J. Bonbright, *Principle of Public Utilities Rates*, Columbia University Press, 1961：4.

② K. M. Howe, *Public Utility Economics and Financial*, Princeton Hall Inc, 1982：2.

③ 于良春等：《自然垄断与政府管制》，经济科学出版社 2003 年版，第 32 - 33 页。

④ 肖兴志：《公用事业市场化与规制模式转型》，中国财政经济出版社 2008 年版，第 95 页。

再生性，所以这对整个自然资源系统造成了强大压力。并且，火力发电在燃烧的过程中会产生大量的二氧化碳、二氧化硫以及燃烧残余物，造成了巨大的大气污染，所以对环境造成的污染是火力发电的第二种负外部性来源。同样，对于核能来说，发电也是高风险的。因为核能是通过放射性元素的核裂变产生能量，再经过转换装置实现能量转换的，但如果保护不严苛（如切尔诺贝利或日本福岛核电站）而发生核泄漏，其后果往往是灾难性的。并且，核电站产生的核废料由于具有放射性，其处理也面临非常重大的负外部性。当然，各个国家都在寻找新的能源来替代火力发电或核能发电，如水力、风力、太阳能等。但这些方式也面临重大的困境，或者利用的有效性和成本非常高；或者受自然条件的约束，有效转换的可能性较低。所以，电力产业主要还是依赖于有强负外部性的能量来源确保电力供给的稳定性。

总的来看，电力产业的三个属性决定了电力行业的产业结构具有垄断性和管制性。首先，按照交易成本经济学的观点，电力产业组织内部的强协调性往往需要纵向一体化的产业结构实现有效协调[1]；其次，由于电力产业的自然垄断性以及公用事业的属性，政府管制也具有必要性，所以，政府对电力行业实行特许经营本身就是电力产业的本质特征之一[2]。政府对电力产业实行特许经营的管制方式主要包括两种形式，要么实行国有化的垄断经营，要么是在强管制条件下的私人经营，不同的国家选择了不同的管制方式。例如，美国的电力产业就是在区域条件下实行私人经营和强政府管制相结合的政府干预的；但大多数国家都是由国家垄断经营的，如英国的中央电力生产局。

二、技术进步与电力管制

虽然电力产业的诸多特征决定了强政府管制的干预手段，但自然垄断的边界以及其技术属性随着技术和市场的变迁会发生变迁。上文已经讨论过，由于电力产业是一个包括发电、传输、配电以及消费等各个环节相互依存的

---

① Oliver E. Williamson, *Markets and Hierarchies: Analysis and Antitrust Implementations*, New York: Free Press, 1975: 72.
② 于良春等：《自然垄断与政府管制》，经济科学出版社 2003 年版，第 32－33 页。

网络系统构成的，所以有效的电力传输系统需要高效率的协调，实现每个环节的协调一致。一般来说，对于电力的产业链来说，垂直一体化往往是实现有效协调的重要制度手段①，特别是发电和输电环节在投资和运营上都具有强烈的互补性的条件下。所以，在电力产业发展的初期，由于需求是有限的，电力产业都是由电力生产商在发电之后建立自己输电和配电网络，形成区域性的电网，这样可以避免重复投资，也可以避免恶性竞争导致的市场崩溃。这种垂直整合以及政府管制方式是电力产业最初得以发展的制度基础。

但是，随着技术的革新，特别是用于电力网络的协调能力得以实现飞跃的信息化和自动化技术的革新，电力生产和电力传输之间的纵向一体化的必要性降低了，电网与电力生产商之间的独立经营逐渐在技术上获得了保证②。再加上市场范围的扩散和电力需求的上升，导致电力产业链必须不断延长。随着电力产业链的延长，不同环节之间的范围经济效应逐渐降低，各个环节之间的纵向协调成本也会上升，所以产业链各个环节的脱离就具有必要性了。

当然，对于电力传输来说，无论技术如何变迁，其都具有强规模经济效应。但发电环节则往往是另外一回事。在电力产业发展初期，发电环节也是被认为具有规模经济效应的。发电厂的建设需要一定的巨额专业资本投入，这意味着有一个规模效应递增的区间来保证发电企业的盈利，而在20世纪60年代以前，火电厂的技术顾问给出的最佳发电容量在10亿~15亿瓦特，核能发电站由于其更高的资金投入往往需要更高的发电容量。技术顾问给出的规模经济范围是按照热能的效率计算的，但爱德华·柏林从另外一个角度质疑了这一论断。随着电力成为生活必需品，电力供给的可靠性对于电力产业的有效性来说与热能的效率具有同样的重要性，为了实现供电的可靠性，规避特定单位无法得到电力供给的风险，备用电力容量就显得非常重要。如果整体电力容量是由更小规模的发电厂构成的，那么这种风险就会被分散。这进一步决定了发电厂的储运耗损：容量高于6亿瓦特的发电厂，其储运损耗是容量低于6亿瓦特的发电厂的两倍以上。所以，如果将整体市场的动态效率考虑在内，其会对静态的技术性规模效应带来的收益造成减损，所以真实的规模效应所需要的发电容量应该小于实现静

---

① ［美］小艾尔弗雷德·D. 钱德勒：《看得见的手》，重武译，商务印书馆1987年版，第386页。
② 门建辉：《自然垄断行业放松管制的理论分析》，《南京社会科学》1999年第3期，第41页。

态的技术规模效应所需要的发电容量①。Joskow 和 Schmalenseel 对美国高度
分散的小规模发电厂的研究说明，小规模发电厂的规模效应要小于大规模
发电厂的规模效应这一论断得不到支持②。并且，随着新的发电技术的采
用，发电领域的进入成本进一步降低。这进一步说明，电力产业的发电环
节的规模效应随着市场范围的扩大以及技术的革新逐渐降低，发电领域的
自然垄断属性逐渐被侵蚀。

技术的革新产生了两个重要的影响，使得发电产业的垄断性强度逐渐受
到质疑。首先，技术的革新会降低各个环节之间的协调成本，纵向一体化式
的协调手段的效率需要重新评估；其次，技术进步显著改善了发电领域的自
然垄断属性，发电环节的自然垄断程度降低了。世界银行利用量化的方式证
明了这一论断（见表 5－1）。

表 5－1　电力产业不同环节的市场结构属性

环节	竞争潜力	收取使用费弥补成本的潜力	公共服务义务（权益问题）	环境的外部影响	市场化指数
发电（热能）	高	高	极少	高	2.6
输电	低	高	极少	低	2.4
配电	中	高	很多	低	2.4

注：（1）竞争潜力（Potential for Competition）的衡量标准是：规模经济或沉淀成本的大小，或是否
存在服务的替代品。企业的沉淀成本即资产的专用性程度，沉淀成本低、资产的专用性
弱，则可竞争性强（理论依据：可竞争市场理论）。

（2）对市场化指数的解释：1.0＝可市场化的程度最低；3.0＝可市场化的程度高；2.0＝介于
以上两者之间。

资料来源：世界银行：《1994 年世界发展报告：为发展提供基础设施》，中国财政经济出版社 1995
年版。

这说明，如果要对电力产业的产业管制体系进行深入分析，就需要对
电力产业不同阶段的市场属性进行深入分析，这是理解电力产业管制体系

① E. Berlin, C. J. Cicchetti, and W. J. Gillen, *Perspective on Power*, Cambridge, Mass：Ballinger Pub-
lishing, 1974：373.

② Paul L. Joskow, "Markets for Power in the US：An Interim Assessment", *The Energy Journal*, 2006,
27（1）：3－36.

的基础①。首先，在电力生产领域，发电厂具有一定的规模经济效应，但随着技术的进步和市场的扩展，其规模效应逐渐降低，有效生产的装机容量逐渐降低。其次，在电力传输领域，电力产业具有很强的规模经济特征以及巨额的沉淀成本。这是因为，电力传输过程需要对输电线路以及电力协调等设备进行投资，所以沉淀成本很高；一旦输电网络建成，接入这一网络的边际成本趋于零，所以其具有强规模经济效应和自然垄断的特征。再次，配电领域也在一定程度上具有规模经济的特征，这是因为配电线路需要固定投资，当配电领域的用电量非常密集时，接入配电线路的边际成本也趋于零。但是，配电仅具有区域性垄断的特征，而不具备全市场范围的垄断特征。最后，售电环节不具备自然垄断的特征。对于散户消费者来说，地区电力零售企业在配电方买入电力之后可以直接销售给散户消费者；对于用电大户来说，由于对电压、电力等的特殊要求，其直接向电力生产商购买是最经济的。

第二节　电力产业管制改革：一些争论

上文已经说明，由于电力产业具有的自然垄断特性以及公用事业的属性，在电力产业发展初期，虽然不同的国家采用了不同的产业管制形式，但国家都对电力产业实行了高强度的产业管制。随着技术的发展以及对政府管制的重新认识，不同国家都逐渐放松了对电力产业的政府管制。无论是技术的发展还是管制经济学的发展都要求放松政府管制，但对于放松管制以及市场化之后的电力产业结构仍然没有定论。无论是电力市场的结构还是政府对电力产业的价格管制手段，学者们都给出了不同的答案，这也说明了电力产业本身的复杂性。

一、电力产业的组织模式

随着技术的进步，在整体上无法实现电力产业市场分割的条件下，按照产业链的不同阶段对电力产业进行分割，再对不同的阶段按照其经济属

---

① 于良春等：《自然垄断与政府管制》，经济科学出版社 2003 年版，第 32-33 页。

性进行管制是较为通常的做法。但是，由于不同的环节之间有效协调的困难性，利用市场实现协调的成本可能是高昂的。传统的电力市场结构将生产、输送和配电三个环节结合起来构成的纵向一体化的产业结构即是为了实现有效协调的极端形式，这种形式的电力产业结构造成了典型的绝对垄断局面，电力市场无论在哪个环节都成为了非竞争性的①。如果要对每一个阶段进行分割以形成不同的市场结构，然后在各个领域不同程度地引入竞争机制，那么，整个电力产业链上会出现两个新的电力市场：批发电力市场和零售电力市场，两个电力市场都是产业链被分割之后的结果。

批发电力市场是由作为卖者的电力生产商和作为买者的配电公司组成的，其最主要的表现形式就是电力库市场。电力库市场是一个中间代理结构，所有的电力交易都在电力库中进行，其有效运转依赖于一套通过匹配运算实现的市场出清系统。在电力库系统中，买者报出需要的数量和价格，电力库系统将其排列在整个电力库市场需求曲线上，构建出电力库市场的需求曲线；卖者给出在一定价格下电力厂商愿意出售的数量，构建电力库市场的供给曲线，然后利用拍卖机制逐渐将电力库市场中的电力实现出清。一般地，最后被安排的发电厂商的电力价格就是最后的电力库市场价格，也是实现市场出清的价格。

电力库市场在很大程度上是因为电力配送领域的自然垄断属性，所以电力市场的运转是在没有真正竞争条件的情形下实现拟市场化的（类似于特许经营权拍卖），但零售电力市场则是在市场竞争的基础上实现的，零售电力市场是以作为卖者的配电公司或发电厂以及作为买者的个人、供应商或零售商组成的。在零售电力市场上，由于作为卖者的发电厂商或者配电厂商不具备典型的自然垄断性，所以买者的自由选择就可以保证零售电力市场上的市场出清和价格机制的有效性。

虽然电力产业可以通过对产业链的分割制造电力产业市场，但是两个问题依然是对这种市场分割的困扰。首先，在电力产业的不同环节之间的有效竞争存在不足的条件下，意图利用设计的市场实现强经济激励往往是靠不住的，特别是在电力库市场中，设计的电力市场的运作机制和运作效果是存在疑问的。在电力配送市场中，供给侧是电力配送商，具有垄断性，

---

① S. Stoft, *Power System Economics*：*Designing Markets for Electricity*, New York：IEEE Press, 2002：195.

但需求则是竞争性的市场，均衡的结果是难以界定的；相反，电力输送市场的需求侧是由具有垄断特征的电力配送商决定的，但供给侧则是由具有竞争性特征的电力生产商构成的，市场均衡的结果仍然是不确定的。其次，电力市场的纵向分割对于电力产业结构的纵向技术属性依然造成了破坏，这种破坏是否可以由市场带来的激励实现补充也是一个经验问题，特别是在市场运转本身就存在问题的条件下。

正是由于电力市场架构的不充分性以及可能带来的破坏效应，对于电力市场的产业结构一直存在争论，不同的学者往往也倾向于支持不同的模式。综合而言，主要有四种可供选择的电力产业结构：垂直垄断型、单一买者模式、电力批发模式以及电力零售竞争模式①。

垂直垄断型结构如图5－1a所示，其中电力产业的四个环节是被垂直地整合到一个企业之中的，是一种典型的垄断经营模式。电力企业要么负责发电、利用自身的电力输送网络实现输电，然后将电力出售给配电公司，由配电公司实现电力销售，如图5－1a右边所示，要么利用自己的配电网络实现电力的配电和销售，如图5－1a左边所示。垂直垄断型结构是早期的电力产业结构，并且这种结构并不排斥地区之间的竞争，其关键的特点在于电力的生产和输送是一体化的，如图5－1b所示。

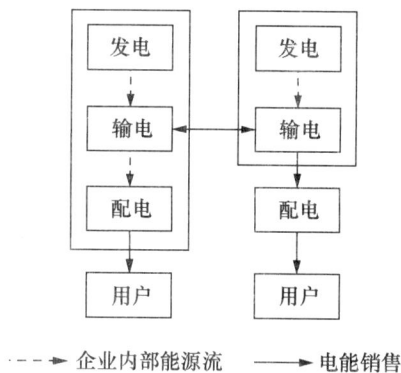

图5－1a　垂直一体化的产业组织模式

① 刘广一、于尔铿、宋永华等：《合同的基本类型及其在电力市场中的作用》，《中国电力》1999年第3期，第64－67页；唐义德：《电力市场竞争、规制与结构转换》，湖南大学博士学位论文，2008年，第176页。

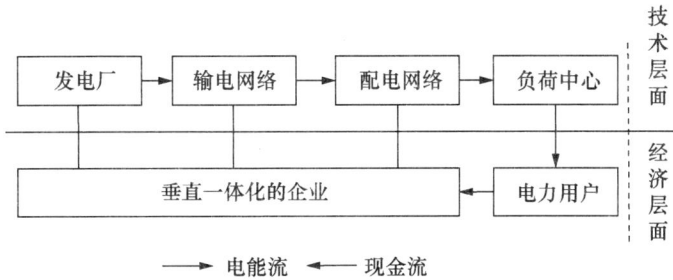

图 5 - 1b 垂直一体化的电力产业组织模式

单一买者模式是指在发电端引入竞争的模式，如图 5 - 2a 所示。单一买者模式也有两种形式，形式之一是指在原有的垂直一体化结构之上，允许独立的发电企业接入原有的电力网络，如图 5 - 2a 左边所示，形式之二是指拥有一个电能批发采购机构收购任何独立发电企业所生产的电能，配电公司从单一的卖者手中购电，然后销售给电力用户，如图 5 - 2a 右边所示。在单一买者模式之下，最大的问题在于单一买者本身就具有垄断性，仅在发电端引入竞争，其效果如何往往成疑，市场竞争的结果很难反映现实的电力成本，如图 5 - 2b 所示。

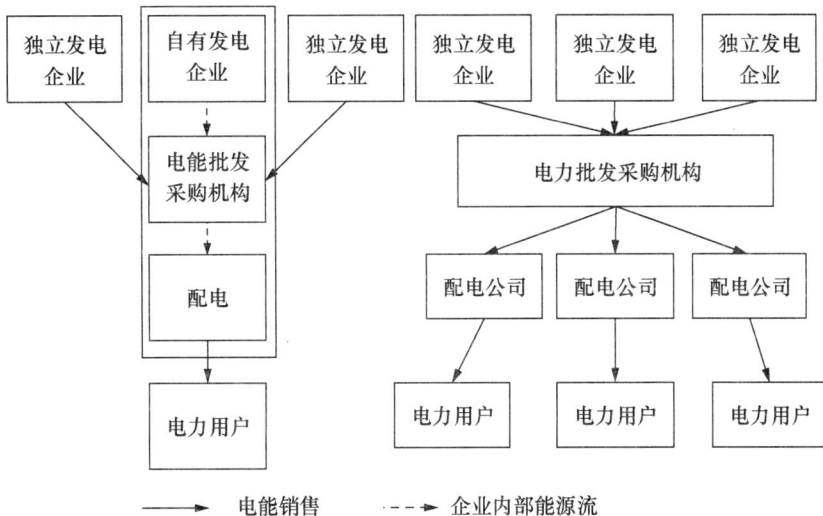

图 5 - 2a 单一买者的电力产业结构

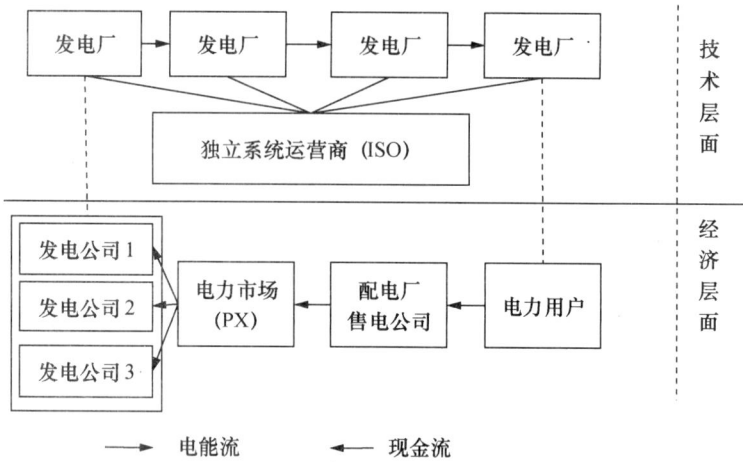

图 5 - 2b　电力产业的单一买者市场结构

　　电力批发模式的关键在于电力批发市场，电力批发市场是以市场化的竞争机制为基础的，不存在任何机构为电力批发市场负责，这就是上文所述的电力库市场的典型形式。在电力批发模式中，配电公司并不具备垄断性权力，电力大户可以不通过配电公司而直接向电力生产厂商购买电力；就算需要通过输电系统，电力价格也是通过作为买者的消费者以及作为卖者的发电企业相互竞争而达成的，如图 5 - 3a 所示，所以电力批发模式相对于单一买者市场来说更具有竞争性。但电力批发模式也有其自身的弱点，由于没有任何机构对电力市场的运行结果负责，电力供给和电力价格很可能存在不稳定，此时电力价格的管制相对来说就更加困难，如图 5 - 3b 所示。

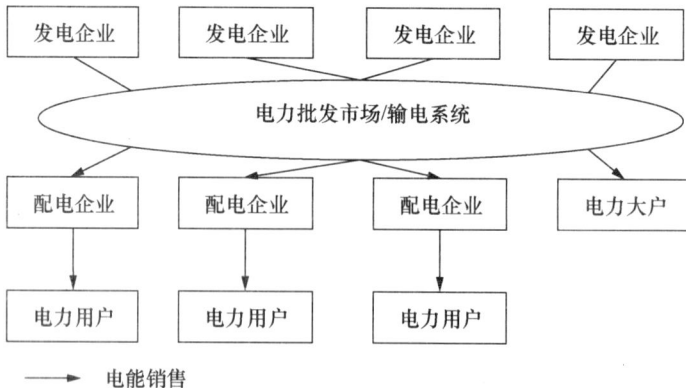

图 5 - 3a　电力产业组织的批发市场模式

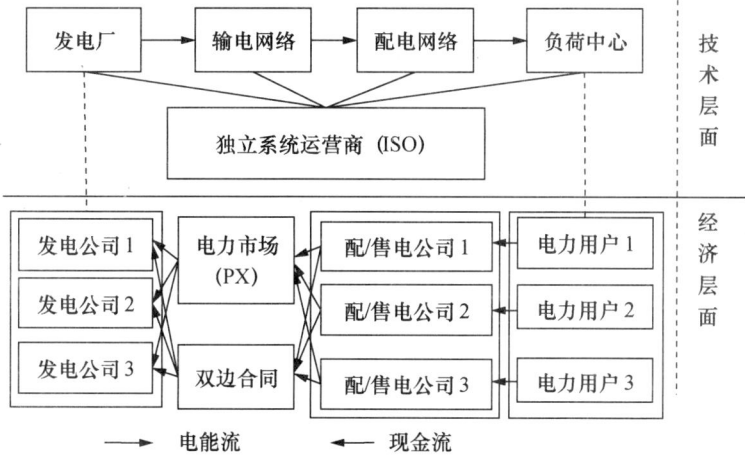

图 5 - 3b 电力产业组织的批发市场模式

零售竞争模式是竞争性电力产业结构的极端形态，是完全市场化的电力产业组织形式。零售竞争模式的最典型特征是配电企业和售电企业的分离，此时，所有电力用户都可以自由选择电力供应商。如果将交易成本考虑在内，不同的电力用户会选择不同的电力供应商。对于中小型用户来说，他们会向电力零售商处购电，而电力零售商会向电力批发市场购电；而对于用电大户来说，从电力批发市场中以更合理的方式获得电力供应成为可行的选择，如图 5 -4a 及图 5 -4b 所示。此时，中小型电力用户往往可以自

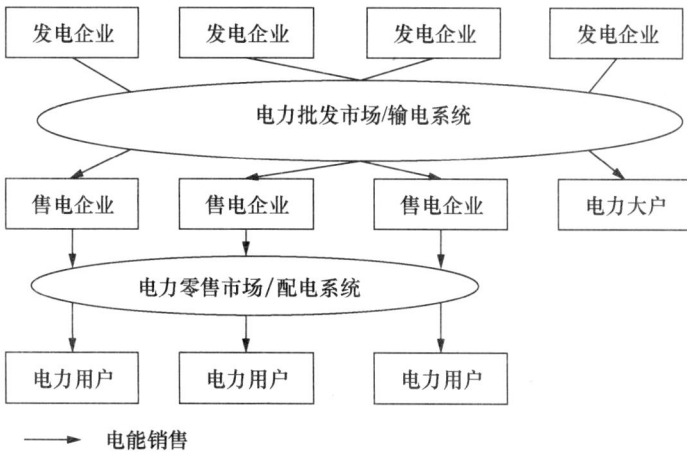

图 5 -4a 电力市场结构的零售竞争模式

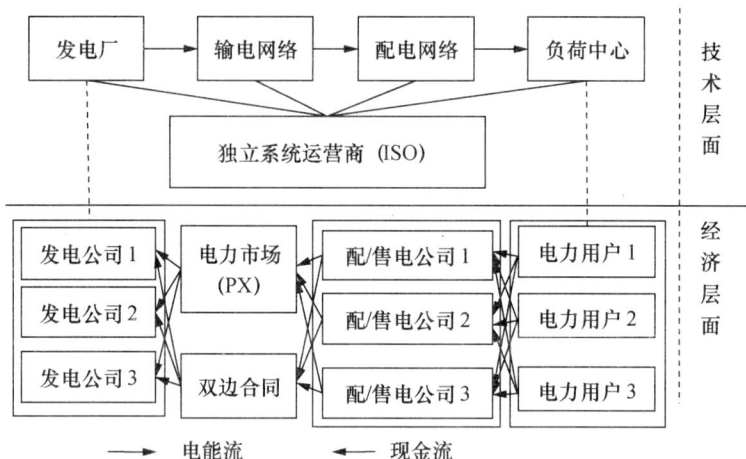

图 5-4b　电力市场结构的零售竞争模式

由选择电力供应商,电力供应商之间的竞争在一定程度上可以确保电力价格的合理性,所以,从经济学的角度来看,这种电力市场结构是最优选择。

二、市场化与放松管制:有效市场化的条件

随着技术进步以及电力市场范围的扩散,利用电力产业的产业链重组电力市场,从而重构电力市场的管制结构逐渐成为可能。电力市场的管制重构都是以电力产业的私有化为基础的。当然,私有化的目的在于建构竞争性的市场结构,所以无论是国家所有还是私人所有的电力企业都可以成为市场竞争的主体。虽然放松管制以及市场化是电力产业管制重构的基本方针,但对于实现电力产业市场化管制的有效性方面仍然是需要考虑的重点:电力产业市场化的模式是一回事,确保每一种模式的有效运转则是另外一回事。所以,对于电力产业管制重构来说,政府对市场化的电力产业的管制重构仍然是需要着重讨论的。

对于这一问题,Joskow 的研究具有重要的启示意义,他对世界范围内的电力产业管制改革的经验进行研究之后,得出了有效实现电力产业管制重

构的条件，这些条件包括以下 10 点①：①电力产业国有化往往是以追求政治目标为基础的，所以需要通过电力产业的私有化提高绩效，削弱电力产业的政治性。②在垂直层面上，按照电力产业链的各个环节的经济属性实现差异化的电力产业管制机制，在各个环节最大限度地实现竞争化安排。③在全国范围内，为了在电力产业内部实现有效竞争，政府必须确保在可以竞争的阶段有一定数量的发电企业和配电、售电企业。④有效的电力系统运营是电力产业有效运转的关键，所以电力产业的市场化改革需要一个独立的系统运营者，确保电力产业市场协调的有效性。⑤为电力市场建构支撑性的能源市场和辅助服务的市场安排，确保市场合同的有效执行。⑥建构有效的市场规则激励新厂商进入电力生产领域，激励有效的资源配置。⑦独立制定销售电价以及电力价格的制定规则，激励新厂商进入配电网络，促进电力产业销售侧的竞争局面。⑧为了确保电力销售阶段市场竞争的有效性，政府应对电力用户的供电过程进行详细的规范。⑨为了制止可能存在的电力企业和监管机构的"共谋"，政府应成立一个独立的电力管制机构，并保证其能够获得充分有效的信息、具备专业素质的人员，且权责明晰。⑩在管制重构的过程中，政府需要防范在制度转型的过程中可能出现的阻力和问题，并对其进行有效预测和反应，支持改革的进行。

与 Joskow 的研究结论类似，白让让主要针对电力产业的纵向分割以实现电力产业市场竞争的制度支撑为中心，对电力产业实现市场化管制的条件进行了进一步的阐述②。首先，需要实现"会计分离"，即在垂直一体化的电力市场结构之下，实现发电、输电、配电以及售电等过程的分开核算。其次，需要实现"功能分离"，即在会计分离的基础上剥离售电部门，让私有的售电部门参与到电力销售环节的市场竞争之中。再次，电力产业的重构需要实现"运营分离"，即对输电网络实行所有权和控制权的分离，所有

---

① Paul L. Joskow，"Deregulation and Regulatory Reform in the US Electric Power Sector"，In Sam Peltzman and Clifford Winston，eds.，*Deregulation of Network Industries*：*What's Next*? Brookings Institution Press，Washington，D. C.，2000：283；Paul L. Joskow，"Electricity Sector Restructuring and Competition：Lessons Learned"，*Cuadernosde Economia* (Latin American Journal of Economics)，2003，40：548 – 558；Paul L. Joskow，"Markets for Power in the US：An Interim Assessment"，*The Energy Journal*，2006，27 (1)：3 – 36.

② 白让让：《规制重建滞后与"厂网分开"的双重效率损失》，《财经问题研究》2008 年第 1 期，第 45 页。

权一般归政府所有，但运营权往往通过引入独立的系统运营商实现，独立的系统运营商在技术上要确保电力系统的有效协调，在产业链上需要实现电力资源的市场化分配。最后，电力产业重构需要实现"所有权分离"，即发电企业、传输企业以及配电企业需要由不同的法人实体进行控制，禁止不同阶段电力企业相互之间的参股或垂直控制。

当然，电力产业的重构是由两部分组成的：一部分是根据电力产业链的不同阶段实行差异化的政府干预手段，最大可能地建立竞争性的市场结构；另一部分是每一阶段的管制重构也意味着政府需要对不同阶段实行不同的配套性制度，对于自然垄断阶段需要进行价格的管制，而对于竞争性的一端，维护有效的市场结构是更加紧迫的任务。Joskow对各个国家的研究对这一结论都给出了肯定的答案，对于成功实现电力产业管制重构的国家，如英国、阿根廷等国家，都是遵循上述两个条件的结果。但无论是改革措施的缺失还是政府管制的失当都有可能导致电力产业管制重构的失败。例如，比利时、意大利和日本等国家没有实行有效的私有化政策，导致电力产业管制的困境；而诸如智利和美国的加利福尼亚州等国家和地区则是因为在市场化改革的过程中政府管制性制度支撑得不合理导致了电力产业管制重构的失败。

三、电价管制：一些说明

电力产业的管制重构是以电力产业的市场化为基础的，根据电力产业链的不同阶段，市场化可以分为不同的模式；并且，电力产业的市场化重构的实现也需要政府管制，没有有效的针对市场化的政府管制，电力产业的市场化是不可能实现的，其中，电价管制就是电力产业管制的核心之一。

电价管制必须按照一定的原则，本布莱特（Bonbright）在1964年对这一问题的讨论仍然是电价管制的原则的核心，在本布莱特看来，电价管制的核心原则包括三个方面：需要保证电力企业的适当收入和合理报酬、保证电力成本合理地分摊给消费者、保证电力资源利用的效率[1]。以此为基础，夏大慰和史东辉给出了电力价格管制的四个基本原则[2]。

---

① J. Bonbright, *Principle of Public Utilities Rates*, Columbia University Press, 1961：57 – 82.
② 夏大慰、史东辉：《政府规制理论、经验与中国的改革》，经济科学出版社2003年版，第204页。

　　首先，电力价格的管制必须实现电力资源的有效配置。要实现这一点，电价必须可以作为电力资源配置的有效信号。所以，理论上来说，电力价格应该确定在电力生产的边际成本点上，这是消费者福利最大化以及社会福利最大化的点。但是，电力产业的自然垄断属性为边际成本定价设置了障碍，一方面，电力企业可能滥用其支配地位，实行掠夺性定价，造成社会福利的损失；另一方面，自然垄断的电力企业由于具有边际成本持续递减的问题，边际成本定价无法弥补电力产业的平均成本。二者之间的张力构成了电力价格成为电力资源配置信号的障碍，有效的电力价格管制应该在二者之间实现有效的平衡。

　　其次，电力价格管制必须防止管制过程中的收入再分配。电力价格造成的收入再分配主要有两个来源：一方面，电力企业具有垄断地位，电力企业很可能利用掠夺性定价的手段侵蚀电力交易过程中的消费者剩余，导致收入再分配的发生；另一方面，电力企业在区域性垄断的条件下很可能利用价格歧视的手段实现消费者剩余的掠夺。两种手段都损害了电力价格的资源配置信号功能，都对社会公平的实现有害，电力价格管制必须防止收入再分配情形的出现。

　　再次，黄金法则要求的电力价格管制往往造成电力企业无法收回其投资，所以电力产业的价格管制还必须保证电力企业的合理收入。由于电力产业的沉淀资本高昂，如果电力管制的价格无法保证电力产业的合理利润，或者无法保证电力需求的长期稳定，无论是需求还是供给的巨额波动都有可能在根本上破坏电力产业的发展，导致电力产业的市场崩溃，最终使得电力资源有效供给的成本大为上升。

　　最后，电力产业价格管制还需要保证 X—效率的实现。由于电力产业具有自然垄断性，这使得电力企业的进入壁垒很高，在没有进入威胁的情形下，电力企业的内部效率以及动态效率往往打折扣。但是，电力产业的关键在于内部的有效协调，并且电力产业高度依赖于技术的进步，如果没有内部管理变革的激励以及进入变迁的激励，电力产业的长期发展是不可能实现的。所以，电力价格管制必须保证电力产业内部效率的实现。

　　总之，虽然电力产业的技术属性和经济属性决定了电力产业的自然垄断属性，但随着技术的改进，电力产业的管制结构逐渐发生了改变，电力产业的管制重构即市场化和放松管制的研究占据了主流。当下的研究主要围绕电力产业管制重构的三个方面进行：首先，电力产业市场化的模式是多样化的，每一种电力产业市场化的模式都有自身的成本和收益；其次，电力产业的特殊性说明电力产业的管制是必需的，市场化改革不是"放松管制"，而是"重构管制"，而重构管制在根本上来说恰恰是对政府管制能力的最大考验；最后，电力产业中政府管制的核心是价格管制，但电力价格管制也因为存在内在的矛盾，再加上管制机制运转的有效性问题，电价管制机制的有效运转仍然存有疑问。

第三节　中国电力产业改革：历史

西方国家的电力管制重构过程是典型的"国退民进"，即逐渐从国家和政府所有转变为市场化的管制重构模式，对于这一问题的研究也是围绕电力产业管制市场化的进程进行的。中国的电力产业管制体系由于历史制度结构的特殊性，所以总的来看也是"国退民进"的过程，市场化和放松管制是我国电力产业管制改革的主流。但是，我国电力产业管制历史的复杂性以及整个电力产业结构的复杂性都对这一进程提出了挑战，所以我国电力产业管制改革的过程并不是严格遵循市场化和放松管制的逻辑的，改革的过程也是一波三折。概括而言，我国电力管制结构的历史大概可以分为三个阶段：计划经济时期的国家垄断阶段、改革初期的电力体制探索阶段以及 1985 年后的电力产业的市场化改革阶段。前两个阶段的电力管制体系相对比较简单，本书只是粗略的讨论，最后一个阶段涉及我国电力产业管制的核心，是本节讨论的重点。

一、计划经济时期的国有垄断性电力产业管制体系

1882 年，英国人 R. W. Little 成立了中国第一家电厂——上海电气公司（Shanghai Electric Company），我国的电力产业开始起步[1]。新中国成立之前，我国的电力产业主要是外资企业和官僚资本投资运营的：1936 年，外资企业装机容量为 29.7 万千瓦，占总装机容量的 46.4%，发电量 9.8 亿千

---

[1]《光明的事业——纪念中国电力工业 120 周年》，《中国电力年鉴》（2003），第 6 页。

瓦时，占总发电量57.6%[1]；1946年，官僚资本占全国发电设备容量的79%；1947年，官僚资本占全国发电量的61%[2]。到中华人民共和国成立时，全国总装机容量仅有185万千瓦，年发电量43亿千瓦时。随后，全面的国有化和高度的计划经济体制成为电力产业结构的主流，直到1979年改革开放时止。

首先，由于意识形态方面的原因以及对电力产业的战略地位的重视，电力产业逐渐被收归国有，在1953年实施的第一个五年计划中占据重要的地位[3]。其中，对原有的官僚资本所有的电力企业实行没收，对原有的私营电力企业（民族资本）进行社会主义改造，到1956年，电力产业中已经不存在独资私营电力企业，如表5-2所示。随着电力产业的国有化，国家对电力产业的规划、投资、生产和消费都实行政府的计划控制体系。

表5-2　1949~1956年电力产业不同所有制发电企业发电设备容量

年份	1949	1952	1953	1954	1955	1956	比重（%）			与1956年相比（%）	
							1949	1952	1956	1949	1952
发电设备容量（万瓦）	184.9	196.4	235.0	259.7	299.7	361.1	100	100	100	195.3	183.9
中央国营	121.4	162.9	183.6	209.1	248.2	311.4	65.7	83.0	86.2	256.5	191.2
地方国营	12.3	10.1	15.2	16.7	19.0	21.7	6.6	5.1	6.0	176.4	214.9
中央合营	8.8	9.0	9.3	11.8	12.5	10.7	4.8	4.6	3.0	318.2	311.1
地方合营			11.3	17.1	18.6	17.5			4.8		
私营	42.4	14.4	15.6	5.0	1.4	—	22.9	7.5	—	—	—

资料来源：中华人民共和国国家统计局工业统计司：《我国钢铁、电力、煤炭、机械纺织、造纸工业的今昔》，统计出版社1958年版。

以此为基础，我国电力产业管制完全被置于政府的"看得见的手"的指导之下。虽然中国电力产业的政府控制体系的组织结构发生过变革，且

---

[1] 中华人民共和国国家统计局工业统计司：《我国钢铁、电力、煤炭、机械纺织、造纸工业的今昔》，统计出版社1958年版，第36页。

[2] 中华人民共和国国家统计局工业统计司：《我国钢铁、电力、煤炭、机械纺织、造纸工业的今昔》，统计出版社1958年版，第40页。

[3] Zhang Chi and Thomas C. Heller, "Reform of the Chinese Electricpower Market", Working Paper：9.

也出台过一系列针对电力产业管制体系的改革，但总的来看，在 1949～1979 年，我国电力产业是完全置于中央计划性的政府管制结构之下的。电力企业的建设和生产运营是由政府部门直接指挥的，电力体系与行政体系挂钩，各级干部也是通过各级政府部门指派的；电力产业的收支与财政收支挂钩，实行收支两条线，电力产业的投资是由中央财政拨款进行的，管理支出是由行政支出支付，设备以及材料的采购也是由中央集中计划和协调的。

二、改革初期的电力体制探索（1978～1985 年）

随着改革开放的推进以及市场化改革的进行，我国电力产业的国家垄断式电力产业管制体系的改革也逐渐被提上议事日程。在此期间，电力管理部门实现了两次更迭：1979 年 2 月，水利电力部被撤销，电力工业部和水利部得以重建；1982 年国务院机构改革将水利部和电力工业部合并，再次设立水利电力部，但高度集中的电力行业管制体系并没有得到明确改善。1979 年 5 月，电力部实施"调整、改革、整顿、提高"方针，对全国电力工作进行指导，这一方案明确了电力产业的战略性意义，认为集中化的管制体制具有必要性。

虽然高度集中的管制体制没有在根本上得到改善，但国有电力企业的自主权问题却逐渐得到解决。1979 年 4 月，根据 1979 年 7 月 3 日国务院颁发的《关于扩大国营工业企业经营管理自主权的若干规定》、《关于国营企业利润留成的规定》、《关于开征国营企业固定资产税的暂行规定》、《关于提高国营工业企业固定资产折旧率和改进折旧费使用办法的暂行规定》、《关于国营工业企业实行流动资金全额信贷的暂行规定》等文件，国有企业扩大自主权的改革成为现实，其中生产自主权、原料选购权、劳动用工权和产品销售权等 14 项经营权实现了政府向国有企业的让渡，这一改革也在电力产业领域内得到实施。1982 年，水电部组织电力国有企业整顿，列入国家重点企业名单的电力企业有 103 家，最终列入第一批整顿的电力企业有 92 家，而整顿的重点就是建立经济责任制，国有电力企业的自主权逐渐得到释放。

随着国有电力企业自主权的释放以及经济责任制的建立，中央也试图开始电力投资体制的改革，但这一期间的收效甚微。所以，早期电力产业的管制体系依然是以电力产业的国家垄断和垂直一体化的行政管理体系为基础的。从中央主管电力的部委到县级电管网都是由中央统一协调和控制的，如图 5-5 所示。

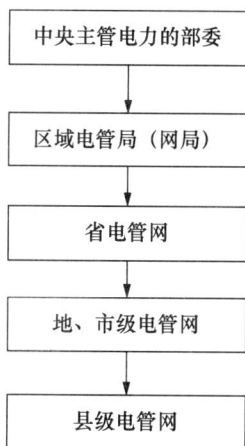

```
┌─────────────────────┐
│  中央主管电力的部委  │
└─────────────────────┘
          │
          ▼
┌─────────────────────┐
│  区域电管局（网局）  │
└─────────────────────┘
          │
          ▼
┌─────────────────────┐
│      省电管网        │
└─────────────────────┘
          │
          ▼
┌─────────────────────┐
│   地、市级电管网     │
└─────────────────────┘
          │
          ▼
┌─────────────────────┐
│    县级电管网        │
└─────────────────────┘
```

图 5-5 早期电力产业的管制体系

三、电力行业市场化改革（1985 年至今）

随着国有电力企业的自主经营权逐渐放开，自 1985 年开始，我国电力产业的管制体系的市场化改革逐渐拉开了序幕。我国电力产业市场化改革的过程也是循序渐进的道路，按照改革的深入程度，可以将我国电力产业管制的市场化改革过程大致分为三个阶段，每一个阶段都是对市场化改革的深入：第一阶段主要体现在电力产业的融资体系改革上，第二阶段主要体现在电力产业的管理体系上，第三阶段涉及电力产业组织内部的"厂网分离"阶段，但每一阶段也有一定程度的循环往复。

1. 电力产业的融资结构改革（1985~1996 年）

类似于我国自来水产业管制改革的过程，我国电力产业改革的过程也是从融资结构的改革开始的。经过几十年的中央垂直管理，我国电力行业的整体效率十分低下，导致我国电力供应不足。为了改变我国电力产业的低效率以及投资不足问题，1985 年，国家开放了发电业的投资权，发电投资的市场进入成为可能，这是我国电力产业迈向市场化的第一步。1987年9月，由国家计划委员会、国家经济贸易委员会、水电部共同召开的加快电力发展与改革座谈会上，李鹏副总理代表国务院提出电力产业管制改革的目标为"政企分开，省为实体，联合电网，统一调度，集资办电"和"因地因网制宜"。接着，电厂审批权从中央下放到省一级政府，我国电力产业融资结构逐渐向市场开放。

首先，为了改变我国电力产业投资不足的问题，发电厂的电力投资权逐渐放开。1985年5月，国务院颁发72号文，批转国家经济贸易委员会等四部门《关于集资办电和实行多种电价的暂行规定》的通知，允许和鼓励地方政府、国有企业、外国资本、私人企业和相关部门投资于电力行业，为了鼓励投资的积极性，还实行了"谁投资、谁用电、谁得利"的政策，并且对这些资本实行了多种优惠电价，保证投资者的收益。其次，类似于我国自来水产业，早期的电力消费实行的是"福利型消费"。到1987年，国务院颁发10号文，批转国家计划委员会《关于征收电力建设资金的暂行规定》的通知，从此企业免费用电成为历史。当时的标准是全国所有企业按照每度电2分钱征收"电力建设资金"，专款专用。"2分钱电力建设基金"进一步改变了我国电力产业的投资结构，传统的国家财政负担逐渐改变为消费者付费的企业性融资结构，虽然当时的2分钱是以税收的性质征收的。再次，不仅向企业用户征收建设基金，同时，国务院批准了国家计划委员会提出的通过发行电力建设债券筹集电力建设资金，缓解我国电力短缺的建议，开始发行电力债券和股票，进一步放开电力产业的融资结构。到1987年，国家共计发行电力建设债券30亿元，1981年开工建设的山东龙口电厂是全国第一座中央与地方集资兴建的发电厂，且龙口电厂的部分资金来自股票筹资。最后，国际金融机构的贷款也成为我国电力产业融资体系的重要组成部分。云南鲁布革水电站引水系统工程于1984年开工建设，是全世界第一个利用世界银行贷款且进行了国际招标的项目，最终这一项目的引水隧洞工程被日本大成公司投得，这是后来被称为的"鲁布革冲击"。冲击不仅在于融资结构的改变和市场化的进行，还在于国外大型项目的先进管理经验对我国电力产业造成的影响。

随着电力产业的融资结构向市场化方向推进，西方现代企业的管理经验逐渐为我国国有企业所接受，国有电力企业的经营方式改革逐渐被纳入电力产业结构改革的进程之中。是时，我国国有企业经营方式的改革主要包括两种路径：或者在原有的产权结构之下实行企业的外包，或者改变国有企业的产权结构，实行股份制改革，实现产权结构的多元化。以这些路径为基础，我国国有电力企业的经营方式也逐渐得到改善。

首先，一方面为了增加电力投资，另一方面为了刺激电力企业的生产效率改进，自1980年开始，电力产业逐渐试行"拨改贷"政策，电力产业投资以财政支出为基础的结构被终结。到1984年底，水利电力部转发了国家计划委员会等部门出台的《关于国家预算内基本建设投资全部由拨款改为贷款的暂行规定》，按照不同产业的经济状态，在差别利率的基础上全面实行"拨改贷"，而电力产业的贷款利率为3.6%，是所有"拨改贷"行业中利率最高的。其次，在改变投资结构的同时，通过两次"多种经营会议"，1984年水利电力部颁布了《关于电力企事业单位发展集体经济、开展多种经营若干问题的规定》，1985年颁布了《水电部关于电力企（事）业发展集体经济若干政策的暂行规定》，提出了"一业为主、多种经营"的企业经营方针，为电力产业的经营方式多样化指明了道路。再次，为了解决全国性的电力短缺问题，1984年12月水电部召开了电力体制改革座谈会，提出了两个重要的设想。第一，提出需要打破一家办电的思想，充分调动各个主体开展电力行业经营的积极性；第二，打破一家办电就是打破大锅饭的格局，实现企业自主权的扩充。为了保障两个要点的贯彻，水电部制定并颁发了《关于电力工业简政放权的规定》。最后，进一步对企业的经营管理结构进行改革，实行承包经营。承包责任制方案最早于1987年5月由水电部提出，在水电部看来，这是改进电力企业经营机制，增进电力企业内部运营的效率，进一步减缓我国电力资源紧张局面的根本措施，并将其提交给国务院。最终，水电部成为国家于"七五"计划确定的七个包干部门之一，并于1988年1月1日开始实施中央直属电力企业的承包经营。

总的来看，1985~1996年，我国电力产业以融资结构和企业经营方式为基础，逐渐开始向市场化改革的方向迈进。但是，这期间，我国电力产业的组织结构仍然是垂直一体化的，电力行业的"政企合一"式的垄断结构仍然没有破除[①]，电力产业无论在管理体制还是在所有权结构上都是垄断性的，如图5-6所示。

---

① World Bank，Infrastructure for Development，World Development Report，1994：35.

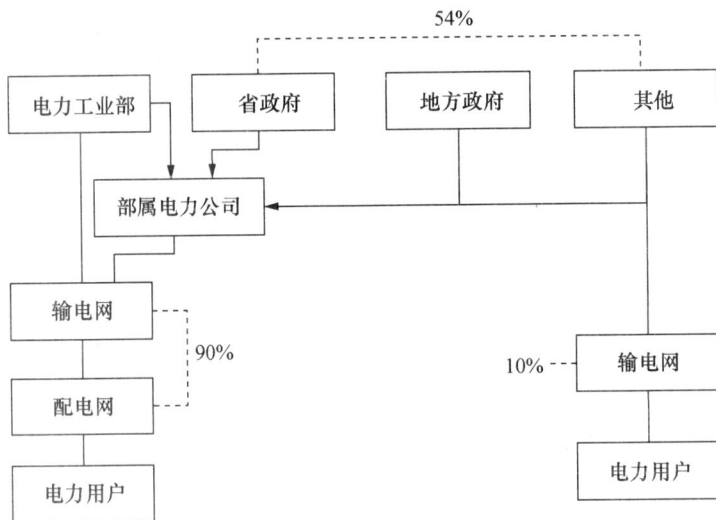

图 5 - 6　早期电力产业改革后发电和输配电所有制结构

资料来源：Chi Zhang and Thomas C. Heller，Reform of the Chinese Electricpower Market，Working Pa-per：9.

2. 政企分开（1997～2002 年）

1997 年，我国实施了行政管理体制改革，其重头戏就是机构改革，正是机构改革的实行，为我国电力产业结构的改革提供了新的契机。切合于当时的经济结构改革，1997 年实行的电力行业改革的关键就在于政府的行政职能与电力企业的经济职能分离，电力产业的政企合一问题逐渐被改变。

随着中央政府机构的调整，电力工业部被撤销，将电力产业实行行政管理职能的机构划归国家经济贸易委员会，同时，将电力工业部的电力行业的经营管理权转交给新成立的国家电力公司，在中央层面实现了经营权和行政权的分离。当时，共有原电力工业部下属的华北、东北、华东、华中、西北 5 大区域集团公司，7 个省公司和华能、葛洲坝 2 个直属集团。以此为基础，国家电力公司按照股份制结构实行改组，改组后的总资产高达7582 亿元，拥有当时全国约 48.3% 的发电资产、90% 以上的电网资产及77% 的总售电量。因此，在中央层面，我国电力产业结构实现了转换，电力产业的行政管理职能由国家经济贸易委员会和国家计划委员会等部门承担，经营职能由国家电力公司承担，再加上中国电力企业联合会等行业协会的辅助，我国电力产业管制体制的新框架逐渐成形。在地方层面，电力产业的"政企合一"局面也逐渐被打破。原有各省、自治区、直辖市电力局（公司）承担的电力行政管理职能转移给地方政府综合经济管理部门，地方各级政府不再单独设立电力行政管理部门。地方电力经营职能与国家电力公司类似，各省组建省级电力公司与国家电力公司进行对接。是时，我国地方电力产业管制体系转向"省为实体"阶段。

通过"省为实体"下放决策权，实现电力产业经营权的下放，但刺激电力产业绩效改善的计划最终的演变方向并不如此政策的意图般顺畅，"省为实体"最终演变为"省为壁垒"，对我国电力产业改革的进一步深化制造了障碍①。例如，1998年之后，东北三省成立了三个省级电力公司，三个省电网之间虽然可以实行供需平衡，但由于地方保护主义造成的省级电力的地方壁垒，最终导致跨省电力交换不足。

除了"政企分开"的改革逐步推进之外，另外一项更具市场性和突破性的管制体制改革也逐渐得以推行，即"厂网分开，竞价上网"的试点。上文对电力产业的市场化模式的讨论已经说明厂网分开是电力产业市场化改革的深入阶段。厂网分开的试点首先于1999年由国家电力公司在"五省一市"，即浙江、上海、山东、吉林、辽宁以及黑龙江展开的②。1998年12月，国务院办公厅转发了《国家经贸委关于深化电力工业体制改革有关问题的意见》，1999年4月，国家经济贸易委员会进一步颁发了《关于进行厂网分开、竞价上网试点有关问题的通知》和《关于做好厂网分开、竞价上网试点工作有关问题的通知》，对垂直一体化的电力行业体制的破除进行探索。但由于非常复杂的原因，这一改革最终于2000年底被叫停③。

如图5-7所示，1997~2002年，我国电力产业的管制结构有了较为明显的变化。首先，电力产业的行政管制只能被划归为多个机构；其次，电力产业的经营权划归为国家电力公司所有。并且，由于前期的电力产业发

---

① 2000年6月16日，朱镕基总理在国务院三峡工程建设会议上指出："电力行业以'省为实体'的改革已经走样为'省为壁垒'，电力资源优化配置出现很大障碍，必须重新审视。"
② 1998年8月，国家电力公司提出了"政企分开，省为实体"和"厂网分开，竞价上网"为主要思路的改革方略。1998年8月，国家电力公司向国家经济贸易委员会上报了《实行网厂分开、建立发电侧电力市场方案框架（试行）》。
③ 2000年11月，国务院办公厅正式下发《关于电力工业体制改革有关问题的通知》，明确要求"厂网分开，竞价上网"的试点不再扩大。

电端的市场化改革，独立发电公司也逐渐在整个电力产业体系之中占据一定的角色。电力产业的市场化格局以及围绕市场化建构的管制体系格局初步形成。

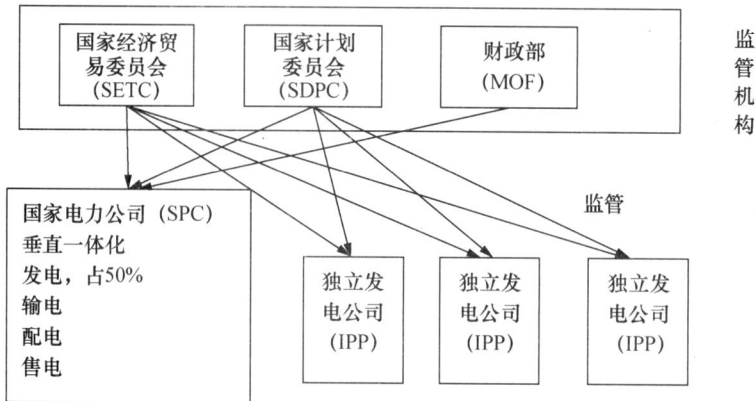

图 5－7　1998～2002 年我国电力产业的管制结构

3. 厂网分开，竞价上网（2002 年至今）

虽然在 2000 年电力产业的"厂网分开，竞价上网"改革被叫停，但是，由于我国电力产业的持续改革和推进，电力产业的市场化明确要求沿着电力产业的产业链开始端实行"厂网分开"的制度实践。所以，2002 年之后，我国电力产业的"厂网分开，竞价上网"的制度框架逐渐得以形成。

当电力产业的经营权被划归国家电力公司之后，我国电力产业的垄断格局被转移给了国家电力公司。要实行"厂网分开，竞价上网"的产业结构改革，首当其冲的就是对国家电力公司的改造。最终，国家电力公司按照电力产业链的不同环节被拆分，分离出了五家发电集团、两家输配电公司、四家辅业公司，如图 5－8 所示。

在发电端，这次电力体制改革是以 2000 年的财务决算为依据的，最终被拆分为五个全国性的独立发电公司，即中国华能集团公司、中国大唐集团公司、中国华电集团公司、中国国电集团公司和中国电力投资集团公司。分拆之后，五家发电集团无论在资产规模还是机组容量方面都大致相当，每家发电集团的平均装机容量为 3200 万千瓦，并且每家电力集团在各自的区域内所占的市场份额在 20% 以下。除了将国家电力公司的发电端分割之

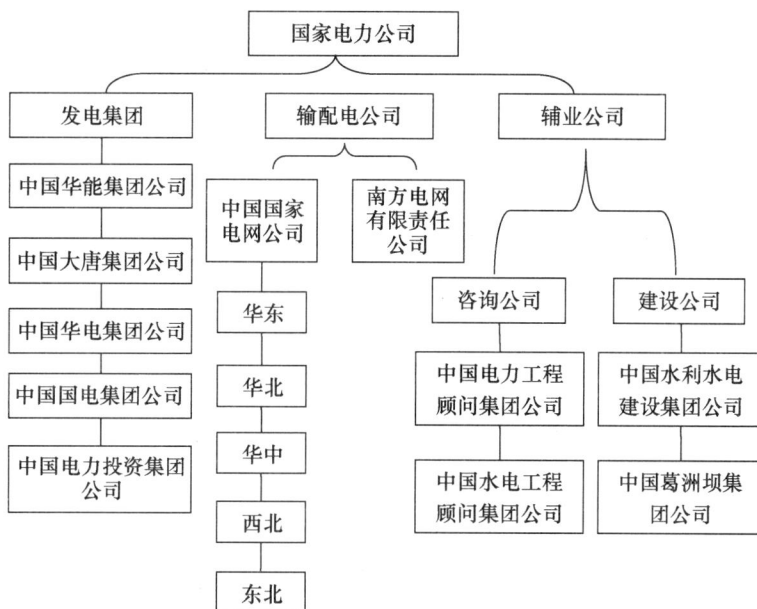

图 5 - 8　2002 年国家电力公司的改革

外，其他的发电公司也最终被并入了这五家发电公司。例如，我国已经形成较大规模的水电流域开发公司。其中，除了华能国际电力股份公司、北京大唐发电股份有限公司、国电电力发展股份有限公司、山东国际能源这几家较为大型的发电集团之外，其他规模较小的发电公司的股权最终被划归五家发电集团。这样，区域性的电力市场逐渐形成，"竞价上网"制度得以运转。

　　在输配电部门，原国家电力公司电网资产在 2000 年的财务基础上实现了充足，最后分割成为两家电网公司，即中国国家电网公司（以下简称"国家电网公司"）和南方电网有限责任公司（以下简称"南方电网公司"）。作为原国家电力公司电网资产的出资人，国家电网公司最终是按照国有独资的企业结构设置的，并下设华北、东北、华东、华中以及西北五个区域电网有限责任公司或股份有限公司。国家电力公司的职能类似于"独立运营系统"，形成"电力库市场"，实现各区域之间的电力交易、调度、投资、建设以及经营等跨区域协调，实现跨区域输电和联网。各区域电网公司的职责则是对区域电网的经营管理，对区域电网的发展进行规划，按照市场规则实现电力资源的分配。在"省为实体"阶段组建的省级电力公司最终改组为区域电网公司的分公司或子公司，南方电网公司就是这样组成的。与国家电网公司不同，南方电网公司是由广东、海南、云南、贵州、广西五省区的电网资产组成的，且最后云南、贵州、广西三省区的电力资产归为国家电力公司所有。按照电网净资产的比例，南方电网公司最终实行了股份制。如是，对于具有纯粹垄断性质的输电和配电领域，我国最终形成了南方电网和国家电网的区域性垄断格局。

总之，我国电力产业改革的历史与我国经济体制改革的历史是一脉相承的，也与我国行政管理体制的历史有关。我国电力产业管制结构的改革是在国家所有、垂直管理、国家控制以及计划经济体制之下逐渐起步的，经过投资结构的市场化、管理职能和经营职能的分离以及最终的"厂网分离"，电力体制改革逐渐实现了市场化。随着电力产业的市场化逐渐深化，我国电力产业体制的改革也逐渐位于了深水区，由于复杂的利益关系，电力产业本身的复杂性以及我国电力资源的复杂性，我国电力产业的市场化改革逐渐处于停滞期。现在的问题是，我国电力产业管制体系的改革是否成功？如果不够成功，制约我国电力产业管制体系进一步深化的因素是什么？我国电力产业的改革是否已经到了市场化的边界？

第四节　中国电力产业管制：现实

几十年来，我国在电力产业领域取得了非常大的成就。如果说电力是经济发展的引擎，那么电力产业至少没有拖我国经济发展的后腿。2000～2007 年，我国电力需求的增长位居世界第一，年均增长达到 9%①；一系列新供电设施的兴建进一步改善了我国电力供给不足的问题。但是，虽然我国电力供给不足的情况逐渐得到缓解，但在全国范围来看，依然存在电力短缺的问题。据国家电网的数据显示，2003 年国家电网除了在东北、江西、安徽、福建以及山东五省基本实现了电力供给平衡或略有剩余之外，其他省份都出现了电力供给不足，2002 年我国有 12 个省遭遇了"拉闸限电"，到 2004 年已

---

① 国家统计局：中华人民共和国国民经济和社会发展统计公报（2000～2008）；国研网数据公报，中国电力工业发展状况（2000～2008）。

经达到了24个省，这样的情形给我国的经济发展带来了重大的消极影响。可见，我国电力管制结构仍然不足以保障我国电力产业的稳步发展[1]。

我国电力产业结构以及政府管制体系的缺陷主要表现在以下三个方面：首先，对于电力行业的组织结构来说，电力行业的垄断性组织结构仍然没有打破，甚至出现了倒退；其次，电力产业的政府管制结构无法有效承担我国电力产业的复杂管制任务；最后，有缺陷的电力管制结构与有缺陷的市场组织结构最终无论在电力生产还是在电力输/配送环节都造成了重大的效率损失。

一、垄断性的组织结构

首先，我国电力产业的组织结构仍然是垄断性的。对于发电部门来说，我国发电企业的产业集中度太大，在非自然垄断的发电领域形成了不利于效率提高的寡头垄断市场结构。电力监管年度报告的数据显示，2008年中央直属5大发电集团装机容量占全国总装机容量的44.90%，6家中央发电企业装机容量约占10.50%；17家大型地方国有发电企业约占13.30%，这28家大型电力发电集团占了全国总装机容量的68.7%，其他规模较小的地方发电企业仅占26.2%，而民营和外资发电企业所占份额更少，仅为5.1%，并且与2006年和2007年相比，这一比例依然在下降。这样的情形在输配电部门表现得更加严重，国家电网公司已经成了全世界最大的公用事业公司。在2009年《财富》杂志的500强排名中已经名列第三位，这足以证明我国电力产业垄断性的强度。

二、不健全的管制体系

我国电力产业的组织结构不仅是高度垄断性的，而且我国电力产业的管制体系也是有缺陷的，这种缺陷主要表现在管制能力的缺失以及管制过程的行政化色彩。

虽然我国电力管制改革一直强调电力管制的能力建设，并且也形成了多样化的管制结构，但是我国电力管制能力仍然存在不足。这主要体现在

---

[1] 李善民、余鹏翼：《电力短缺、经济增长与政府规制》，《经济理论与经济管理》2004年第10期，第13－15页。

两个方面：人员素质不足以及管制权力分配不清。我国电力管制体系虽然有足够的管制人员，但"一个有效的规制框架的运行不仅需要足够的规制人员，而且需要规制人员的知识结构合理配比，除了工程师外还需要规制人员中有特殊的专业技能，如经济师、法学家、会计师、财务分析师等"①，在这方面，缺乏足够的、有素质的人员构建我国的管制体系②。所以，与其他发达国家相比，无论是人员的综合素质还是整体的人员结构都无力支撑我国电力产业管制体系③。不仅如此，我国电力管制体系的权力分割上仍然保留了条块分割以及层层审批的管制体系。例如，我国电价的制定、电力企业的技术改造以及电力基建项目的审批是由国家发展和改革委员会负责的，而成本监控则是由财政部负责。电力企业经营权的获得则由工商局许可，而供电企业营业许可证是由电监会颁发的。此外，包括国资委、税务总局、审计署等部门在内的机构也对电力企业拥有管制权力。因此，日常监管往往出现"监管缺位"，而一旦出现监管失责，不同部门就会"踢皮球"，导致管制职能的缺位和错位，浪费管制资源，降低管制效率。

三、我国电力管制的低效率

由于我国电力产业组织结构本身的不合理以及我国电力管制体系的缺陷，导致我国电力产业管制结果的低效率，这种系统的低效率主要表现在三个方面：第一，对于发电领域来说，合谋定价导致管制失灵；第二，对于输配电领域来说，厂商滥用支配地位导致管制失灵；第三，对于整体的电力行业管制来说，电力管制最终导致了租值耗散。

中国电力产业实行"厂网分开，竞价上网"后，我国电力产业逐渐形成了两个大的阵营，一个在发电领域，另一个在输配电领域。为了对整个电力产业实现更为有效的管制，国家对两个领域实行了差异化的管制政策，但最终在两个领域都出现了问题。在发电领域，合谋定价就是我国电力产

① 许洁、吴光伟：《论我国电力产业政府规制的变迁与阻滞》，《经济纵横》（月刊创新版）2007 年第 1 期，第 9 页。
② 王学庆：《电力行业的政府管制问题研究》，《经济研究参考》2003 年第 25 期，第 2 页。
③ J. Stern, "Electricity and Telecommunications Regulatory Institutions in Small and Developing Countries", Utilities, 2000, 9: 133 - 157.

业管制最突出的短板。在"厂网分开，竞价上网"的市场结构中，电力产业市场化能有效运转的关键就在于发电侧的发电公司之间的竞争。但是，我国发电端的市场结构是高度的寡头垄断式的，这种市场结构极易产生发电商之间的合谋定价，使市场竞争的效果大打折扣①。但是，在我国电力市场初步建立，缺乏对市场化的运营规则以及发挥，并且管制能力相对低下的条件下，电力厂商利用交叉持股、委托经营等方式实现的电价合谋导致政府在应对的过程中捉襟见肘②。再加上电力产业对地方政府的经济发展、GDP、税收以及就业等都具有重要的拉动作用，这往往可以成为"政绩工程"，有利于官员的升迁，所以地方政府对于合谋低价的行为往往不闻不问，进一步削弱了发电端的市场机制的效用③。

"厂网分开，竞价上网"中发电厂是可以实现市场化改革的，但对于输配电网络来说，由于输配电网络具有的垄断性，所以就算在发电侧引入了市场竞争，在输配电领域我国电力产业的垄断性也会造成滥用支配地位的情形。按照《中华人民共和国反垄断法》第十七条的规定，市场支配地位是指"经营者在相关市场内具有能够控制商品价格、数量或者其他交易条件，或者能够阻碍、影响其他经营者进入相关市场能力的市场地位"，这种方式阻碍了市场竞争、损害了消费者的利益④。滥用市场支配地位的方式包括掠夺性定价、歧视性定价、限制转售价格、限制商标权利和非必要的行动或行为⑤，这些行为在我国输配电领域都有出现，例如输配电领域的企业拒绝开放网络、对于电力采购和电力销售实行价格垄断以及强迫交易等。2008年6月，中国电监会公布了《2008年中国电力监管报告》，揭示了输配电领域滥用市场支配地位的行为：供电市场行为方面，部分供电企业违反市场公平竞争原则，利用行业支配地位，指定或变相指定用户接受电力工程设计、施工和设备材料供应单位，损害用户自主选择权⑥。不仅如此，

① 孔峰、牛东晓：《寡头发电商市场力与报价机制分析》，《中国电机工程学报》2005年第25期，第194-198页。
② 王伟等：《电能现货拍卖交易中企业间默契合谋行为分析》，《电力系统自动化》2005年第23期，第15-18页。
③ 王春晖、吴一平：《规制分权化、组织合谋与制度效率——基于中国电力行业的实证研究》，《中国工业经济》2006年第4期，第23-28页。
④ 王祥薇：《电力企业滥用市场支配地位行为的法律规制》，《安徽警官职业学院学报》2007年第4期，第38-40页。
⑤⑥ 尚明：《对企业滥用市场支配地位的反垄断法规规制》，法律出版社2007年版，第98页。

我国的"厂网分开"只是在发电侧引入了市场竞争，在售电侧我国电力产业依然是垄断性的，对于消费者而言没有任何选择权。卖方垄断以及卖方滥用市场支配地位对于我国电力产业的发展也造成了非常重大的阻碍。根据《2008 年中国电监会监管报告》显示，在 2007 年，售电领域涉及损害电力消费者合法权益方面的问题有 20 例，占电力产业问题总数的 16.4%。这些问题主要表现为在一些供电企业办理报装接电非常困难、电费收费不合理以及电价执行的随意性较大等[1]。

我国电力产业管制结构的不合理还表现为整个电力产业的租值耗散问题：由于管制失当，电力设备闲置，应得的租值消失。这种设备闲置的现象主要发生在发电侧，其指标为发电设备利用小时数下降：发电设备利用小时数是发电设备运行时间指标，越多则设备开工率越高，闲置的可能性越小。据统计，2006 年我国发电装机容量达 62200 万千瓦，同比增长 20%，但同期全国用电量的增长率仅为 14%，这说明更多的设备被闲置；在 2006年，我国电力设备累计利用率的小时数为 5221 小时，相比 2005 年下降了203 小时[2]；2007 年，全国 6000 千瓦及以上电厂累计平均设备利用小时数为 5011 小时，同比下降了 187 小时[3]。

总之，由于我国电力管制的市场化刚刚起步，原有的管制结构与市场化之间的"对接"存在困难，导致竞价上网制度面临困境：一方面，如果强制实行竞价上网，集资电厂在还本付息的过程中会出现困难，可能存在的利润空间被"管制性挤占"；另一方面，在集资电厂完成还本付息之后，对这些电厂的管制也会成为缺陷[4]。这种困境表现为我国电力产业的总体困境：一方面，市场化的不彻底导致电力产业的市场性垄断仍然对我国电力产业的健康发展造成阻力；另一方面，市场化之后我国电力产业的管制结构依然缺乏系统性、缺乏实现有效监管的能力，最终导致我国电力产业发展举步维艰。

---

[1] 国家电力监管委员会：《2008 年电力监管公告（2008 年第 6 号）》（总第 9 号），http：//www.seregov. cn/zwgk/jggg/200812/t20081212_ 10642. htm，2011 年 12 月 12 日。

[2] 中国电监会：《电力监管年度报告》(2006)，http：//www. cec. org. cn/yaowenkuaidi/2010 - 11 - 26/2256. html，2001 年 10 月 12 日。

[3] 中国电监会：《电力监管年度报告》(2007)，http：//www. scio. gov. cn/xwfbh/xwbfbh/wqfbh/2007/0405/200905/P020090514575141976056. pdf，第 39 页。

[4] 李南鸿：《对我国电力工业体制改革中规制侵占和行业寻租问题的分析及政策建议》，《经济师》2003 年第 5 期，第 44 - 45 页。

第五节　西方国家的电力管制：一些经验

虽然与中国电力产业管制改革的具体历史背景有一定的差异，但是发达国家的电力产业也都经历了"国退民进"的产业管制重构的过程。由于我国电力产业市场化管制改革的困境，所以对于西方国家电力产业管制改革过程的研究对于我国电力产业管制重构的改革就有一定的启示意义，所以，本书选取了两个比较成功地实现了电力产业管制重构的国家（美国、英国）作为案例，讨论不同国家在电力产业领域的产业管制改革的过程、政策实践以及可资借鉴的经验。

一、美国电力产业的管制改革

美国电力产业管制结构的改革是在比较特殊的基础上进行的，在市场化改革之前，美国电力行业的产业结构就是非常多样化的。这种多样化表现在三个方面：电力企业的产权结构非常复杂，且电力管制机构的关系也非常复杂。在电力产业管制改革之前，约有 200 个垂直一体化的电力企业，大多数为私人所有，且私人所有电力企业的装机容量占全国的多数。除了这些垂直一体化的电力企业之外，还有非常多的独立发电公司和配电公司，且这些公司的产权结构非常复杂：有联邦政府所有的、有合作制的、有政府所有的，也有私有的。美国的电力管制机构主要分为联邦和州两级。联邦层级的管制机构是联邦能源委员会，管辖了约 1000 个售电商的电力销售以及 174 家高压输电公司在州际间的电力贸易；州级电力管制机构是管制委员会，主要对州域内的配电以及用户交割进行管制。并且，联邦层级对电力产业的管制与州级管制机构的管制存在差异，这进一步使美国电力产业管制结构复杂化。

美国电力管制结构改革的动力主要来自电力价格的因素，在电力改革之前，美国电力价格的差异非常大，这种差异主要表现在三个方面：不同用户之间的差异、不同州之间的差异以及不同供应商之间的差异。首先，从美国的电力用户来说，居民用电价格要高于商业用电价格、商业用电价格要高于工业用电价格，这是由于对于电力的使用，工业用户不在峰值期间用电，在电力的使用上具有规模效应，且可以自己发电，所以工业用户的用电成本更低。其次，美国电力价格的差异也表现在州与州之间。西北部的一些州电价最低，如阿拉斯加和夏威夷。东北部一些州电价最高，纽约、新英格兰以及加利福尼亚等州的电力价格是全国平均电力价格的两倍，这些州也是最先开始实行电力产业市场化的州。之所以州际之间的电力价格存在差异，与各州的能源基础、电力公司的类型以及管制手段的差异等因素有关。最后，电力价格差异也表现在不同类型的电力企业之间。不同类型的电力企业的管制类型也是有差异的，在以成本为基础的管制体系下，必然会造成不同类型的电力企业的成本差异，进一步导致电力价格的差异。一般来说，公共所有的电力企业的价格略低于私人所有的电力企业的价格，这就与不同的管制类型有关：公共所有的和合作制的电力企业筹集资金所发行的债券是免税的，还可以优先选择调用低成本的联邦水电，所以价格较低。

除了价格因素，还有其他影响美国电力产业管制改革的因素。首先，技术的进步改变了传统电力企业的规模经济边界，小型发电厂的优势开始凸显；其次，公用事业调节政策法案（PURPA）的颁布催生了"授权设施"（QFS）发电厂，这使独立发电厂向垂直一体化的电力公司供电的市场结构成为可能；最后，"放松管制"在美国已经成为政治性政策目标，包括银行、铁路、航空等行业也逐渐被市场化，且放松管制的改革也取得了一定程度的成功，这为电力产业改革提供了机会。

由于美国是在复杂的产业结构和管制结构中实行电力产业管制重构的，所以，美国电力产业的市场化改革步骤要比其他国家更快。美国的电力产业改革首先是从发电端开始的，并最终过渡到零售市场开放阶段，实现了产业结构的转变。

美国电力管制改革是以放松管制、初步开放批发市场为开端的。美国早期的电力产业是以垂直一体化为基础的，1978年，为了应对石油危机的挑战，美国正式颁布了《公用电力管制政府法》，鼓励热电联产机组的建设以及可再生能源的开发，如果独立发电企业具备合格电力设备，则向其开放批发市场。同时，逐步引入价格管制体系改革，20世纪80年代初，联邦能源委员会确定了以成本为基础的电价标准。随着管制体系的放松和价格管制的市场化，1992年，发电端的市场化得以推进，电力批发市场竞争得以实现。1992 年，《能源法》制定并颁布，为电力行业的市场化奠定了基础。该法律要求发电端的开放，鼓励不同主体投资电厂，并且可以与其他发电公司公平竞争。在输电阶段实行线路的公用化，降低了进入壁垒。在销售端，允许发电商选择高效率的运营商，促使运营商之间实现竞争。

随着发电端的市场化以及电力批发市场的建立，美国电力产业的市场化初具雏形。1996 年，联邦能源委员会颁布 888 号令和 889 号令，公布了减少传输环节垄断控制的标准。同时，该法令还规定电力公司的输电系统运营者和发电部门在职能上必须分开，实现电网调度与发电、批发市场之间的独立，且输电企业必须提供无歧视的电网准入和输电价格。在此基础上，美国政府取消了对发电阶段的政府管制，但在自然垄断的输电环节，政府管制得以保留。1999 年，联邦能源委员会颁布法令，区域输电机构得以成立，成为输电网络管制的核心机构，以保证输电基础设施的建设和监督系统的有效运行。随着电网独立，发电、输电端的市场化，电力产业市场化的最终形成，即电力交易市场以及独立系统运营商，最终得以建立。至此，美国电力产业管制体系得以重构。

当然，美国由于其特殊的管制历史、特殊的管制结构，最终在每个州的管制重构形态上都有差异。但总的来看，最主要的改变发生在垂直一体化的电力公司。顺应市场化改革的要求，垂直一体化的电力公司改变了发、输、配电的垂直管理模式，实行厂网分开，组建一些由其控股的子公司兴建和运营新电厂。如是，1992～2000 年，美国电力产业结构还是发生了巨大的变革。1992～2000 年，大型电力企业间的兼并和收购共计 35 次；1992 年，70 家控股公司控制了美国 78% 的发电容量；到 2000 年只剩下 53 家控股公司，控制了 86% 的发电容量。

二、英国电力产业的管制改革

英国电力产业已经有 100 多年的历史。1957 年的《电力法》确定了英国电力产业的组织结构：作为法定垄断者的国有化中央电力局经营包括威尔士和英格兰在内的电力生产以及高压输电网络，同时，地方委员会负责管理低压配电系统以及向居民供电，这构成了英国早期典型的具有政府垄断的垂直一体化的产业结构。随着经济的发展，这种无论在电力产品市场还是在资本市场都不存在竞争的电力结构降低了电力企业的经济绩效，电力价格较高，经营困难。这也是英国电力产业变革的重要原因。

英国电力市场结构的改革也是以电力产业链的分割为基础的，即在发电以及电力销售阶段是可以实现市场竞争的行业，在输电和配电环节则被视为国家自然垄断的行业，对于发电和售电，国家逐渐取消管制，对于输电和配电，国家仍然实行管制。以此为基础，英国电力产业管制主要是以两个政策为基础的：第一，将具有垄断性的业务（输配电）与具有竞争性的业务（发电和供电）实现分离；第二，给每一个用户提供选择供电商的权利。

以这两个基本的政策为基础，英国开始了电力产业的市场化改革。当然，英国电力产业的市场化与英国整体的市场化政策是相关的，其开始于撒切尔时代。1988 年 2 月，英国政府发表《电力市场民营化》白皮书，开启了英国电力产业市场化改革的进程。1989 年 7 月，英国政府颁布了新的《电力法》，决定重组英格兰和威尔士的发供电一体化体制，在重组后的电力产业结构之下，1990 年 4 月 1 日，英格兰和威尔士电力库（POOL）市场开始运营。1990 ~ 1996 年，重组后的电力公司完成私有化，股票上市。1998 ~ 1999 年，新的电力交易规则（NETA）出台，用户自由选择供电商成为现实。2001 年 3 月，强制性电力库被取消，新的电力交易规则进一步将英国电力市场引向市场化方向。

英国电力产业改革首先是对原有的垂直一体化电力产业结构，即中央电力局（CEGB）按照发电、输电以及配电三个环节实现分解，然后开放供电市场。在发电部门，英国建立了三个独立经营的发电公司：国家电力公司（NP），拥有约占全国总装机容量 50% 的火力发电厂；国家发电公司（PG），拥有约占全国总装机容量 30% 的火力发电厂；国家核电公司（NE），拥有约占全国总装机容量 20% 的核电站，还有一些独立的私人发电企业（IP）。对于不同类型的电力企业，英国政府采取了不同的经营策略：国家电力公司和国家发电公司是由政府发售股票将国有资产出售，组建成私营的股份制有限公司；国家核电公司由于高昂的投资和相对较高的风险，仍由政府所有。为了保证发电端的市场竞争，确保国家电力公司和国家发电公司不会滥用其市场支配地位，英国能源管制办公室（OFFER）采用了多种政策措施对市场化的电力产业进行管制。1993 年 12 月，英国能源管制办公室与国家电力公司和国家发电公司签订协议，两大公司出售了 6000 兆瓦装机容量（相当于两大公司共有装机容量的15%）；1994年2月，英国能源管制办公室提议对电力库电价设定上限；1995年末，英国能源管制办公室出面阻止了电力工业的行业内合并。虽然发电产业被市场化，但是英国政府仍然在发电产业中具有支配力。政府在两大发电公司和12个地区性的电力公司中拥有股份，限制单个实体在这些公司中的股份份额（15%以内），单个实体操纵电力公司的可能性降低了。

在输电领域，英国建立了国家电网公司（NGC），在市场化改革之后，所有的输电资产都由国家电网公司所有。国家电网公司最终被12个地区性电力公司（REC）所有，为了防范地区性电力公司对电力输送网络的影响，以及国家电力公司可能的垄断效应，政府采取了多种防范措施。在改革之初，国家电网公司拥有两个大型的水力发电资产。但在1995年，英国中央政府监管机构要求国家电网公司出售这两大水力发电资产；1995年12月中央政府监管机构要求地区性电力公司出售它们在国家电网公司的股份，使国家电网公司与地区性电力公司实现独立。最终，NGC利用价格协调供电平衡，完全独立运行，并且以文件的形式公布运营情况，增加透明度，接受社会监督。国家电网公司主要负责给整个英格兰和威尔士地区提供输电服务，拥有275千伏和400千伏的输电网以及调度中心。

在配电环节，英国组建了12个地区性独立经营的配电公司（Regional Electric Company，REC），负责电力的出售，是完全的私有化和市场化。改革开始阶段，用电大户首先实现了市场营销商的自由选择；1994年4月，地区性电力公司在小型工业和商业公司的特许经营权被逐渐取消；1998年4月之后，对于剩下的特许消费者（主要是住宅用户），39家二级供电商进入了电力销售市场，对剩下的消费者展开竞争。如是，供电市场逐渐开放，开放的时间大致分为三个步骤：1990年，大于1兆瓦的用户（约有5000家）可以自由选择供电商；1994年，大于100千瓦的用户（约有50000家）可以自由选择供电商；1999年5月，所有的用户都可以自由选择供电商。最终，发电公司和供电公司之间、供电公司和供电公司之间的市场竞争格局在英国电力市场中最终形成。

可见，英国电力市场改革的过程是逐步深化的。英国最先的电力产业市场化尝试是引入了独立运营商，建立了电力库市场，采用电力库模式；随后，随着电力产业市场化改革的深化，新的电力交易规则（NETA）模式被引入，电力市场的零售模式最终成为可能。两次变革最终将市场机制引入电力产业链的各个环节和领域，市场机制最终改善了英国整个电力产业体系。

第六节　电力产业：去国家垄断与行业管制

上文已经对电力产业的行业属性、电力产业管制重构，特别是市场化改革的模式以及经验，我国电力产业管制的历史以及缺陷，西方国家电力产业管制的经验进行了综合分析，这对我国电力产业管制体系的重构具有重要的借鉴意义。我国电力产业管制体系的改革必须考虑到电力产业本身的经济属性、我国电力产业管制制度的历史经验以及电力产业在我国所表现的复杂性和特殊性，我国电力产业管制体系的重构仍然任重而道远。

电力产业管制的特殊性首先表现在电力产业自身经济属性的特殊性上，即电力产业本身在横向上体现为技术不可分性。这说明，电力产业与本书第四章讨论的自来水产业不同，自来水产业的自然垄断是区域性的以及边界性的，但电力产业不具备横向的技术可分割的特点。这主要是由电力产业的两个特性决定的：首先，电力产业主要是由输电和配电网络组织起来的。其次，电力产业的输电和配点网络还需要在整个市场范围内实现电力供给的协调，无论是这种网络性的传输还是网络性的协调，都说明在整体上，电力产业无法在横向上进行技术分割。

所以，电力产业的市场化改革都是在纵向上实现技术分割，从而实现管制重构的。纵向的分割对于整体的电力市场改革来说仅仅是一种拟市场化的设计，电力产业本身的自然垄断特性并不会因为电力产业的拟市场化设计而得以改变。另外，拟市场化的设计在整体上也破坏了电力产业自身的整体性特点，使得在发电与输电、配电网络，以及输电配电网络与消费者之间的整体性和协调性被破坏，协调成本变得更高。所以，市场化本身确实可以带来收益，即刺激产业链初始端的发电市场的动态效率改善，促使配电领域的市场服务改善，从而在一定程度上增进动态效率和 X—效率。但这样的成本是以电力产业协调成本的增加为代价的，并且随着电力产业市场化程度的上升，电力产业的整体稳定性也会受到侵害（美国加利福尼亚州的案例就是典型）。

正是因为协调的困难、电力产业的自然垄断以及在一定程度上的"公用事业"属性，电力产业的政府管制就变得必要了。电力产业的管制主要在于，当市场化改革逐渐在不同的阶段实行之后，为了实现市场运转的有效性，实现电力产业的稳定性以及"公用性"，政府必须对电力的价格以及电力的稳定性进行保障。但是，市场化之后对政府的有效协调是更大的挑战，如上文所述，在电力管制的过程中，无论是在生产环节还是在输配电环节，政府管制都面临着重重的漏洞，政府管制的成本也会因为政府管制体系的不完善进一步上升。

总的来看，电力产业的管制重构问题最终还是回到了有效管制问题而不是市场化问题，或者说，电力产业的市场化本身就是电力产业的管制结构之一，电力产业最终按照产业链的方式实现拟市场化最多也不过是一种管制重构的尝试而已，所以对于类似于电力产业具有整体的技术不可分性的产业来说，唯一可行的方式仍然是行业管制，同样的逻辑也适用于邮政（相对来说可以用很低程度的管制策略，但仍然是全行业的管制）、电信等领域。

但是，我国电力产业管制的缺陷在于电力产业的国家垄断性太过强烈，国家垄断性与运作的行政性相结合，无论在管制六面还是在市场方面都提高了二者的成本。一方面，国家垄断性增加了市场化改革成功的可能性，使得市场化的激励手段在电力行业呈现出系统性的缺失；但是，这种垄断性还是分割性的，没能降低电力产业的协调成本，所以这对电力产业的效率来说是一种绝对损失。另一方面，国家垄断性也增加了政府管制的成本，特别是地方性的垄断性结构导致地方政府与电力企业的"共谋"，最终导致"政府失灵"的可能性进一步上升；再加上国家垄断对动态效率和X—效率的损害，这进一步说明了国家垄断性的电力产业结构导致了我国电力产业的低效。

所以，我国电力产业的改革一定是进一步市场化的，但是在"行业管制"的结构之下的市场化，即我国电力产业管制的核心是"行业管制的重构"，这种重构的核心就在于打破国家垄断性的电力产业结构，在产业内部实现市场化；同时，建构有效的管制结构体系，实现管制能力的上升和管制成本的节约；最后，将市场化的产业组织结构和有效的产业管制体系结合起来，实现我国电力产业的"行业管制体系"的重构。

第六章 行业垄断的法学：
公共化矫正

前文主要是从管制经济学和产业组织理论的角度对我国的行业垄断问题进行了讨论，讨论的焦点在于有效管制问题。接下来，将要讨论的是法律，特别是《反垄断法》在反行业垄断中扮演的角色，这对于法学界来说具有非常重要的意义。但是，对于行业反垄断的立法问题无论是在法学界还是在经济学界都有一些争论，争论的主要内容包括反垄断立法的边界（或者说必要性）问题以及在我国特殊的语境下，《反垄断法》对行政垄断的规制能力问题，这是本章第一节的内容。接下来，本章第二节将对法律在行业反垄断过程中扮演的角色进行深入讨论。以此为基础，针对前面几章已经讨论过的内容，本章第三节将对《反垄断法》在行业反垄断中的具体内容进行深入讨论。虽然反垄断的法律体系对于行业反垄断具有非常重要的作用，但是我国的反垄断法律体系依然无法有效地规制行业垄断，特别是具有行政性垄断性质的行业垄断，对这些缺陷的分析将是第四节的内容。为了健全我国行业反垄断法律体系，其他国家的反垄断法律体系变革的经验就具有比较特殊的意义，所以本章第五节选择了一些具有代表性的国家，讨论了这些国家的反垄断法律体系，以及这些经验对我国建构反垄断法律体系的意义。最后，本章将对我国反垄断法律体系的进一步完善提出一些意见。

第一节 反垄断的法学：一些争论

法学界认为，对于我国的行业垄断问题，反垄断立法是最主要的手段，但是对于反垄断的立法问题，学界仍然有争论。争论主要围绕两个问题：

第一，反垄断立法该不该，即对于行业垄断的政府管制，反垄断立法的边界是什么？是否应该对所有政府管制的行业都实行立法。第二，我国行业垄断具有特殊性，即"行政性行业垄断"，"行政性行业垄断"是否应该纳入我国反垄断法体系？反垄断法能够有效规制我国的行政性行业垄断吗？

一、反垄断的立法：该不该

对于反垄断的必要性问题以及政府干预行业的边界，在第二章以及第三章已经进行了深入讨论。总的来看，学界对于这个问题的讨论主要还是围绕芝加哥学派和哈佛学派的争论展开的。哈佛学派的 SCP 范式着重强调市场结构、市场行为以及经济绩效之间的关系，在哈佛学派看来，政府对市场结构（垄断）进行干预是必要的，而法律就是政府干预的最重要保障机制。与此相反，芝加哥学派将市场结构视为市场过程的内生变量，垄断作为市场过程导致的市场结构的一种，完全没有必要进行管制。进一步，利用科斯开创的交易成本经济学以及组织经济学理论，垄断作为市场过程的产业结构只不过是企业通过合约过程实现的节约交易成本的产业组织安排而已，所以垄断是正常的产业组织结构之一。以科斯的理论为基础，张五常区分了四种垄断情形：①垄断者拥有特别的天赋。②垄断者凭借专利权版权或商业秘密实现垄断。③市场竞争的"优胜劣汰"实现的垄断。④政府管制实现的垄断。对于芝加哥学派的学者来说，只有第四种，即依靠政府管制形成的市场垄断才需要"反"。

对于哈佛学派来说，立法是必要的；对于芝加哥学派来说，立法主要是针对政府的，即保护市场结构。无论持何种立场，法律都是必要的：或者改变市场结构以达到绩效改善的目标，或者保护市场竞争的过程，使市场机制能够有效地发挥作用。虽然法律是必要的，但由于我国特殊的历史背景，即我国行业垄断的"行政性"，我国对是否需要利用《反垄断法》来实现垄断规制则存在不同的意见。第一种观点认为，我国应该谨慎利用法律来实现反垄断[1]。这是因为：①我国市场经济体制不健全，当前我国市场经济面临的最大问题是欺诈、恶性竞争等比较低层次的市场失败问题，当务之急应该是对这些市场失败问题进行规制；②我国的行业垄断确实具有

---

[1] 宋则：《反垄断理论研究》，《经济学家》2001 年第 1 期，第 30 页。

行政性，但我国的体制改革的动力也是自上而下，强的反垄断措施最终会牺牲我国制度创新的动力；③垄断对经济效率的影响是不确定的，从"晚生后发型"国家的产业政策来看，我国的问题不是行业垄断过度，而是行业垄断不足。但是，这种审慎的观点并不被其他学者认可，在这些学者看来，我国反垄断立法必须加快进行①，因为行政性行业垄断对我国市场的有效运转以及我国经济的健康长远发展都造成了负面效应。我国反垄断立法的价值在于提高整体的社会福利，规范竞争秩序，但我国的行业管制体系往往是集"规则制定"和"裁判权"于一身，使得我国市场规范程度降低②。

对于我国的反垄断问题，还有第三种观点，即按照"芝加哥学派"的逻辑，强调反垄断立法这一路径的逻辑错误。按照张五常对四种垄断情形的区分，我国行业垄断问题确实是因为政府的不恰当干预。然而利用法律的手段实现"反"政府的不恰当干预本身就是有问题的，依靠政府实现反"良性的垄断"最终可能造成"良性垄断"受损，从而导致没有人获益的"逆帕累托最优"，而且依靠政府实现反"由政府行政手段造成的垄断"，最终只会强化上级政府与下级政府之间、政府与企业之间的"垄断—俘获"结构③。

二、《反垄断法》能有效规制我国的行业垄断吗

沿着不同的视角，早期对于行政性行业垄断的立法规制问题的讨论还没有得出具体的结论。2007 年，我国正式颁布了《反垄断法》。《反垄断法》的颁布为我国反垄断问题找到了新的工具，同时，围绕着《反垄断法》的颁布和实施，学者们对《反垄断法》的效果进行了深入分析。这些分析检验了上文提出的有关《反垄断法》的一些争论，而得出的结论则几乎具有完全的一致性：至少对于我国具有特殊性的行政性垄断，《反垄断法》没有起到应有的效果。

为什么我国的《反垄断法》制止不了行政性行业垄断？郑鹏程的分析

---

① 车海刚：《反垄断的认识误区》，《中国经济时报》2001 年 1 月 16 日，第 2 版。
② 朱泽山：《我国政府在反垄断中的职责和重点指向》，《经济体制改革》2001 年第 5 期，第 24 – 26 页。
③ 薛兆丰：《乱来的反垄断法》，《21 世纪经济报道》2001 年 9 月 17 日，第 5 版。

具有典型意义，在郑鹏程看来，我国的《反垄断法》在应对行政垄断时陷入了两个悖论①："自反悖论"与"自亡悖论"。所谓"自反悖论"是指在反垄断的过程中，行政垄断的主题和反行政垄断的主体都是行政机关，反行政垄断制度成为了反对自己、剥夺自身利益、约束自身的制度，这种制度是很难有效运转的。"自亡悖论"是指行政垄断与市场经济本身的不完善有关，"行政垄断既是市场经济体制不完善的结果，又是市场经济体制不完善的原因"。反行政垄断意味着通过健全市场经济体制来实现反垄断的目标，但是社会主义市场经济体制本身就具有行政垄断的含义，这在实质上相当于"通过消除行政垄断来消除行政垄断"，两个悖论决定了《反垄断法》对于我国的行政性行业垄断来说是相当无力的。而后来我国《反垄断法》的颁布与实施以及最终的结果也是与这一论断相符的，这说明对我国的行政性行业垄断的法律规制还需要进一步的研究。

基于此，国内学者对我国《反垄断法》与行政性行业垄断之间的关系进行了进一步的讨论，随着讨论的深入，对我国行政性行业垄断的规制最终导向我国行政管理体系的改革问题。例如，在王晓晔看来，"行政性限制竞争是中国当前经济体制改革的难点和重点，这不仅要求政府贯彻依法行政的原则，而且要求国家实现经济民主，即经济权力不是过度集中在政府的手中，而是应当在企业和政府间适当分配，实现政企分开。因此，行政垄断问题确实不是一部《反垄断法》能够奏效的"②。以此为基础，很多学者都将我国反行政垄断问题视为一个需要"综合治理"的问题。曹士兵认为，我国的反垄断应该"建立以《宪法》为龙头，以《反垄断法》为核心，以《公司法》、《税法》、《劳动法》为配套的完整的法律体系"③；行政法中的《行政程序法》和《宪法》层面上对中央与地方关系、政府与企业关系以及违宪审查机制等进一步做出制度安排④；对于政府与企业之间的关系来说，政府与各种主体之间的平等性对于反垄断来说具有根本性⑤；而对于整个社会来说，培育市民社会、去除官本位思想以及实现行政伦理和行政文

① 郑鹏程：《反行政垄断悖论及其消解》，《忻州师范学院学报》2001年第2期，第67-68页。
② 王晓晔：《入世与中国反垄断法的制定》，《法学研究》2003年第2期，第131页。
③ 曹士兵：《反垄断法研究》，法律出版社1996年版，第19页。
④ 郑鹏程：《论法律对行政垄断的综合规制》，《求索》2003年第1期，第69-71页。
⑤ 史际春：《反行政垄断要确立平等观》，《法制日报》2001年9月16日第3版。

化的再造都具有必要性①，最终实现以道德调控弥补法律调控的不足②。

　　无论是在反行政性行业垄断立法的合理性方面还是在能力方面，一系列的争议都贯穿于我国反垄断立法的过程之中。随着我国《反垄断法》的出台以及实施，学界最终的结论基本是一致的：对于我国反行政性行业垄断问题需要"综合治理"，正是综合治理的视角，为我国反垄断的立法提供了新的基础。本章接下来主要围绕这一"综合治理"路径，讨论法律在整个行业反垄断体系中扮演的角色，以及为了有效实现反垄断，《反垄断法》应该具备的内容。

第二节　法律与反垄断：理念、公共性以及制度结构

　　可以确认的是，法律至少被视为是为了实现公共利益的，但是这只是研究的起点。法律的重要性不在于其是否是实现公共利益的，而在于其能否实现公共利益。所以，我们首先需要对法律的真实角色进行分析，即强调法律的"激励结构"本质。在分析了法律的激励结构本质之后，本书将对《反垄断法》中的公共利益问题进行讨论；再一次说明，公共利益只是起点，最终的问题仍然是：怎样有效实现公共利益，或者说，《反垄断法》怎样才能有效实现公共利益。所以，对《反垄断法》的研究最终仍然被导向这样的问题：怎样有效实现《反垄断法》所规定的目标？

一、制度层次与激励结构

1. 制度层次问题

　　第三章讨论了政府干预行业的边界，以及在特定的政府干预手段之下行业的制度结构问题，但很明显这仅仅是问题的一个方面。这种讨论是在"抽象市场"的状态中实现的，即将市场视为有效的，在市场有效运转的条

---

① 郑鹏程：《反行政垄断悖论及其消解》，《忻州师范学院学报》2001 年第 2 期，第 67 - 68 页。
② 罗建文、高洪波：《行政垄断的道德反思》，《中国行政管理》2004 年第 12 期，第 61 页。

件下，如果政府利用一定的制度工具进行干预，最后可能会出现的结果。但这样的讨论在两个方面是有问题的：第一，制度经济学的研究已经清晰地说明了，从来都没有抽象的市场，市场本身就是一种制度安排。既然市场是一种制度安排，有效的市场运转就需要非常多样化的制度支撑，包括产权制度、司法体系等，没有这些有效的制度安排，市场是不可能运转的。第二，政府干预本身也是与法律相关的，法律决定了政府干预的范围，政府干预的范围以及在特定的政府干预手段被执行之后的产业结构。而法律结构在这两方面都具有重要的作用：既决定了市场运转的有效性，也决定了政府运转的有效性。

　　按照这一视角，法律、政府管制以及产业结构应该是分为三个层次的：法律、管制结构以及个人，如图 6 - 1 所示。分析的变量是中间层次的管制—结构—市场，如前文所讨论的，产业结构是政府管制与市场机制二者结合形成的，但是无论是政府管制还是市场机制都是由个人选择而成的，所以管制结构还受两种力量的支配。首先，法律结构决定了市场机制的有效性以及市场制度被选择的可能性，同时，法律结构决定了政府管制的领域、政府管制手段；其次，无论如何，产业结构都是一种制度结构，而这种制度结构必然是经由人的选择来实现的，所以通过法律、政府以及市场机制的约束和激励，最终由个人选择了相应的产业结构，形成了相应的制度安排。更重要的是，三个层次之间具有嵌入性的色彩，对于这一问题，下文将深入分析。

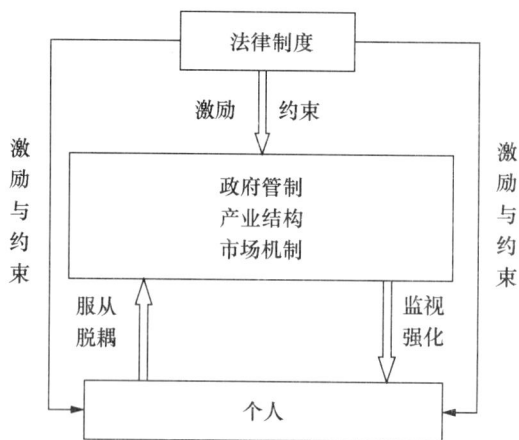

图 6 - 1　法律、政府管制产业结构：层次分析

　　如果按照这样的结构，政府扮演的角色是非常清晰的：一方面，政府在任何产业中扮演的角色都是与一个产业的结构相关的：政府可能对一个行业实行"强管制"，这最终会表现为"强管制—弱市场"的产业结构形式；或者，政府可能对一个行业实行"弱管制"，此时政府依然扮演经济角色，但其引导的产业结构则表现为"弱管制—强市场"的产业结构。另一方面，如果政府是作为一个法律执行的制度结构出现的，此时，政府真正扮演了法律结构的角色，在这种条件下，政府对法律的执行效率是一个非常关键的问题。

　　2. 激励结构：一个基础

　　可见，这一框架说明，制度选择是在个人面临制度结构的激励和约束之下选择的，这也是一种"方法论的个人主义"路径，这一路径是与前文对政府管制的经济学讨论一脉相承的。按照这三个层次，法律的制定应该处于最高层次，是一个规则的"集体选择"问题；法律的执行在第二个层次，属于在规则的激励与约束之下的"策略选择"问题。如果说，法律的目的是实现公共利益，那么进一步的问题是，怎样确保在两个层次实现法律所规定的目标。

　　早期对于政府管制的讨论就是在这样的视角下进行的。虽然市场的运转可以确保社会福利的最大化，个人选择最终可以实现公共利益，但是，由于存在市场失灵，市场导向的公共利益无法实现，所以需要政府管制。在这种条件下，政府管制被认为是导向公共利益的手段，而法律的作用就在于利用立法确保政府按照公共利益最大化的方式对市场进行管制。很显然，这种分析是建立在对法律规则建构的"集体选择"过程之中的。但是，这一讨论在根本上误解了在具体决策情境中，集体选择是否会导向公共利益，这一问题是非常复杂的。

　　对于制度规则的集体选择问题，布坎南和塔洛克合著的《同意的计算》以及由此开创的"公共选择理论"对此进行了深入研究①。公共选择理论的研究发现，个人在集体决策的情境中也会按照最大化个人利益的方式行事，所以，那种认为法律规则是为实现公共利益的假设，以及政府管制必将为公共利益服务的假设是靠不住的。这样的视角进一步启发了管制经济学的

①　［美］詹姆斯·布坎南、戈登·塔洛克：《同意的计算》，陈光金译，中国社会科学出版社2000年版，第75页。

政治学转向：管制往往不是政府为了实现市场的有效化，而往往是政府与企业追求经济租金从而合谋的结果。如是，管制经济学中的"政府失灵"以及放松管制成为新的趋势。

所以，总的来看，无论是政府还是市场中的个人都会按照个人利益最大化的方式行事。在市场环境中，个人可能采用机会主义的策略，导致道德风险、市场失败以及交易成本上升。但是，在管制过程中，政府也会以自身的利益最大化为基础行事，部门利益和官员的个人利益吞噬了法律本身的公共利益追求。所以，公共利益的实现永远是一个经验问题。所以，正如第三章的"比较制度"框架阐明的，在具体的市场运转之中，无论是政府管制的产业结构还是以市场机制为基础的产业结构都是有成本的。

但是，一个有效的法律体系既可以实现交易成本的降低，也可以实现管制成本的降低。首先，一个有效的法律体系意味着一个有效的产权体系，有效的产权体系为个人之间以及政府与企业之间的交易建立了有效的预期，在这种情况下，企业不会浪费资源在寻租的过程之中。其次，一个有效的法律体系意味着对政府权力、政府职能，以及当侵权行为发生后的救济手段的有效界定，这就意味着对政府与企业之间的关系进行了有效的制约。在这种条件下，政府管制机制的建立以及管制的运作都可以以最小化摩擦的方式进行。所以，无论是市场失灵问题还是政府失灵问题，有效的法律体系都可以实现二者风险的降低。这就是为什么法律重要，以及法律之所以起作用的机制——其可以改变无论是在市场环境下还是在政府环境下个人的激励结构。

二、《反垄断法》：理念和公共利益

上文对法律角色的分析同样适用于《反垄断法》在反垄断中扮演的角色。在深入讨论《反垄断法》的角色之前，我们需要对《反垄断法》的目标进行分析，即《反垄断法》的理念问题。但是，由于反垄断的复杂性，对于什么是《反垄断法》最基本的理念这一问题，答案也是非常有差异的。并且，随着经济学和法学等理论的发展，对《反垄断法》理念的界定也是发展的，其要达到的目标是非常复杂的，所以，我们需要对《反垄断法》理念的变迁过程进行讨论。《反垄断法》理念的变迁过程影响了《反垄断法》对公共利益界定的变迁，而从根本上来说，公共利益问题仍然是《反垄断法》所要讨论的核心问题。

1. 变迁中的《反垄断法》的理念

美国在反垄断的历史中占有重要的地位，而反垄断运动在美国发展的历史与反垄断理念在美国发展的历史是非常相似的。从美国对反垄断理念的变迁过程中基本上可以发现《反垄断法》理念变迁的过程，所以要深入讨论《反垄断法》的理念，美国的《反垄断法》理念的变迁史是一个非常有用的视角。从美国反垄断理念的历史来看，美国反垄断确实是从"经济效率"开始的，但《反垄断法》变迁的历史说明，《反垄断法》所承载的理念远比经济效率来得复杂。

美国反垄断的发展史是非常复杂的，《谢尔曼法》的颁布也不能简单归因于对"经济效率"的追求。福克纳对美国反垄断运动兴起的分析具有典型性，他认为："这首先产生于人们继承了旧的英国普通法的观念，对于垄断有着根深蒂固的憎恶，这种憎恶无疑是由于新的合并使人们生活受到损害的那些不幸事件所激起的。其次，人们害怕国家的资源会被一些不负责任的人所控制。"① 这种以自然权利为基础的推断认为，以经济自由和财产安全等自然权利为基础，市场竞争的自然过程最终可以实现人类所追求的价值，如是，个人的商业机会、经济效率、国家繁荣、社会正义与和谐都可以最终实现整合②。所以，《谢尔曼法》的目标以及试图实现的理念是非常多样化的，包括政治、经济、道德等③。

《谢尔曼法》所追求的复杂目标在后来的美国反垄断理念的实践中得到进一步发展，美国《反垄断法》的理念逐渐转向"平民主义"。1950年，在有关《塞勒—凯弗维尔法》（即《克莱顿法》第七条的修正案）的参议院辩论中，凯弗维尔参议员揭示当时《反垄断法》的基本理念："我认为我们已经到了就经济集中问题做出重大决定的时候。难道我们能让国家的经济落入少数公司手中吗？这些公司的中心管理机构远离产品被生产出来的地点，人们的命运就被这些他们从未见过甚至没有听说过的人做出的决策所

---

① Dudley H. Chapman, *Molting Time for Antitrust: Marker Realities, Economic Fallacies, and European Innovations*, New York: Praeger Publishers, 1991: 49.

② Jonathan B. Baker, "A Perface to Post Chicago Antitrust", in Antonio Cucinotta et al., ed., *Post Developments in Antitrust Law*, Edward Elegar, 2002: 3 – 12; James May, "Antitrust in the Formative Era: Political and Economic Theory in Constitutional and Antitrust Analysis, 1880 – 1918", *Ohio State Law Journal*, 1989: 257 – 391.

③ Jerrold G. Van Cise, "Antitrust Past Present Future", in Theodore P. Kovaleffed, ed., *The Antitrust Impulse*, Vol. 1, *An Economic Historical and Legal Analysis*, M. E. Sharpe, 1991: 23 – 44.

决定。难道我们不应该保护小工商业，那些在地方上经营、具有独立自主地位的企业?"① 这种"平民主义"的立法理念是与美国的杰弗逊总统提出的有关民主社会的理念是对称的，强调保护小工商业者的经济权利，这可以保证经济平等、权力平等以及民主理念的实现②。所以，20世纪四五十年代的美国反垄断立法在理念上具有强烈的政治色彩，强力保护众多的小工商业以及对这些小工商业的地方控制，以此防止高度集中的商业结构可能带来的政治风险以及个人的独立性和创造性的丧失③。

但是，从19世纪70年代开始，美国《反垄断法》的理念逐渐开始往回拨，回到了《谢尔曼法》最初所强调的目标，即经济效率，这就是芝加哥学派的理念带来的法治理念的变革。芝加哥学派的观点强调，首先，反垄断立法应该以消费者福利最大化为目标，所以经济效率才是反垄断立法的核心理念；其次，在市场失灵和政府失灵都存在的条件下，政府失灵比市场失灵的危害和可能性要大得多。所以，芝加哥学派反对《反垄断法》作为一个经济性立法的政治意义，无论是在理念上还是在实现的可能性上，这种平民主义的反垄断策略都是有缺陷的。

可见，从《谢尔曼法》继承下来的多样化的目标体系最终影响了美国《反托拉斯法》的立法理念：首先，平民主义的反垄断理念在20世纪四五十年代取得胜利，成为反垄断立法的基础；但在20世纪70年代以后，芝加哥学派的效率革命最终占了上风，经济效率和消费者福利取代小商业者的市场竞争结构成为反垄断立法的基础④。如果我们回溯一下西方学者对垄断问题的研究就可以发现，反垄断立法的理念变革和反垄断理论与政府管制理论的发展是一脉相承的。早期的反垄断理论强调市场失灵、市场结构的维持，以及政府管制的政府万能假设，所以反垄断理念就有"效率"向"平民主义"的转变；随后，可竞争市场理论、动态效率以及政府失灵理论的发展，最终促成了反垄断立法的"效率"革命。正是反垄断理论、政府

---

① Rudolph J. Peritz, *Competition Policy in America*: *History*, *Rhetoric*, *Law*, Oxford University Press, 2000: 196.
② Giuliano Amato, *Antitrust and The Bounds of Power*, Oxford: Hart Publishing, 1997: 97.
③ Stephen A. Rhoades and Jim Burke, "Economic and Political Foundations of Section 7 Enforcement in the 1980s", in Theodore P. Kovaleff, ed., *The Antitrust Impulse*, Vol. 1, *An Economic Historical and Legal Analysis*, M. E. Sharpe, 1991: 313 – 384.
④ 郭跃:《美国反垄断法价值取向的历史演变》,《美国研究》2005年第1期, 第82 – 85页。

管制理论以及反垄断立法理论的变革深刻地影响了有关反垄断立法的公共利益界定问题。

2.《反垄断法》中的公共利益问题

法律是以利益为基础的，作为一个国家最重要的规则体系，法律的利益属性往往被视为法律最基本的特征①。在庞德看来，利益理论是法学理论的核心，法律的基本功能就是"调节各种错综复杂的利益关系"②。但是，利益是多元的，所以，利益的类型学就往往因为划分的标准不同而有差异。庞德将利益分为个人利益、公共利益和社会利益：个人利益是指"直接涉及个人生活的要求或希望，并被断定为是这种生活的权利"③；公共利益是指"涉及一个政治上有组织的社会生活的要求或需要或希望，并断定为是这一组织的权利"；社会利益是指"以文明社会中社会生活的名义提出的使每个人的自由都能获得保障的主张或要求"④。虽然公共利益作为一个概念在法理学上具有重要的地位，但是这一概念在早期并不被承认。在边沁的哲学中，"社会公共利益只是一种抽象，它不过是个人利益的总和"，而"个人利益才是唯一现实的利益"；在阿尔夫·罗斯看来，"社会福利"观只是"幻想"而已，"所有人类的需要都是通过个人来体验的，社会的福利就等于其成员的福利"。

边沁的论断在传统的民商法中也许是适用的。其中，市场中的个人被视为平等的、自由的、理性的，在追求个人利益最大化的过程中，个人利益和社会的公共利益可以实现协同⑤。但是，《反垄断法》的制度设计与传统民商法的制度设计有本质的差异。首先，《反垄断法》对私人的所有权进行非常重大的限制；其次，《反垄断法》对传统的合同原则进行了严格限制，因为这些自由合同最终往往导致企业之间利用合谋协议，获得市场支配地位，且最终滥用市场支配地位。上文对《反垄断法》理念变革过程的分析显示，反垄断立法理念承认了社会利益的重要性，所以，与传统民商

---

① 沈宗灵：《法理学》，高等教育出版社1994年版，第46页；张文显：《法理学》，高等教育出版社2007年版，第215页。
② ［美］罗斯科·庞德：《法理学》（第三卷），廖德宇译，法律出版社2007年版，第16页。
③ ［美］E. 博登海默：《法理学——法哲学及其方法》，张智仁译，上海人民出版社1992年版，第135–136页。
④ ［美］罗斯科·庞德：《通过法律的社会控制——法律的任务》，沈宗灵、董世忠译，商务印书馆1984年版，第41页。
⑤ 潘志玉：《论民法上的公共利益》，《政法论丛》2008年第3期，第16–17页。

法理念相对抗的《反垄断法》理念必然是以社会公共利益为支撑的①。

虽然公共利益是《反垄断法》的核心支撑，但是，很少有法律对公共利益进行明确的界定，这是因为公共利益这一概念在本质上仍然是复杂的。首先，公共利益在本质上是抽象的，尽管在经济学、政治学、哲学等领域对公共利益的界定都有漫长的历史，但是公共利益本身的抽象性导致的公共利益界定困境很难克服②。谁是"公共"？公共利益是什么利益？公共利益是谁的利益？这些问题都是不确定的，所以公共利益这一概念无论是对象还是内容都是不确定的③。其次，从法律与整个经济社会结构变革之间的关系来看，随着经济社会结构的变革，对公共利益界定也是变化的，从而导致法律本身就是不确定的。《反垄断法》起源于《谢尔曼法》，而《谢尔曼法》起源于普通法，而普通法在本质上就具有不确定性，这决定了《反垄断法》的不确定性④。并且，即使能够对"公共利益"进行有效的界定，在市场运行的过程中，这种狭隘的公共利益界定往往难以有效指导行为⑤。

虽然公共利益的有效界定以及有效指导行为是困难的，但这并没有降低公共利益问题对于《反垄断法》的根本意义，因为《反垄断法》的核心在于市场结构的建构以及经济效率的实现，这二者既是《反垄断法》的核心理念，同时也是反垄断立法所追求的公共利益目标，有效的市场结构以及社会福利的最大化是与社会整体的公共利益相协调的。因为自由以及公平的市场竞争秩序，可以保证消费者的福利提升，实现消费者权益的保障，进而实现整个社会福利的最优化⑥。虽然对于市场结构与经济效率之间的因果关系是经验的、复杂的，但是《反垄断法》的根本性价值目标仍然是通过保护竞争以及维护竞争秩序以实现社会整体经济效率和社会实质公平⑦。

总之，公共利益理念对于《反垄断法》理念具有整合作用⑧。公平竞争

---

① 李国海：《反垄断法公共利益理念研究》，《法商研究》2007 年第 5 期，第 20 页。

② V. Held, *The Public Interest and Individual Interest*, Basic Books, 1970：210.

③ 陈新民：《德国公法学基础理论》（上册），山东人民出版社 2001 年版，第 182－205 页。

④ ［美］欧内斯特·盖尔霍恩、威廉姆·科瓦契奇、斯蒂芬·卡尔金斯：《反垄断法与经济学》（第 5 版），任勇、邓志松、尹建平译，法律出版社 2009 年版，第 3 页。

⑤ Mike Feintuck, *The Public Interest in Regulation*, Oxford University Press, 2004：204－225.

⑥ 蒋悟真：《反垄断法中的公共利益及其实现》，《中外法学》2010 年第 4 期，第 556 页。

⑦ 吴宏伟、魏炜：《论反垄断法的价值目标》，《法学家》2005 年第 3 期，第 98 页。

⑧ 卢炯星、李晓丽：《反垄断法视域中的公共利益问题》，《山东社会科学》2010 年第 7 期，第 128－130 页。

的市场结构、经济效率的提高以及消费者权益的保护在整体上来看是反垄断立法的具体目标，这些具体目标是《反垄断法》实现公共利益目标的具体化，在整体上是相契合的。《反垄断法》通过对各种不正当竞争行为的遏制实现公平进入的市场结构，通过对公平交易行为的规制实现市场运作过程的秩序化，实现竞争的有序化和有效化，最终实现消费者利益的保护、经济效率的改善、技术的进步与发展[1]。

三、法律的三个角色

上文已经对法律起作用的机制、《反垄断法》的核心理念进行了深入讨论，现在的问题是，如果实现公共利益是《反垄断法》的根本目标，那么，在公共利益是模糊的、法律制度的选择过程是个人主义和集体选择的，以及执法过程可能存在策略行为和道德风险的情况下，怎样确保《反垄断法》所要求的公共利益得以实现。这一问题就是《反垄断法》所要解决的核心问题，即《反垄断法》在反垄断的过程中扮演的角色。

上文对《反垄断法》的公共利益属性进行的分析说明，要实现反垄断法律体系的公共利益目标，反垄断法体系至少要具备如下三个特征：首先，《反垄断法》要确保有效的产权；其次，除了有效的产权，还需要公平的市场竞争规则，包括市场进入规则、市场运作规则以及救济规则；最后，《反垄断法》还需要对政府的权力进行有效制约，将政府纳入平等的市场主体之内。这三个角色是相互嵌套的，缺一不可；其反垄断法律体系只有同时具备了这三个特征才能有效地实现规制反垄断的目标。

首先，有效的产权体系是有效竞争的前提，一旦产权失灵，市场竞争就会受到威胁。产权失灵主要表现在两个方面：第一，产权失灵表现在政府没有办法为国家经济的发展提供有效的制度保障和法律体系，使得经济发展的动力不足；第二，产权失灵表现在政府利用制度体系创设经济租金，然后利用法制资源和政策资源寻租，最终导致资源的"租金耗散"，社会财富被浪费，经济发展停滞[2]。我国垄断结构的关键就在于国家垄断的"公益性"与行政垄断之间的复杂关系，以及政府管制与政府生产之间的模糊性。

---

① 孟雁北：《竞争法》，中国人民大学出版社 2004 年版，第 31 页。
② 温观音：《产权与竞争：关于行政垄断的研究》，《现代法学》2006 年第 7 期，第 174 – 177 页。

如果国家垄断确实是符合"公共利益"的，那么在产权上，反垄断的法律体系必须对其进行清晰的界定。如果政府是以自我生产的方式实现特定服务的供给，并且是有效率的，则必须对其产权进行有效界定，实现"政企分开"，才能确保动态效率的实现。因为，当"产权"界定清晰之后，政府所有的企业将具有对等的谈判权利，在对收益具有自主权的前提下，第三方执行机制（主要是法院）的出现可以防止寻租带来的福利损失，X—效率也会因为寻租被规避而出现，有效的技术结构最终得到激励。

其次，在产权界定清晰之后，公平的规则就具有重要的意义。公平的规则体系主要是针对市场竞争过程而言的，主要体现为市场进入的无障碍性、市场过程的低成本性以及权利救济的低成本。其中，低成本的权利救济表现为低廉的法律执行成本。哈耶克反对对法律的"公共利益"界定，在他看来，所谓"公法"，就是指可以实现个人最大程度的契约自由，随着契约自由的扩展，最终的结构就是真正的公共利益的实现①。这说明，市场有效运行是公共利益得以实现的基础。如果进入市场的壁垒太高，特别是在具有行政壁垒的情形下，市场机制的有效性是不可能出现的，最终往往导致技术效率的"闭锁效应"，以及寻租和市场威胁的不存在导致的X—无效率。如果市场签约的成本是高昂的，在出现法律纠纷之后契约的执行成本也是高昂的，那么，市场机制可以起作用的范围必然被压缩，导致某些服务要么无法被提供，要么需要用更高成本的其他机制（如科层制）来提供，这导致社会福利的净损失，因为更多的社会资源被用于协调生产过程而不是社会生产本身。

最后，对政府权力的有效制约也是反垄断法律体系的关键特征，当然，如果没有对政府权力的有效制约，有效的产权结构和市场规则本身就不可能出现，或者说，所谓的产权体系本身就是一种权力安排②。诺思对西方国家兴起的历史的研究就具有重要的启示意义：只有当政府开始约束自身的权力，保护产权制度的条件下，经济发展才是可能的③。但是，国家权力本

---

① ［英］弗里德里希·冯·哈耶克：《自由宪章》，冯克利译，中国社会科学出版社1999年版，第371页。
② ［冰岛］思拉恩·埃格特森：《经济行为与制度》，吴经邦等译，商务印书馆2004年版，第28页。
③ ［美］道格拉斯·C. 诺思、罗伯特·托马斯：《西方世界的兴起》，厉以平、黄磊译，华夏出版社2009年版，第76页。

身有自身的困境，即"诺思悖论"：一方面，只有强大的政府才能够有效地保障产权体系；另一方面，强大的政府往往成为财富的掠夺者，最后在根本上威胁产权体系的有效性①。这对于我国的反垄断法律体系具有重大的启示意义。一方面，正是因为我国的"行政性垄断"，导致政府往往扮演一个规则制定者和经济利益索取者的角色，导致我国政府在管制垄断的过程中成本高昂；另一方面，在我国的垄断结构具有行政性的条件下，我国的反垄断过程具有"自反性"，这进一步增加了我国反垄断法律体系得以建构和有效运转的可能性。布坎南在讨论法律体系时强调法律本身的"规则范畴"性质，强调权力必须在"规则范畴"运作之下，才能有效地实现规则重构。同样，对于我国反垄断法律体系的建构来说，对权力的有效制约也是法律需要扮演的角色之一。

　　总之，为了实现反垄断所要求的公共利益，有效的反垄断法律体系必须具备三种能力：清晰的产权界定、有效的规则运作以及对权力的有效制约。并且，这三者是相辅相成的，任何一种能力的缺失都会使整个法律体系坍塌，而有效的反垄断法律体系需要将这三种能力有效地整合起来。

第三节　有效行业垄断规制的法律基础

　　上文已经讨论了要实现《反垄断法》所要求的公共利益、反垄断法律体系需要扮演的三种角色，接下来对这一体系进行更加系统的分析。在分析《反垄断法》的具体内容之前，首先需要明确有效法律制度体系的三个特点：嵌套性、激励兼容性以及可执行性。有关嵌套性，上文已经说明，即制度是分层次的，产业结构层次的制度结构是受反垄断法体系的制度支撑的，国内学者对反垄断法体系的"综合治理"理论也说明了这个道理。有效法律体系的前提是要实现有效的制度嵌套，有效的制度嵌套可以保证制度之间的相互支撑性，保证在整个反垄断法体系之中的激励兼容性。只有整个法律体系是激励兼容的，整个反垄断法律体系的运转才是顺畅的、

①　［美］道格拉斯·C. 诺思：《制度、制度变迁与经济绩效》，杭行译，上海人民出版社2008年版，第97－99页。

低成本的。可执行性问题本身就是法律体系的一个部分。诺思在界定制度规则时强调，制度包括规则以及规则的执行体系;① 产权理论中也将产权本身可执行性的程度视为产权是否可以实现的要素②，可见，一个法律体系只有能够低成本地执行才是有效的法律体系，所以反垄断法体系的执行能力问题也是整个反垄断法律体系的基础。

要实现激励兼容的反垄断法律体系，主要是保证两点：横向上的反垄断法体系之间的相互支撑以及纵向上的制度结构之间的相互嵌套。要实现产权体系的执行成本低廉，灵活的法律执行规则，特别是协商和解制度就具有重要的作用。

一、《反垄断法》的规则体系

上文已经重点讨论了政府管制与产业结构之间的内在联系，即任何产业结构都至少包括两个主体：政府的管制职能以及企业的市场运作，如果我们将第三章讨论的"缺失的第三维"加上，整个产业结构还包括行业协会等自治性的组织。有效的产业结构往往是以三者有效互动的结构，但垄断性的产业结构也往往是以三个主体的不合理关系出现的。所以，如图6-2所示，在整个产业结构中，不合理的垄断主要包括三个来源：要么来自政府不合理的管制活动导致的"行政垄断"③，要么来自产业本身的经济属性导致的自然垄断性结构，要么来自行业协会构建的不合理的产业垄断性结构。

不同的垄断性产业结构来源需要不同的反垄断法律体系的支撑，如图6-2所示，外面的圆圈表示在嵌套性的反垄断法律框架中需要建构的复杂的反垄断法律体系。对于政府机构导致的行业垄断性结构，需要反"行政垄断"的法律体系的支撑；对于行业协会导致的垄断性产业结构，需要反

---

① [美] 道格拉斯·C. 诺思：《制度、制度变迁与经济绩效》，杭行译，上海人民出版社 2008 年版，第 97 - 99 页。

② [美] 约拉姆·巴泽尔：《产权的经济分析》，费方域、段毅才译，上海人民出版社 1997 年版，第 56 页。

③ 在导论部分，我们对"行政垄断"这个概念进行了批判，认为这个概念不能很好地表达我国产业结构的现实，并且具有纯法学的非经验性偏见。在这里依然沿用这一概念是因为，首先，这一概念在本质上仍然指示这样一类现象，即政府不合理的管制行为导致的垄断性市场结构；其次，这一概念得到了更多学者的认可。

行业协会垄断的法律体系的支撑；对于市场结构本身导致的垄断性产业结构（主要是自然垄断性的产业结构），需要有效管制的法律体系的支撑。

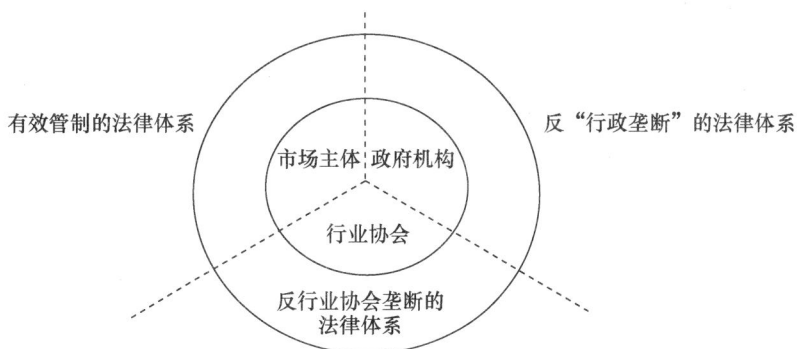

图 6-2　产业结构与反垄断的法律体系

1. 对"管制"的规制：反"行政垄断"

我国当下最主要的问题是政府的不恰当管制造成的行政性行业垄断格局，这种行政垄断性的行业垄断①已经对我国的市场竞争和统一市场的过程造成了严重的破坏。所以，对于许多学者来说，将"行政垄断"纳入《反垄断法》，依法制止行政垄断就非常重要②。例如，王晓晔认为，反垄断立法需要与一个国家的经济历史状态相结合，对于我国目前的状态来说，行政垄断才是我国的主要垄断形式，所以除了需要借鉴西方国家的经济性垄断立法规制之外，还需要"旗帜鲜明地反行政垄断"③。以此为基础，我国的相关法律也要界定行政垄断的内涵以及"反行政垄断"的实践。《反不正当竞争法》第七条规定，"行政垄断"的主要内容包括三个方面：第一，实施行政垄断的主体是政府及其所属部门；第二，行政垄断的原因在于行政垄断主体滥用行政权力；第三，从后果来看，行政垄断主体滥用行政权力导致了排除、限制竞争的后果。后来的《反垄断法》的规定与《反不正当竞争法》在规定上是类似的，扩展了行政垄断的实施主体，将授权的具有

① 对于"行政垄断"以及"行政性的行业垄断"的概念讨论，可以参见本书第一章。
② 聂孝红：《行政垄断纳入我国〈反垄断法〉的必要性》，《河北法学》2007年第2期，第83-88页。
③ 王晓晔：《竞争法研究》，中国法制出版社1999年版，第75页。

管理公共事务职能的组织也纳入了行政垄断的主体。

虽然我国《反不正当竞争法》和《反垄断法》对行政垄断都有规定，但是这些法律是否有能力承担我国反行政垄断的任务则大为可疑。但是，对于制定《反垄断法》实现反行政垄断的建议也饱受质疑。在陈秀山看来，行政垄断是"超经济性"的，所以"不是竞争法律和竞争政策调整的对象"，只有通过体制改革才能实现①；史际春认为，我国的行政垄断是在转轨时期政治经济体制的过渡性造成的，一部《反垄断法》担负不起我国反垄断的任务②。可见，我国的行政垄断在本质上具有政治性，从政治改革、政府职能转换以及行政法改革等多方面入手才能有效地解决反行政垄断的目标③。这一反行政垄断的法律体系包括：第一，政府与管制主体的分离，实现政府与企业的独立；第二，规范政府的行政权力，使行政权力的运作法治化；第三，利用司法手段制约政府的政治权力，进一步保障政府权力运作的规范性。

行政垄断在根源上看是政府与市场主体之间"合谋"的结果，而这种合谋在不同的国家虽然存在，但由于不同国家的政治体制而有所差异。根据李伟和徐立新的研究，利益集团和政治结构之间的关系是受民主程度影响的，如政策制定的结果就是与私人利益集团、政府利益集团以及政治结构的交互作用而产生的④。所以，政府管制法治化的前提是，垄断企业必须是独立的利益主体。但是，我国最主要的特点就是，"行政性行业垄断"导致政府与被管制的企业本身就是共同的利益主体，这种结构是没有办法实现独立管制的。所以，我国政府管制的规范化需要实现政府管制制度的规范化，"使政府成为完全意义上的管制者，就必须使企业成为真正意义上的被管制者"⑤。但是，我国的反垄断主体主要是工商行政管理局，不具备专门性。所以，要实现管制机构的独立，还需要设置一个专业化的、有足够权威的、具有垂直领导权的反垄断机构⑥。

---

① 陈秀山：《现代竞争理论与竞争政策》，商务印书馆 1997 年版，第 224 页。

② 史际春：《关于中国反垄断法概念和对象的两个基本问题》，载《中国反垄断法研究》，人民法院出版社 2001 年版，第 29 页。

③ 沈敏荣：《法律的不确定性——反垄断法规则分析》，法律出版社 2001 年版，第 243 - 244 页。

④ Wei Li, Lixin Colin Xu, "The Political Economy of Privatization and Competition: Cross-Country Evidence from the Telecommunications Sector", *Journal of Comparative Economics*, 2002, 30: 439 - 462.

⑤ 王学庆：《垄断性行业的政府管制问题研究》，《管理世界》2003 年第 8 期，第 63 - 73 页。

⑥ 仇澄：《中国反垄断立法研究》，《行政与法》2002 年第 1 期，第 42 - 43 页。

　　垄断行为在本质上是一个经济行为，根据这一观点，国内的有些学者甚至拒绝承认行政性垄断的存在①。在他们看来，"行政垄断形似垄断，而实质上并非垄断"，所以反行政垄断的法律体系在根本上来说不是《反垄断法》的任务②。正是由于行政垄断的表现形式是行政主体对权力的滥用，所以这是对"依法行政原则"的违背③。因此，我国的反行政垄断还需要将行政主体的行政权力运作纳入法律的轨道之中，实现依法行政和公正行政④。要实现对行政权力运作的法治型规制，最重要的就是在行政体制改革的过程中，进一步深化我国行政管理体制的法治化改革，进一步在《行政许可法》以及《行政强制法》等行政法律中加大对政府与市场企业之间关系的规范性界定，实现政府管制过程中的有法可依⑤。

　　从主体之间的分离到对不同主体的运作规则进行法制化规范是我国建构反行政垄断法律体系的基础，要在根本上实现行政权力的规范化运转则需要实现对行政权力的制约，而制约的基础则是"司法审查制度"的建立。特别是对于中国来说，我国由于一直缺乏有效的权力制约体系，所以其权力结构与西方国家有较大的差异，这进一步决定了我国反行政垄断立法的复杂性。艾尔·沃伦在强调司法审查的重要性时强调，"维护司法审查的权力，对于政府的每一个人来说都是重要的和不可或缺的……没有了它，宪法将不能称为宪法，政府也不能成为政府"⑥。所以，我国的反行政垄断法律体系还需要加强司法审查机制的建设，使政府对市场的管制行为以及政府针对行业的立法行为是规范的、合法的。

　　2. 行业协会：自我治理的法律规范

　　第三章在讨论产业的制度结构时讨论了缺失的第三维，即在产业内部，不同的企业通过自我组织的行业协会实现自我治理，这往往成为有效的产业组织结构之一。并且这种市场间的组织化结构本身也会对政府管制的性

---

① 吴宏伟：《竞争法有关问题研究》，中国人民大学出版社 2000 年版，第 160 页。

② 薛克鹏：《行政垄断不应由〈反垄断法〉调整》，《山西师大学报》（社会科学版）2001 年第 2 期，第 29 – 30 页。

③ ［英］威廉·韦德：《行政法》，徐炳译，中国大百科全书出版社 1997 年版，第 25 – 28 页。

④ 王为农：《关于我国反垄断立法的再思考》，《中国法学》2004 年第 3 期，第 110 页。

⑤ 王为农、陈杰：《离依法行政还有多远——行政体制改革破除行政垄断》，《河北法学》2006 年第 6 期，第 18 – 21 页。

⑥ Earl Warren, "Webster and the Court", *Dartmouth College Alumni Magazine*, 1969：34.

质和结构产生重大的影响①。但是，正如孟雁北所言，行业协会是一把"双刃剑"，如果处理得当可以使行业整体的市场竞争规范化程度大为提升；但如果规范失当，则其往往会形成共谋的市场结构，最终限制有效的市场竞争②。而我国学者对行业协会的反垄断功效关注不多，相反，我国学者更加关注行业协会造成的垄断问题，这一方面与我国的行业协会的性质有关，另一方面与我国对行业协会的认识不足有关。例如，梁上上就认为，"在实践中，行业协会往往被用来作为限制竞争的工具，而且由于行业协会的组织统一，相对于一般的限制竞争协议行为而言，行业协会的决议的执行更富有效率，对社会的危害也就越大。行业协会的这种特殊个性，决定了其在竞争法中成为规制的对象。"③ 这深刻地误解了行业协会对于反垄断的重要意义。

行业协会的主要功能在于《反垄断法》实施的低成本。《反垄断法》的实施方式主要可以分为两种：要么通过政府的反垄断执法机构对企业的垄断行为发起诉讼，这被称为"公共实施"，或者可以通过受垄断行为侵害的经营者或消费者向法院提起诉讼，这被称为"私人实施"。但是，还有第三种《反垄断法》的实施主体，即反垄断协会，这往往成为反垄断的"第三种途径"④。这是由行业协会的特征决定的。按照贾西津等的定义，行业协会是指"同行业企事业单位在自愿基础上，为增进共同利益，维护合法权益，依法组织起来的非营利性、自律性的社会经济团体"，所以行业协会往往具有行业性、非营利性、自律性的特征⑤。传统的《反垄断法》的实施往往存在政府失灵，这已经由法经济学家、管制经济学家以及公共选择理论的研究所证实，所以《反垄断法》的实施往往是以私人实施为主的。这既可以体现法院的受害者救济功能，也可以促进具体法律目标的实现⑥。可是，私人救济本身又有一定的缺陷，私人救济往往产生道德风险，过度利

---

① Aviad Heifetz, Ella Segev, Eric Talley, "Market Design with Endogenous Preferences", *Games and Economic Behavior*, 2007, 58: 123 – 153.

② 孟雁北:《反垄断法视野中的行业协会》,《云南大学学报》(法学版) 2004 年第 3 期, 第 24 – 25 页。

③ 梁上上:《论行业协会的反竞争行为》,《法学研究》1998 年第 4 期, 第 124 页。

④ 陈太清:《行业协会:反垄断的第三种途径》,《生产力研究》2011 年第 11 期, 第 12 – 13 页。

⑤ 贾西津、沈恒超、胡文安:《转型时期的行业协会》, 社会科学文献出版社 2004 年版, 第 47 页。

⑥ [日] 田中英夫、竹内昭夫:《私人在法实现中的作用》, 李薇译, 法律出版社 2006 年版, 第 25 页。

用《反垄断法》，将最终导致执法资源的浪费①。所以，无论是私人救济还是政府救济，《反垄断法》的实施往往都会产生高成本。而行业协会是介于政府与市场之间的一类组织，无论在信息上还是在成本上都可以在一定程度上弥补政府机制与市场机制的不足②。

但是，虽然在全球公民社会的环境下，行业协会逐渐显示了其独特的制度功能，行业协会本身也是有缺陷的，其缺陷就表现为行业协会也可以成为垄断的载体。行业协会作为市场垄断的主体，其垄断行为主要表现在如下三个方面③：首先，对行业内部的产品实行数量控制。行业协会通过自身的制约体系，对产品的生产在不同时期的生产数量和销售数量等进行控制，或者对总产量进行控制的前提下平衡各个时期的销售额，并对价格进行控制。在这种情况下，由于行业协会的成员之间的有效市场竞争被抑制，消费者剩余被侵占，并且导致社会福利的净损失。其次，统一价格。统一价格有多种方式，主要包括最低销售价格控制、价格上涨率或上涨幅度控制、标准价格控制、基准价格控制、目标价格控制，也包括对价格的计算方法进行控制以及对影响价格的回扣、手续费等的限度进行规定④。通过行业协会自身的制裁体系，统一的价格最终往往导致市场竞争机制被破坏，有效的市场竞争无法建立起来，导致社会福利损失以及生产效率的固化。最后，以信息交流为基础的一致行动。行业协会最主要的功能就是内部的信息交流，例如提供咨询信息、发布行业统计资料等。行业协会的信息交流也具有复杂的功能：一方面，有效的交流和信息沟通对于《反垄断法》的实施更有效，并且，可以解决消费者在面对具体的商家时所产生的信息不对称问题，从而实现行业的整体透明，提高行业经济形势的可预测性⑤；另一方面，行业协会之间的信息交流也能够促成行业主体之间的共同行动，这种一致行动的危害早就被亚当·斯密认识到了："同业中人甚至为了娱乐或消遣也很少聚集在一起，但他们谈话的结果，往往不是阴谋对付公众便

---

① 王晓晔：《反垄断立法热点问题》，社会科学文献出版社 2007 年版，第 283 页。
② 张冉：《中国行业协会研究综述》，《甘肃社会科学》2007 年第 5 期，第 235 页。
③ 陈承堂：《行业协会的垄断问题研究》，《行政法学研究》2008 年第 1 期，第 88 页。
④ 梁上上：《论行业协会的反竞争行为》，《法学研究》1998 年第 4 期，第 124 页。
⑤ ［德］罗尔夫·斯特博：《德国经济行政法》，苏颖霞、陈少康译，中国政法大学出版社 1997 年版，第 211 页。

是筹划抬高价格。"① 所以，在同行之间对于信息更为敏感的情形下，他们往往心照不宣产生美国《反垄断法》所称的"Concerted Practices"。

不仅如此，我国的行业协会还有比较特殊的缺陷，即"目标置换"问题，这种目标置换表现为三个方面，即行政化、营利化和垄断化。我国行业协会往往具有"官办色彩"，行业协会的成员、资金以及合法性等都主要是政府授予的，所以行业协会是行政化的。由于行业协会本身资金缺乏，且我国缺乏行业协会的志愿精神，所以行业协会的工作人员也往往参与到谋求私人利益的行列之中，最终导致了我国行业协会的营利化。无论是行业协会的加入还是行业协会的创建都是被政府制约的，且行业协会往往是按照企业实力的方式筹资的，这进一步加大了行业协会的政府垄断和大企业垄断的倾向②。所以，我国行业协会在反垄断的能力上天然就具有欠缺，无法真正有效地发挥功能。

西方国家对《反垄断法》中的行业协会规制得都非常详尽。欧洲共同体的《罗马条约》第81条将"一致行动"作为规制的对象，并且还利用"其他方式"这一界定将行业协会的其他垄断行为也囊括其中；中国台湾地区"公平交易法"第7条将联合行为，即以合同、协议等方式共同决定商品或服务的价格、数量、技术、产品、设备、交易对象或地区等活动，都纳入规制之列。但是，我国对于行业协会的反垄断立法相对较为分散，在《反不正当竞争法》、《价格法》、《制止价格垄断行为暂行规定》、《中华人民共和国反垄断法》、国家工商总局《关于禁止垄断协议行为的有关规定》（2009年征求意见稿）都对行业协会垄断协议行为做出了规定。在《反垄断法》第一章的第11条规定，"行业协会应当加强行业自律，引导本行业的经营者依法竞争，维护市场竞争秩序"，第16条规定"行业协会不得组织本行业的经营者从事本章禁止的垄断行为"，在第46条有关法律责任的条款中规定："行业协会违反本法规定，组织本行业的经营者达成垄断协议的，反垄断执法机构可以处五十万元以下的罚款；情节严重的，社会团体登记管理机关可以依法撤销登记。"

总的来看，我国的行业协会在功能上的缺位加剧了我国行业的垄断问

① ［英］亚当·斯密：《国民财富的性质和原因的研究》（上卷），郭大力、王亚南译，商务印书馆1981年版，第122页。
② 李国武：《行业协会的目标置换倾向及其原因分析》，《江苏行政学院学报》2008年第3期，第65页。

题，而我国反垄断法体系对行业协会的规制问题还不足：既没有对各种违法的行为进行清晰的界定，法律责任的规定也相对不足。所以，我国反垄断法体系的建构还需要进一步对行业协会的问题进行清晰界定，实现对行业协会的有效规制。有效规制的关键在于发挥行业协会作为反垄断法实施的"第三种力量"的能力，增强行业协会的自治能力。另外，对行业协会可能造成的限制竞争的垄断行为也应该实现更为清晰的界定，确保行业协会运作的规范性。

　　3. 有效管制：反自然垄断

　　前三章的核心就是对反自然垄断问题进行了深入讨论，对于自然垄断问题来说，关键在于在具体的行业结构之下实现政府的"有效管制"，所以这里的讨论就相对来说较为轻松。但是，由于产业的制度结构与法律体系的建构是相互嵌套的，所以对自然垄断的有效管制也是嵌套在一系列的法律体系之中，西方国家自来水行业以及电力产业的市场化管制结构的改革都是建立在"立法先行"的基础之上的。

　　要对"有效管制"体系建构法律支撑，主要包括两个方面的内容：首先，针对具体的行业属性选择相应的产业管制体系，在"国家—市场"界定中对市场和政府扮演的角色进行清晰的界定，以此为基础建构在具体的行业中对政府的行为进行规制的法律体系以及对市场中企业的行为进行规制的法律体系。其次，需要对政府与私营企业之间的复杂关系进行进一步确认，特别是在政府管制体系逐渐趋于市场化的过程中，政府与私人部门之间的"伙伴关系"往往成为主流，此时政府不仅扮演管制者的角色，还需要扮演契约主体的角色。在这样的条件下，有效的管制体系不仅需要对政府的契约角色和管制者角色的分离做出具体的规定和规范，还需要对政府与私人部门的契约关系进行界定，如是才能降低"与政府做交易"的风险，降低管制结构的制度成本。

二、能力建设、有效执法与"协商和解"

　　有效的法律体系不仅包括明晰的规则体系，还包括针对规则体系的有效执行体系。有效的执行体系的主要目的在于降低执法成本，正如丁启军和王会宗对我国管制效率的研究中所提到的，我国管制结构改革的关键不在于开放进入，而在于提高规制效率①，可见提高法律执行效率的重要性。我国学者对《反垄断法》的执行体的研究主要强调我国执行机制的独立性和权威性的重要性②，这对于执法能力的提升当然是有意义的，但是这种论断忽视了《反垄断法》执行过程中的动态性和复杂性。真正的、有效的反垄断执法体系建构以及低成本的《反垄断法》执行需要多样化的制度支撑，上述对行业协会降低《反垄断法》执行成本的讨论就是其中之一，另外一个有效的制度，即"协商和解"制度，同样具有重要的意义。所以，本书主要讨论《反垄断法》执行体系的"协商和解制度"的重要性。

　　"协商和解制度"逐渐成为西方国家《反垄断法》适用的主流方式，这是与《反垄断法》本身的缺陷有关的。首先，《反垄断法》本身具有不确定性。《反垄断法》的不确定性主要表现在两个方面。第一，《反垄断法》具有很强的原则性。《反垄断法》在整个经济法体系中有"经济宪法"的地位，正是这一地位也说明了它与《宪法》的原则性和不确定性类似，《反垄断法》也具有原则性和不确定性的色彩。上文对美国《反垄断法》理念的变迁的描述也说明了这个问题：有人认为《反垄断法》是为了保护小企业的利益，有人将其视为保护消费者利益的工具，有人将其视为保护市场竞争机制，而有人将其视为促进经济效率的工具③。第二，正是因为《反垄断法》的原则性和理念的不明确性，导致《反垄断法》概念、规则以及违法确认原则等都具有不确定性。《反垄断法》中的一系列关键概念如"垄断"、"滥用"、"合理规则"等的内涵是极度不确定的④。此时，企业的某些行为如企业的并购、纵向一体化等是否符合《反垄断法》的规定，以及是否具备始终统一的标准去判断这些行为合法性对于《反垄断法》的执行来说都是巨大的挑战。其次，除了《反垄断法》实体规则的确定非常困难，法律救济以及执法的成本也是一个挑战⑤。《反垄断法》的执行主要包括"本身违法"以及"合理规则"两个方面，但是在"本身违法"的案件中要证明企业是否有合谋以及是否具有反竞争的后果都是非常困难的；而对于以

---

① 丁启军、王会宗：《管制效率、反垄断法与行政垄断行业改革》，《财贸研究》2009 年第 4 期，第 7 - 8 页。

② 有关这一问题，本章将在接下来的两节进一步分析。

③⑤ ［美］理查德·A. 波斯纳：《反托拉斯法》，孙秋宁译，中国政法大学出版社 2003 年版，第 3 页。

④ 沈敏荣：《法律的不确定性——反垄断法规则分析》，法律出版社 2001 年版，第 273 页。

"合理规则"为基础的案件，执行《反垄断法》要求非常多样化的信息，包括大量的有关企业成本、消费者需求、实际价格、市场份额等信息。《反垄断法》的执行往往具有"对抗性执法"的特点，在"对抗性执法"的条件下，"只有通过成本极高的法律行为，才能查明企业成本和所发生的限价行为"①。而反垄断机构的资源往往有限，而对手往往是财大气粗的企业，最终往往是被告的企业以及反垄断机构都花费了极高的成本②，这种成本往往是社会成本。例如，1969 年美国司法部对 IBM 公司提起反垄断诉讼，最终司法部于 1982 年以撤诉告终，时间跨度长达 13 年。在 13 年内，花费了超过 2 亿美元的法律费用，起用了 950 名证人，经历了 726 个审判日，法庭展品高达 1700 个，最终的案卷有 104400 页，而这些成本最终都是一种纯粹的资源浪费③。并且，执行的过程也导致涉案企业的高成本支出，美国联邦法院对微软垄断的事实认定，导致微软日损失上千万美元④。

可见，反垄断机构与涉案公司的协商和解的方式解决法律纠纷，既可以不拘泥于《反垄断法》自身的模糊规定，降低《反垄断法》适用的困难。另外，对于反垄断机构以及涉案企业来说，协商和解也可以实现二者的"双赢"，节省诉讼费用。"协商和解制度"在不同的国家也逐渐具有了更为重要的地位。以美国为例，鉴于反垄断案的结果往往具有多样性，所以"最普通的结果是某种形式的和解，而不是司法审判……政府的案例经常是以同意判决或命令而结束"⑤。司法部反托拉斯司是美国反垄断执行机构的主体之一，但"大部分由司法部提起的反托拉斯民事诉讼是在和解中结案的，和解方案由法庭批准后称为同意判决"，和解可以在审判过程中的任何阶段进行，包括起诉之初、审判中以及审判之后。美国的反垄断机构，无论是司法部反托拉斯司还是联邦贸易委员会都主要依靠同意判决或命令机制解决反垄断行为，而不是司法诉讼和司法审判⑥。当然，同意判决也有可

---

① ［美］丹尼尔·F. 史普博：《管制与市场》，余晖等译，上海人民出版社 2008 年版，第 741 页。

② ［美］理查德·A. 波斯纳：《法律的经济分析》，蒋兆康译，中国大百科全书出版社 1997 年版，第 788 页。

③④ ［美］W. 吉帕·维斯库等：《反垄断与管制经济学》，陈甫军等译，机械工业出版社 2004 年版，第 159 – 160 页。

⑤ ［美］W. 吉帕·维斯库等：《反垄断与管制经济学》，陈甫军等译，机械工业出版社 2004 年版，第 40 页。

⑥ ［美］E. 吉尔霍恩、W. E. 科瓦西克：《反垄断法律与经济》（英文），中国人民大学出版社 2001 年版，第 450 页。

能给第三方带来损害，所以必须为同意判决建立更为详尽的程序。例如，美国在1974年颁布了《反垄断程序和处罚法》，对同意判决的法律程序进行了详细规定。

可见，随着全球的放松管制浪潮以及反垄断本身的不确定以及高成本，《反垄断法》执行体系的"协商和解制度"对于有效的执法体系具有重要的意义：其有效性既体现在灵活性方面，也体现在低成本方面。并且，"协商和解制度"也是契合我国的法律文化的①。所以，要实现我国反垄断法体系的有效执行，除了建构有效的执行机构之外，还需要建构灵活的执行规则，即"协商和解制度"的完善。当然，协商和解可能对第三方造成损害，这也需要进一步规范。总之，我国有关"协商和解制度"的建构十分缺乏，所以，要有效降低我国的执法成本，提高反垄断执法体系的灵活性和能力，进一步加强"协商和解制度"的建设非常重要。

第四节　我国《反垄断法》立法体系的不足

一个有效的反垄断法律体系需要处理好政府、市场、社会三者可能导致的垄断风险，需要对三者之间的关系实现约束；并且，一个有效的反垄断法律体系还需要一个有效的执行体系，二者结合才能保证反垄断法律体系的有效性。但是，我国反垄断法律体系在这些方面都有不足，具体体现在：第一，缺乏一个法律框架体系；第二，执行机构的不足；第三，法律责任规定的不足。

首先，我国《反垄断法》缺乏一个有效的反垄断法体系，这主要体现在两个方面：第一，我国的《反垄断法》缺乏一个适用于中国反垄断实践的反垄断理论框架，这一框架需要对垄断的界定、适用等原则进行清晰的界定，有利于在司法过程中贯彻，并成为法院判决的依据。正是缺乏这样的理论框架体系，使得我国的《反垄断法》在适用的过程中导致市场主体的猜测和犹豫，最终损害了《反垄断法》的能力，也导致经济效率的降低。

---

① 郑鹏程：《论现代反垄断法实施中的协商和解趋势——兼论行政垄断的规制方式》，《法学家》2004年第4期，第97页。

例如，对于市场垄断行为的界定，我国《反垄断法》在审查经营者的集中行为时，是利用功能替代的方法来界定市场的垄断性的，这就忽略了市场的地域垄断问题，并且，采用市场份额推断市场的垄断程度本身就是不合理的。① 第二，我国目前的反垄断法体系非常零散，不成体系且往往相互冲突。中国在《反垄断法》颁布之前就已经有许多行业法规，这些行业法规也对行业垄断问题进行了一系列的规定，很多行业法规已经规定了在这些行业之内垄断的合法性。于是，在行业法规与《反垄断法》之间出现的交叉重叠导致了法律适用的混乱，也导致了在《反垄断法》的执行过程中的职责混乱。同样，我国解决行政垄断问题的法律法规也是非常零散的，缺乏系统性的反行政垄断的法律体系，并且这些法律文件的效力层次比较低，缺乏反行政垄断的权威性，对行政垄断的法律责任认定也比较轻，没有有效的约束机制②。可见，我国的反垄断法体系建构需要对各法规之间冲突的和重复的地方实现清理，将《反垄断法》的效力层次置于整个反垄断法律体系的核心，同时，还需要在法律体系上实现反垄断法理论体系和法律体系的构建。

其次，有效的法律体系的另一个方面是有效的执行体系，但是我国的反垄断法律的执行体系也是有巨大缺陷的。我国缺乏一个有效的反垄断法律体系本身就说明了我国反垄断执法体系无法形成一个完整和统一的体系，最终导致我国出现执法机制内部的"管辖重叠、多头执法、相互牵制"，这也容易导致"权力滥用"的问题③。我国实施《反垄断法》的机构有两个：反垄断委员会和反垄断执法机构，二者构成了我国反垄断法执行的双层架构模式，反垄断委员会在指定基本的竞争政策的基础上对《反垄断法》的实施进行协调，而反垄断执法机构则负责具体的《反垄断法》的执行。《反垄断法》的执行主要包括三个机构：商务部、国家发展和改革委员会、国家工商行政管理总局，但三者分设下属机构承担反垄断的执法工作，最终三者都不会将反垄断作为政府机构的工作重心，并且三者之间往往产生冲突。一方面反垄断执法体系是分割而零散的，另一方面我国反垄断的执法机构的运作程序也是不合理的。目前，我国反垄断执法机构将反垄断调查、

① 张昕竹：《论垄断行业改革的理论基础》，《经济社会体制比较》2011 年第 3 期，第 71 - 72 页。
② 黄欣、周昀：《行政垄断与反垄断立法研究》，《中国法学》2001 年第 3 期，第 106 - 107 页。
③ 杨巍、王为农：《关于行政垄断及其法律管制》，《浙江社会科学》2002 年第 3 期，第 100 - 101 页。

审理以及最终的裁决三个过程集于一身，如是，反垄断执法机构在垄断问题上就拥有了唯一且至上的权力。没有对反垄断执行机构的权力制约，反垄断执行机构的寻租等问题本身就会成为反垄断执行体系的缺陷来源。所以，如何实现反垄断执法体系的统一性，以及如何实现反垄断执法过程中的权力分割是我国《反垄断法》执行体系需要进一步理清的问题。

除了我国有效的法律体系的缺陷以及执行机构的缺陷之外，我国对法律责任的规定也是有缺陷的，特别是对我国非常特殊的"行政垄断"的法律责任的规定非常缺乏。我国对许多行政垄断的法律责任进行了规定，但最多也就证明了我国法律体系的混乱。例如，《反不正当竞争法》第30条规定："政府及其所属部门违反……由上级机关责令改正，情节严重的，由……给予行政处分。"但是考虑到上级与下级之间的复杂关系，将法律责任的执行授予上级机关的做法往往形同虚设。同时，第51条还规定，如果《反垄断法》和其他约束行政机关的法律法规存在冲突则优先适用其他法律法规，这进一步降低了《反垄断法》在处理有关行政机关的法律责任时的有效性。《反垄断法》与《反不正当竞争法》一脉相承，在第51条有关"行政垄断"的法律责任的规定中，将行政垄断的矫正权划给了上级机关而不是反垄断的执法机构，可见，有关的法律责任仍然没有实质性的突破。

总之，我国的反垄断法律体系还有根本的缺陷，这既表现在我国《反垄断法》的理论体系、规则体系方面，也体现在我国《反垄断法》的执行机构以及法律责任方面。所以，进一步完善我国行业反垄断的法律体系，需要在法律体系上进一步清理和完善，在执行机构上加强独立性和能力，在法律责任上进一步加大惩罚的力度，使《反垄断法》的效力成为现实。

第五节　政府管制、反行政性行业垄断与法律体系：一些经验

一方面，我国的行业垄断往往以行政性为基础；另一方面，我国的反垄断法律体系不健全，最终导致我国的反垄断法律体系无法有效支撑《反垄断法》意欲实现公共利益的理念，没有办法支撑我国反行政性行业垄断的具体实践。其实，西方国家也面临着反行政性行业垄断的问题，并且西

方国家与中国类似，也需要在具有自然垄断性质的行业中引入市场化机制，所以西方国家的反行业垄断，特别是在市场化改革的过程中对"行政性行业垄断"的法律规制具有十分重大的意义。其中，美国是较为成熟的国家，而日本是与我国的政治制度背景最为相似的国家，所以本书以这两个国家为基础对西方国家有关行政性行业垄断的有效法律规制经验进行分析。

一、美国经验

虽然美国的市场经济已经非常完善，但是，美国的很多产业依然具有非常强的行政垄断性结构，并且这种结构已经有超过 100 多年的历史。1908年，美国联邦政府成立州际商业委员会对铁路的运输费率进行管制，随后，这种管制模式迅速扩展到其他的行业，包括电力行业、通信行业、民航业以及银行业等。这也与当时美国的整体市场结构的发展有关：技术进步导致生产日益集中、企业的规模逐渐扩大，最终形成的寡头垄断现象在很多产业中成为普遍现象，所以，政府的介入也有必然性[①]。在地方层次，1907～1913年，美国有 29 个州设立了自己的管制委员会，管制机构的功能逐渐设置完备。罗斯福新政是美国产业管制的高峰时期，为了对政府干预行业的行为进行规范，美国陆续颁布了一系列有关管制的法律和法规，这些法律和法规逐渐形成有关政府管制的法律体系，并保证了罗斯福新政之后数十年的经济发展。通过立法，市政府干预行业的权力扩大了，在公共利益和经济增长的需求下，罗斯福新政所缔造的管制法律制度通过对个体权利以及市场经济的对抗来保证政策目标的实现。按照丹尼尔·史普博的说法，罗斯福新政标志着美国进入"管制资本主义"时代的来临[②]。

但是，罗斯福新政时期的"管制资本主义"产业结构导致了两个十分重要的问题：被管制的产业的低效率以及管制机构自身的腐败，使得政府管制的合法性逐渐遭受质疑。到了 20 世纪五六十年代，放松管制的呼声逐渐出现，并最终促使美国政府开始进行放松管制的改革。美国政府管制改革的主要内容是"在政府与市场、社会之间建立伙伴关系"，强调将政府管

---

① 陈代云：《产业组织与公共政策：规制抑或放松规制》，《外国经济与管理》2000 年第 6 期，第 7 – 12 页。

② [美] 丹尼尔·F. 史普博：《管制与市场》，余晖等译，上海人民出版社 2008 年版，第 92 – 95 页。

制的行业逐渐推向市场和社会，让市场机制和社会机制促进管制性行业的经济效率，实现管制结构的优化。但是，美国的管制结构改革也是以一系列的法律体系建构为基础的，或者说，美国政府在放松管制的过程中不仅没有放松将权力撤出，相反，一系列的法律规范逐渐对在放松管制以及引入市场之后政府的责任、政府与市场之间的关系以及政府权力的运作方面都进行了强有力的规范，如表6-1所示。

表6-1　美国政府放松管制的法律支撑

年份	改革目的	法律法规依据
1969	改革美国电报公司的垄断局面	《微波通讯公司决议案》
1976	改革对铁路费率的管制	《铁路振兴与管制改革法》
1977	放松对航空运输业的管制	《航空运输放松管制法》
1978	调整电力输配和并网连接的管辖权，并调整费率	《公用事业管制改革政策法》
1978	放松了市场进入管制和费率管制	《航空放松管制法》
1980	放松地面运输的管制	《机动运输法》，《家用货物运输法》
1982	放松城市公共交通行业的管制	《公共汽车运输改革法》
1984	解除对有线电视的管制	《电信电缆法》
1995	全面放开电信市场	《联邦竞争与解除管制法》
1996	进一步开放通信网络	《联邦通讯法》

资料来源：丹尼尔·F. 史普博：《管制与市场》，上海人民出版社1999年版。

　　总的来看，经过100多年的政府管制历史，美国政府对经济的干预已经深入到经济生活的各个方面，并且，不受有效管制的市场是不可能有效运作的，所以，美国政府管制的改革并不是以管制的去除为目的，而是以管制的边界以及管制的效率为基础的。美国的经验说明，要实现管制体系的有效改革，一方面，法律体系需要确保市场本身的有效运转，同时，应该对政府在什么行业以什么样的方式管制，以及管制的程度进行严格的法律规范[①]。同时，美国的管制改革进一步说明了，政府管制从来都不是新现象，产生的问题也不是新问题。问题的关键在于，政府管制的改革必须与

[①] 王俊华：《美国政府放松经济管制的趋势》，《中国青年政治学院学报》2002年第3期，第97-102页。

具体的制度环境相适应，包括经济环境、历史、社会政治等因素，其中最重要的就是法律体系的适应性。只有在有效的法律体系的支撑下，才能真正有效地实现管制体系的变革。当然，这种改革也是一个循序渐进的过程，对于建构中国的反行政性行业垄断的产业结构的法律体系也需要在我国具体的经济社会背景下循序渐进地进行。

二、日本经验

美国是在成熟的市场经济体系中实现政府管制法律体系的变革的，而日本却是在一个具有极强的国家控制色彩的经济政治体系下完成管制体系重建的，有关日本如何构建管制重构的法律体系的经验对于中国来说具有更为重要的启示意义。日本的市场经济体制是从封建性、军事性以及垄断性的经济结构中产生的。所以，日本的市场经济运作一直都是在政府的强力操纵下进行的。万峰对日本经济史的研究对其产生之初的经济运行结构进行了这样的描述："日本在近代资本主义形成过程中，不仅国家一开始就集中地垄断资本力量，而且在国家扶植财阀和集中社会上分散资金的过程中，也鼓励了私人资本的集中与垄断局面的形成。这是后进国家创立近代资本主义的一个历史特点。"[1] 到 20 世纪 30 年代，由于战争的原因，日本政府进一步实行了具有极强的军国主义色彩的经济体制。在这种体制下，日本的经济支柱——财阀集团成为了日本军国主义的先锋，而私人企业则直接受国家的监督和控制。为了取得战争的胜利，日本政府对全国资源，包括物资、资金、物价、劳动等进行了广泛而无限制的制约，建立了战争动员的举国体制[2]。在这样的条件下，经济活动完全受政府的管制，同样，市场机制的有效运作也就无从谈起。

这样的经济体制和市场结构也影响了日本第二次世界大战后重建时期的政府管制体系。首先，日本政府以"经济发展"为中心，以"赶超型工业化"为目标，开始对"二战"时的统治型经济体制实行改革。但是，这样的改革并不是以"市场"为目的，而是以产业保护为目的。为了实现产业保护，日本政府在功能上替代市场机制，对某些行业的市场准入、价格、

---

[1] 万峰：《日本资本主义史研究》，湖南人民出版社 1984 年版，第 172–173 页。
[2] 刘昌黎：《现代日本经济概论》，东北财经大学出版社 2002 年版，第 230 页。

数量等进行了全方位的、微观的直接管制,最终形成了以"行政指导"为特点的市场结构体系。这种产业结构管制体系是以政府对行业的事无巨细的干预为特点的,甚至货币兑换商的营业地址的变换也需要政府的审批。对于不同的产业,政府管制的程度也有一定的差异,但是总体来看,政府管制的程度是相当高的:根据增岛俊之的研究,矿业、金融保险业、电力煤气自来水等公共服务产业,政府的管制比重是100%;而受政府管制的产业的金额占全部产业附加价值的42.13%[1]。这种强干预的体系在日本发展的初期还是起到了积极作用的,正如植草益所言:"如果不采取一些措施来纠正公共性物品、外部性、自然垄断、不完全竞争、信息不对称和风险性等市场的失灵问题,那么,市场机制非但其自身无法有效地发挥职能,而且会给整体经济带来严重后果。"[2]

20世纪80年代,日本的经济结构已经发生了重大的变化,"统治型"管制以及"保护型"行政逐渐不合时宜,这种管制体系已经对日本的经济活力产生了重大的制约。随着20世纪70年代的放松管制和民营化浪潮的出现,政府对行业的强干预政策的合法性也逐渐受到侵蚀,因此,日本政府逐渐开始"原则上实行自由化,而仅把规制作为一种例外"的产业管制体系改革[3]。日本的管制体系改革是以对政府行政权力的下放开始的,1977年,日本政府颁布"许可、批准等整顿的合理化建议",逐渐改革了1240项审批事项,这些审批事项或者被取消、或者被转移、或者简化审批的手续;1988年,日本政府颁布了"放宽限制的推进纲要",进一步对政府的管制事项予以废除,意图降低政府对微观经济领域的干预,进一步强化市场机制的力量[4];1990年之后,日本的政府管制体系的改革进一步加快,并进入了实质性阶段。其中,日本政府的放松管制改革涉及许多行业:首先是对电信行业和金融行业的管制改革,随后将改革的领域扩展到广播、运输以及公用事业等领域,最终形成的模式被称为"战略性加强"模式[5]。这种

① [日] 增岛俊之:《日本的行政改革》,熊达云等译,天津社会科学院出版社1998年版,第241页。

② 李煜兴:《日本行政规制改革的全景透析及其启示》,《现代日本经济》2006年第1期,第60 – 64页。

③ 徐梅:《试论日本电信业放松规制及其启示》,《日本学刊》2000年第3期,第78 – 93页。

④ 赵守日:《美日等国的放松管制运动及其对深圳审批制度改革的启示》,《经济体制改革》1998年第5期,第125 – 129页。

⑤ 肖兴志:《日本规制改革模式的形成逻辑》,《外国经济与管理》2000年第9期,第34 – 38页。

战略性加强的模式具有自身的特点，其不是以自由化和市场化为终极目的，相反，私有化和市场化本身是保证国内企业的生存与繁荣，保证某些行业进一步发展的工具，所以，政府不仅没有推出对行业的干预，相反，日本政府利用了更为多样化的工具组合以实现政府管制的终极目标①。

总之，日本的管制体系重建不是以市场化为基础的，而是以政府的有效管制为基础的，其对某些产业的放松管制并不是目的，而是实现产业发展和繁荣的手段。放松管制和市场化进一步对日本政府的管制能力提出了挑战，但是通过在政府与市场间构建多样化的政策工具，最终日本政府实现了产业管制结构的重构。这说明，我国政府管制体系的改革也必须以政府管制的有效性为基础，在有效改革的基础上，建构能够支撑政府有效改革的法律框架，对政府的"公共性"进行深入的规制。

第六节　我国反垄断法体系建构：一些展望

我们已经对在反行业垄断，特别是在我国具有一定程度的特殊性的反行政性行业垄断的过程中，对反垄断法律体系应该具备的角色进行了深入的分析。首先，反垄断的法律体系的根本作用在于建构一系列的激励和约束体系，实现对产业结构以及产业管制体系中的不同主体的约束；其次，反垄断的法律体系的根本理念在于实现公共利益，要实现公共利益，反垄断的法律体系必须扮演好三个角色：产权明晰化、规则明晰化以及权力关系明晰化。进一步，以这三个角色为基础，我国的反垄断法律体系必须对三个领域实现规制：行政性行业垄断中存在的权力滥用问题、市场性行业垄断中存在的自然垄断问题以及行业协会垄断中存在的滥用市场支配地位问题，三个领域的法律规制结构最终构建了我国反行业垄断的法律体系。但是，从西方国家管制改革过程与反垄断法律结构在其中扮演的角色的经验，以及从上文推导出的有效反行业垄断的法律体系来看，我国反垄断的法律体系还存在非常大的缺陷：体系不健全、执行机构不完善以及法律责任不明晰。所以，我国反垄断法律体系的建构需要从三个方面着手：建构

---

① 林仲豪：《日本行政垄断规制改革及启示》，《经济问题》2007年第12期，第55页。

反垄断法体系、建构有效的《反垄断法》执行机制以及建立责任制度。

建构反垄断法体系主要包括两个方面：建构反垄断的权力体系以及建构反垄断的具体法律法规体系。建立反垄断的权力体系主要是指政治经济体制改革的推进，特别是在行政权力的规范化方面，建构有效的权力制约体系以及司法审查制度，建构有效的行政法以及行政诉讼法律体系，实现行政权力运作的合法化，这是行业反垄断的第一步①。而具体的反垄断法律体系主要是指，我国的行业垄断包括非常复杂的内容，如在经济垄断、自然垄断以及行政性垄断等的条件下，需要对不同的垄断形态采取不同的法律规制手段②，构建出体系性的行业反垄断法律，以此为基础规范政府、企业以及行业协会等不同主体的运作以及各个主体之间的相互关系。

上文已经对我国的反垄断法律体系的执行机制进行了分析，显然，我国反垄断执行机构的独立性以及反垄断的能力等都因为机构本身的设置不合理表现出不足的状态。于左通过对泰国反行政垄断的经验研究发现，反垄断执法权力的配置对于反垄断执法的效率具有重要的意义。只有实现反垄断执法机构的独立性和权威性，利用《反垄断法》实现反行政垄断才是可能的③。我国的反垄断执法体制的多样性、独立性的缺乏以及相互推诿等问题要求在《反垄断法》执行体系的建构中，必须建立独立的《反垄断法》执行机构，并且加强《反垄断法》执行机构的独立性，实现《反垄断法》执行机构的专业化和权威性。

上文已经分析，反垄断法律体系的关键就在于建构一个"激励兼容"的体系，可以实现公共利益与私人利益的共存，而鉴于行业垄断（特别是行政性行业垄断）的危害性，加大法律责任的配置是保证政府或者私人企业不因私人、企业或部门利益最终牺牲公共利益的基础。我国当下对于政府以及企业等在垄断行为中的法律责任配置根本无法实现《反垄断法》应有的威慑性，且行政性垄断行为的法律责任配置根本就没有实现。所以，要在根本上实现我国反垄断法律体系的改进，加大对政府以及企业的垄断行为的法律责任配置也是非常关键的。

当然，反垄断立法本身不是目的，使法律有效才是最重要的。使法律

---

① 鸣胜：《反行政垄断的法律思考》，《学海》2002 年第 4 期，第 78－82 页。

② 郑鹏程：《论对我国自然垄断行业的法律调整》，《中国软科学》2001 年第 8 期，第 10－12 页。

③ 于左：《反垄断执法权力配置与行政垄断规制困境——泰国两则反垄断案例的启示》，《财经问题研究》2005 年第 5 期，第 31 页。

有效主要包括两个层面的含义：一方面，使反垄断法律体系在根本上具有实现公共利益的功能，这就要求我国的反垄断法律体系理念的清晰性、理论体系的完备性以及逻辑体系的严谨性；另一方面，使法律有效也是指可以低成本地执行法律。上文讨论的执法机构改革是一部分，另外一个可以降低执法成本、提高法律适用效率的是多种法律适用制度的建构，例如，进一步发挥行业协会的功能，进一步建立灵活的、多样化的法律执行制度，如协商和解制度，都是我国反垄断法体系建构的关键要素。

第七章 行业反垄断过程中的公共行政改革

我国的行业垄断体系的改革在根本上是我国行政管理体制以及经济治理体系的改革，我国经济治理体系的改革的关键就在于市场化改革的进一步推进和完善。随着我国市场化改革的推进，一般的可以完全参与竞争的行业已经基本上实现了完全的市场竞争，但是我国的许多具有自然垄断性质的行业依然处于行政性垄断之下，由于其自身的复杂性以及我国政府机构利益的捆绑性，导致我国行业的自然垄断与行业的行政垄断，以及整个政府行政管理体制交织在一起。这种以政府机构和企业相捆绑的产业结构是由我国经济体制改革和政府体制改革之间的脱钩导致的。随着我国市场化改革的推进以及我国几次大的政府管理体制的改革，我国自然垄断行业的产业结构逐渐实现了去行政化。但总的来看，我国行业垄断的行政性依然是制约我国自然垄断行业进一步完成管制重构，以及实现有效管制的障碍。所以，从根本上来说，要实现我国自然垄断行业的管制改革，就要实现我国行政管理体制的改革；要重建我国自然垄断行业的产业管制体系，就需要重构我国行政管理制度体系。所以，作为结论，本章将前文所讨论的有关制度结构（法律体系）、有效管制（治理结构）以及激励兼容等问题纳入一个统一的框架中，并且以此为基础对我国的行政管理体制改革进行深入分析，实现我国行政管理体制的重构，从而在根本上实现我国行业垄断管制的系统化构建。

第一节 综合分析模型：分析的基础

在对我国的行政管理体制改革进行深入讨论之前，我们需要给出本书分析的基础。首先，坚持"方法论的个人主义"，认为个人的行为选择以及对行为选择的制约和约束是任何制度建构的基础，所以我们需要对人的属性进行深入讨论。其次，全书讨论的核心都是有关政府怎样利用有效的政府工具实现有效管制，或者说利用有效的制度工具实现行业的有效治理，所以我们需要对治理结构进行深入分析。最后，无论是产业的治理结构还是人的选择都是由一系列的制度结构制约的，所以还需要对制度结构和属性进行分析。这三个层次构成了本书分析我国行政管理体系改革的综合框架。

一、认识人

所有的制度都是由人的选择构成的，所以任何对制度的讨论都是以对人的属性的讨论为基础的，改革行政管理体制涉及非常复杂和多样化的关系，所以，对行政管理体系中人的属性的探讨是讨论整个框架的基础。人的属性主要关注两个问题：一是人的动机，也就是激励机制的驱动因素；二是人的有限理性问题。任何制度模式都涉及人，激励都是针对人的，所有的制度变迁和制度激励都是由人来选择的。所以，首先要对人的特性进行分析，特别是对于决定制度选择的行政人员进行分析将是必要的。最重要的是，需要确认人的行为是有目的的，人类的行为的目的就是利益，不论这种利益来自于哪里。"利益驱使人们行为，但是社会要素决定这些行为所采取的方式和方向。利益可以是物质的也可以是精神的（即宗教利益、政治利益等）。利益是个人存在的社会的一部分，当个人试图实现自己的利益时，他必须重视考虑其他成员。因此，所有利益都是社会的。"[1]

虽然人是利益驱动的，但是具体是什么利益在对人进行驱动，则非常复杂，特别是对于行政官员的激励。而历来对于行政官员的激励因素的争论都非常多。在传统的公共选择理论家看来，特别是尼斯坎南，认为预算最大化是官僚行为的真正动机[2]。但是，许多复杂的因素决定了官员的激励和动机。但葛德塞尔认为这种观点应该废弃，他认为，真正激励官员的是官

---

① ［瑞典］理查德·斯威德伯格：《经济社会学原理》，周长城等译，中国人民大学出版社 2005 年版，第 26 页。

② ［美］威廉姆·A. 尼斯坎南：《官僚制与公共经济学》，王浦劬译，中国青年出版社 2004 年版，第 273 页。

员的公共服务理念①。当然也有诸多的学者强调激励因素的复杂性，威尔逊承认政府机构的管理者对金钱报酬的控制比他们的企业同行要小得多，更加关注使用非物质的报酬。在他看来，非物质报酬有两种——责任感和目的，来源于个体的认同和个人权力地位，以及来自被其成员或社会普遍高度重视的组织（或组织内部的一个小团体）的连带利益。目的、地位和机构认同是使命感形成的要素。更多的人认为，官僚化官员一般都有一系列的复杂目标，包括权力、收入、声望、安全、个人舒适，对于理念、机构或者国家忠诚，卓越工作的骄傲感，服务公共利益的渴望②……同时，撇开那些具体目标，即使纯粹地以官方身份行动，每一个官员还是拥有追求自身利益的强烈动机③。本书延续复杂性的官员行为假设，认为对于官员来说利益结构和激励结构是复杂的。所以，对于政治组织中的人来说，激励因素可能与其他位置的人相异。在对具体的情境中的人进行分析时，须注意其所处的社会状态，这对于人的激励来说是重要的。

一方面是利益的激励因素，另一方面是人的有限理性。理性的有限性来源于大脑的特点：大脑有两个特点决定人们决策与行为的范围。一个特点是有限的信息处理能力。人类行为富于目的性，但是这种目的性具有一定的限度。通常人们的行为不是理性的或任意的。他们的行为过程具有理性，并利用各种推理能力，但需要了解的是，从样样考虑俱全的角度来说，他们实质上是不可能理性的。另一个特点是大脑的各个模块，即大脑的不同组织部分具有独立影响人类行为的能力。也就是说，大脑并不具一个整体，且不一定是内部一致的④。

描述人的头脑如何工作的关键包括：有限理性、无意识强化、多重自我、情感、社会地位追求、他人的关心、关心他人、想象力或创造力、直觉、暗示与拟合、感性约束，采用启发式的方法与技能，学习不断演化的综合适应系统。有限理性和大脑其他倾向的基本含义意味着世界处于脆弱

① ［美］查尔斯·T. 葛德塞尔：《为官僚制正名——一场公共行政的辩论》（第四版），复旦大学出版社 2007 年版，第 6 页。

② ［美］詹姆斯·威尔逊：《官僚机构——政府机构的作为及其原因》，孙艳译，北京三联书店 2006 年版，第 35 页。

③ ［美］安东尼·唐斯：《官僚制内幕》，郭小聪等译，中国人民大学出版社 2006 年版，第 23 页。

④ ［美］阿兰·斯密德：《制度与行为经济学》，刘璨、吴水荣译，中国人民大学出版社 2004 年版，第 39 页。

的均衡状态或非均衡状态，市场必定不完善及竞争不可能产生预期结果。有序选择、有智力账户、经验法则等与大脑有限制信息处理能力是一致的。约束选择的法律、习惯与大脑是一致的。可选择的制度与制度变迁影响的分析必须建立在行为科学的严格基础之上①。

人的有限理性和激励因素都已经清楚了，在确定了人的理性的情况下，接下来的任务就是在有限理性的情况下对制度变迁的逻辑进行梳理。正如何高潮在总结理性选择的制度变迁的逻辑时提到的，生活的复杂性并不在于非理性的原因到非理性的结果，而在于往往是理性的原因导致了非理性的结果……同时，也使人们从新的角度去解释组织、经验、制度、习俗、奖惩、时间、暗示到相互了解程度、行为规范和意识形态等因素是如何影响人们的行为选择②。总之，人是利益驱动的，但是利益驱动的因素是非常复杂的，影响个人行为选择的激励因素是多样化的，这就决定了人的属性本身具有复杂性，任何单一的动机假设都是有缺陷的。

二、认识治理结构

在本书第三章，我们对威廉姆森以及查尔斯·沃尔夫有关管制还是市场制度选择的理论进行了深入的讨论，威廉姆森通过这样的交易属性、交易成本以及分立制度结构分析，讨论了不同的组织模式的存在以及不同制度层次的存在。原有的认为私有制经济就是一个有顶和底的结构，《民法》及其仲裁规则形成顶，竞争性的个体则在底部进行谈判并达成交易合同，而在顶和底之间不存在任何东西，这种看法是不对的。相反，在制度外壳（《宪法》条文）和经济体"底部"之间存在着大量的私人或公共组织，这些组织是人们依赖私人或集体行动及相应的制度规则建立和拓展起来的。而查尔斯·沃尔夫则证明了，在政府管制和市场之间，问题的关键不在于"最好的"制度选择，而在于最合适的制度选择，最合适的制度选择就在于能够以最低成本实现行业的有效治理的制度。

以此为基础，我们可以得到更多的结论，因为不同的制度模式虽然有

① Eirik G. Furubotn and Rudolf Richter, *Institutions and Economic Theory: The Contribution of the New Institutional Economics*, Detroit: University of Michigan Press, 1996: 382.
② 何高潮：《政治现象与政治学研究：一个理性选择理论的看法》，载郑宇硕、罗全义：《政治学新论——西方理论与中华经验》，香港中文大学出版社1997年版，第381页。

差别，但是组织逻辑是相似的。实质上，市场上买卖双方或企业员工之间的日常交易都是在一个特定的组织结构下进行的，这样一个结构是从底层发育而来的。人际关系在其中扮演了重要的角色。换句话说，市场或企业是一个或多或少的关系合约网络，人们以自己或别人的名义在这个网络中活动着。这个网络就是社会建筑，除了规则以外，还涉及人们形成相互关系的"投资"。例如，组织文化（或互信）的强化就是这样一些投资的重要目标。关系性合约也可以运用到一个经济的所有关系中去，既可以用于制度外壳本身也可以运用于"高高在上"的制度的"顶"。意识到这一点是十分重要的。一般地说，由不同期限和灵活性的关系性合约所组成的系统，它们相互支持并共同支撑着（正式或非正式的）经济制度这个外壳。这个系统是靠习俗联系在一起的。实际上，整个政治经济生活就是一个多边关系合约系统，这个系统中交易无处不在①。这样的分析可以将不同的制度安排，无论是正式的还是非正式的、关系性的还是契约型的、宪政的还是底层的，都可以进行分立的组织结构和合约分析。这就是交易成本经济学对于制度安排研究逻辑。

而问题的关键就在于不同的制度成本问题。布坎南和塔洛克认为，任何社会政治和社会组织的目标都是在节省一些成本，外部成本加决策成本的最小化是社会组织或政治组织的合适目标。我们打算把外部成本与决策成本之和称为社会相互依赖成本，或者称作相互依赖成本，同时请记住，其量值仅仅是从个人的角度来考虑的。理性的个人在考虑要造成制度性或《宪法》变迁时，应当努力把这种相互依赖成本减到最低②。所以，对于制度变迁的底层分析方法来说，问题的关键就在于讨论不同的治理序列会带来不同的局限，而这些局限构成了相应的制度成本。人们选择不同的治理机制的任务就是确认最小的、不同性质的成本组合，从而获得成本最小化的制度模式。这样，预期、计划和制度是相关的。制度是对不确定性的反映，它们节约了稀缺的认知资源。即使过去的知识能够告知未来，我们的

---

① Eirik G. Furubotn and Rudolf Richter, *Institutions and Economic Theory: The Contribution of the New Institutional Economics*, Detroit: University of Michigan Press, 1996: 371.

② ［美］詹姆斯·布坎南、戈登·塔洛克：《同意的计算》，陈光金译，中国社会科学出版社2000年版，第28页。

有限信息处理能力认为忽略某些信息可能是合理的①。

所以，对于公共行政体系的改革，我们需要了解政府管制工具以及由此导致的产业治理结构的多样性。制度安排不仅包括政府以官僚制度为基础对某些行业进行强管制，也不是以市场为基础对某些行业进行市场化，而是在政府与市场之间、政府与社会组织之间，以及市场与社会组织之间构建复杂的制度结构和规则体系，实现产业的有效管制。以此为基础，考虑每一种治理结构可能存在的成本，选择最小制度成本的治理结构实现行业治理。

三、认识制度结构

对于人以及政府管制的制度结构我们已经讨论了很多，我们也讨论了制度结构，即非法律体系的重要性，但是我们还没有从逻辑上对制度结构的重要性进行深入讨论。承袭上文的内容，利用交易成本的框架，威廉姆森验证了合约的复杂性以及组织安排的多样性，在一个"顶"和"底"之间，确实存在多样的、混杂的安排。但是，这样的分析在后来的进展中面临一个挑战：制度环境以及意识形态在整个制度变迁中扮演的角色。这个问题与诺思和格兰诺维特的研究高度相关。

这个问题威廉姆森并非没有注意到。威廉姆森认为，制度安排本身是分层的，低层次的制度安排嵌入到高层次的制度安排中。这种嵌入型层次影响如下三个较低的层次：制度环境、治理、资源分配和雇佣。最终，嵌入性观点将被整合进新制度经济学中②。在《新制度经济学：评估、展望》中他写道："顶层是社会嵌入性层次。这是规范、习惯、传统等存在的地方……诺思提出疑问，'非正式约束的什么性质使得它对经济的长期特征有如此普遍的影响？'③ 对于那个复杂的问题，诺思没有答案，我也没有。"④

---

① Eirik G. Furubotn and Rudolf Richter, *Institutions and Economic Theory: The Contribution of the New Institutional Economics*, Detroit: University of Michigan Press, 1996: 261.

② Oliver E. Williamson, "Transaction Cost Economics and Organizational Theory", In Neil J. Smelser and Richard Swedberg, ed., *The Handbook of Economic Sociology*, New York: Russell Sage Foundations, 1994: 587.

③ Douglass C. North, "Institutions", *Journal of Economic Perspectives*, 1991, 5: 97 – 112.

④ Oliver E. Williamson, "The New Institutional Economics: Taking Stock, Looking Ahead", *Journal of Economic Literature*, 2000, 38: 595 – 613.

"制度环境与治理机制间的差别之一是，前者主要是限定（亦可被视为约束）后者的环境。当把注意力集中于治理制度时，我大体上把制度环境视为给定的。差别之二是，两者的分析层次非常不同，治理制度在个别交易的层次上运作，而制度环境则更多地与活动的各种不同层次相关……差别之三是，就目的而言，两者作用的发挥也是不同的①。"

　　威廉姆森提出的问题，就是诺思和格兰诺维特想认真解决的问题。诺思认为，一个制度结构是高于组织——也就是治理机制的，是制度结构决定了产权结构，继而决定了制度组织的空间。所以，在诺思看来，制度和组织是不同的，制度决定了组织的激励结构，进而决定了可以选择的治理机制②。在经济社会学领域，有关制度背景的作用机制在卡尔·波兰尼时就被提出了。卡尔·波兰尼认为，近期历史和人类学的研究的突出发现是，原则上，人类经济是浸没在他们的社会关系之中的。他们的行为动机并不在于维护占有的物质和个人利益；而在于维护他们的社会地位、社会权利、社会资产③。这个观点启发了后来的经济社会学学者，特别是格兰诺维特。格兰诺维特认为，经济关系本身是嵌入到具体的社会背景之中的，他的观点强调，具体的关系以及关系结构（或称"网络"）能产生信任，防止欺诈。每个人都喜欢与信誉良好的人打交道，这说明大家还是并不满意于普遍道德以及制度设计的防弊功能④。制度环境虽然被提上了理论日程，但是其怎样扮演角色，具有怎样的机制还不是很清晰。

　　诺思认为，制度环境是一系列用来建立生产、交换与分配基础的基本的政治、社会和法律基础规则。支配选举、产权和合约权利的规则就是构成经济环境的基本规则类型的例子⑤。制度框架主要由三部分组成：①政治结构，它界定了人们建立和加总政治选择的方式；②产权结构，它确立了

---

① Oliver E. Williamson, *The Mechanism of Governance*, Oxford：Oxford University Press, 1996：354.

② ［美］道格拉斯·C. 诺思：《制度、制度变迁与经济绩效》，杭行译，上海人民出版社 2008 年版，第 152 页。

③ ［英］卡尔·波兰尼：《大转型：我们时代的政治与经济起源》，刘阳、冯钢译，浙江人民出版社 2007 年版，第 286 页。

④ Mark Granovetter, "Economic Action and Social Structure：The Problem of Embeddedness", *American Journal of Sociology*, 1985, 91：483-510.

⑤ ［美］戴维斯、诺思：《制度变迁的理论：概念与原因》，载科斯、阿尔钦、诺思：《财产权利与制度变迁——产权学派与新制度学派论文集》，上海人民出版社 1994 年版，第 382 页。

正式的经济激励；③社会结构，它确定了经济中的非正式激励①。以法律规则为例，法律之所以重要，是因为不管什么时候，现存法律（普通法和成文法）限制着制度安排的演化范围。尽管法是可以变化的，但至少在短期里，它制约了安排的选择。正如《谢尔曼反托拉斯法》，当其颁布之时，要创新一个从政府那里获得强制力量的类似卡特尔的安排，尽管不是不可能，但是相当困难的。其他事情也是如此。因此人们可以预见，当这样的类卡特尔安排真的出现时，它们不是基于法律上某些特殊漏洞，就是一种没有法律强制效力的超法律的自愿安排。所以，美国洲际商业委员会能像卡特尔那样行动，是因为一般法中法定除外这一条例提供的方便，而黑手党在非法药品工业中组织成卡特尔，是因为它们的强制力量是非法的。同样，由于某些安排创新是建立在已经存在的制度安排上，那么，这些"基本"的安排存在与否将影响到"第二层次"的安排。例如，在商业银行存在的时期内，商业票据市场代表了使地区间短期资本市场套汇产生的另一种安排形式。由于在票据市场上，商业银行既是买者也是卖者，如果没有这一银行，它将迫使套汇安排改变形式。

一方面，制度环境作为一个非常真实的约束，其作用机制就在于改变底层制度安排可以选择的制度空间，进一步改变激励结构。虽然，在制度环境的约束下也可以存在一些非法的、政治环境不认可的组织模式，但是，这种模式存在的成本是非常高昂的。制度环境起作用的第一个机制被表述了。同样的表述，原先的法律和其他安排结构的存在，不仅影响了安排革新的形态，而且还影响了安排创新需要酝酿的时间。人们可以预料，如果法律必须改变，或在一项新的革新之前已形成的原有安排仍能被采纳，那么，酝酿一种新安排的时间必定会延长。这就会形成一种制度安排的路径依赖。由于新制度安排的成本非常高，而且原有制度安排本身就已经改变了现下制度安排的激励结构，所以，制度安排的路径依赖也会产生。"路径依赖"的存在也说明了，制度环境所提供的制度安排对制度空间，进而对制度选择的决定性作用。

另一方面，制度环境起作用的方式是改变相应的成本结构，进而改变制度选择的约束条件和激励机制，进而限制或者鼓励新的制度安排。正如

①　[美] 道格拉斯·C. 诺思：《制度、制度变迁与经济绩效》，杭行译，上海人民出版社 2008 年版，第 142 页。

诺思对于合法性的重要性的认识一样，"简单地说，约束行为的度量费用是如此高昂，以至于如果缺乏约束个人利益最大化的意识形态的说服工作，经济组织的活力也就要受到威胁。对于合法性的投资作为一种经济组织费用，与前面几节所述的度量与实施费用同样重要。确实，如上所述，实施的一个重要问题就是明确的契约关系的合法性"①。同时，要降低交易成本，必须在实践中学习更多的组织知识和制度知识，对知识进行专业整合。而"以低交易成本对专业知识进行整合，要求不仅仅是一个有效的价格体系。在必须对外部性、信息不对称和搭便车问题进行克服的场合，制度和组织是补充价格体系所必需的。现代社会日益分散的知识需要一个复杂的制度和组织结构来整合和利用这些知识……知识的增长依赖于互补的制度，这些互补的制度促进和鼓励知识的增长，知识不会自动发展"②。由制度背景所存在的、多样性的、替代性的制度模式可以决定不同的制度模式和制度知识怎样改变相应的交易成本，从而影响制度变迁的形式。

制度背景不仅可以改变相应的成本结构，甚至还可以改变相应的偏好。这种偏好的被改变最终会以文化模板的方式，改变整个的激励结构，最终影响制度变迁的方式。在弗雷格斯坦看来，制度背景的作用就在于"政策势力范围的最初形成以及由其所创建的影响到产权、治理结构和交易规则的那些规则，引导着各个市场的发展，因为它们所产生的文化模板决定了一个特定的社会中市场的组织方式"③。

总之，纯粹的理性选择模型不能够完全理解制度变迁的逻辑，因为制度背景提供的制度约束和激励结构对于制度变迁的选择同样深远。制度就像一个过滤器，它决定了决策者所能得到的机会。难以获得的机会被附加了"制度税"，这种税在某些情况下这类机会不可能得到。这样一个社会所面对的机会部分由它的制度所决定，这是制度最重要的作用。制度的变化能产生新的机会组合④。对于行政管理体制来说也是如此，正如费勒尔·海

---

① ［美］道格拉斯·C.诺思：《历史中经济组织的分析框架》，载盛洪：《现代制度经济学》（第2版·上卷），中国发展出版社2009年版，第48页。

② ［美］道格拉斯·C.诺思：《理解经济变迁过程》，钟正生等译，中国人民大学出版社2008年版，第193页。

③ ［美］尼尔·弗雷格斯坦：《市场的结构——21世纪资本主义社会的经济社会学》，甄志宏译，上海人民出版社2008年版，第167页。

④ ［美］哈罗德·德姆塞茨：《经济发展的主次因素》，载梅纳尔：《制度、契约与组织——从新制度经济学的透视》，经济科学出版社2003年版，第138页。

迪在《比较公共行政》中所强调，行政本身就是政治制度的一部分，要对公共行政制度进行分析，必须考虑一些核心内容，这些核心内容包括：指导大规模政府行政的制度安排，组织行政活动的制度模式以及行政环境或行政生态——行政系统与政治系统之间的关联，一般而言，前者是后者的一部分且都与社会相联系①。所以，要理解决定公共行政管理体制变革的条件，同样需要对其制度结构条件进行深入的分析。

四、理解嵌入性：行政管理体制改革的基本框架

以此为基础，我们可以构建公共行政管理理系改革的理论框架，如图 7 – 1 所示。改革行政管理体系首先是构建人的约束和激励机制，并且任何制

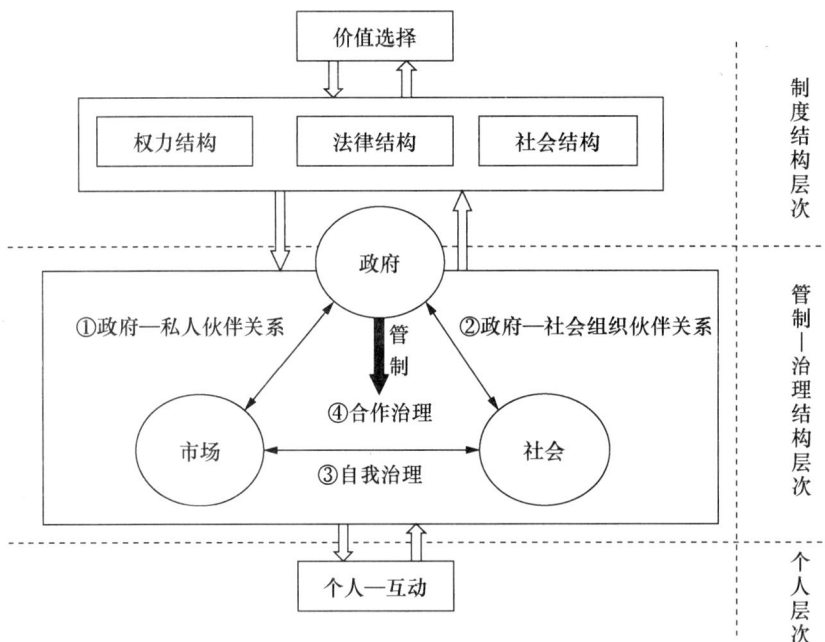

图 7 – 1　行政管理体制改革：综合治理模型

---

① ［美］费勒尔·海迪：《比较公共行政》（第 6 版），刘俊生译，中国人民大学出版社 2006 年版，第 230 页。

度变革都是人选择的，所以位于底层的人受到来自于制度结构和治理结构的双重约束，但同时，人以及人与人之间的互动往往决定了个人的选择，并且所有的制度改革也是以人的选择为基础的。其次，行政管理体系的中间层次是治理制度选择的问题，对于行业管制来说就是管制工具以及产业治理结构的选择问题，制度安排是多样的，但是其既是人以制度成本为基础的选择的结果，也是由制度结构制约的。最后，治理制度层次以及管制结构层次都是嵌入到整体的制度结构中的，制度结构包括三个方面：权力结构、法律结构以及社会结构。但是，除了这三个层次，最高一层其实不是制度选择问题，而是价值选择问题，所以最高的层次是公共行政的价值选择，而且公共行政价值的选择对所有层次的制度选择都有约束力。并且，每一个层次之间都是相互嵌套的。价值选择与制度结构相互嵌套，制度结构与治理结构相互嵌套，治理结构与个人之间相互嵌套。

　　这一框架也与许多学者对我国行政性行业垄断问题的研究具有一致性。例如，王俊豪认为，对我国垄断行业的改革应该以这样的政策结构为基础：在价值选择层次，应该以促进市场竞争、提高政府管理体制的效率以及提高行业整体的效率为目标；在制度结构层次，需要以法律制度为基础实现垄断行业改革的深化；在治理制度选择层次，民营化是垄断产业制度改革的最基本途径①。李东升对电力、电信、民航等自然垄断性产业的国有化经营改革的分析也提出了非常类似的改革框架：在价值选择层次以管制理念更新为先导，在制度结构层次，实现管制机构的重塑；在治理结构方面，实现管制方式、机制的变革②。总之，制度层次的综合分析框架可以有效地解释我国产业管制体系以及行政管理体制的决定因素，只有以此为基础，对我国行政管理体制改革的决定因素进行深入的分析，才能对我国产业管制结构以及行政管理体系的变革提供有效的基础，这就是本章接下来的内容。

---

① 王俊豪：《论深化中国垄断行业改革的政策思路》，《中国行政管理》2009 年第 9 期，第 7 - 10 页。
② 李东升：《自然垄断性中央企业的政府管制变革》，《中国行政管理》2009 年第 9 期，第 16 - 18 页。

第二节 行政改革的价值选择

　　公共行政的价值是指公共行政活动对整个人类社会的价值或功能，体现了公共行政对人类社会需求的满足；同时，公共行政的价值也体现在哲学研究的层面，是公共行政活动所应当追求的一种状态，也是社会对公共行政的希望和信仰①。政府对公共行政的价值选择对公共行政体系的改革具有根本的意义，但是，无论是西方还是中国，对于公共行政价值的认识都是变迁的：一方面，在"效率和公平"之间似乎像钟摆一样来回摇摆；另一方面，当钟摆来回摆动之时，新的公共行政价值也逐渐渗透到对公共行政的总体价值诉求之中。总的来看，对公共行政价值的认识至少经历了四个阶段：传统的公共行政效率阶段、新公共行政时期的公平行政阶段、新公共管理时期的行政绩效阶段以及新公共服务时期的社会治理阶段。

一、传统的效率行政

　　传统的效率行政是在 19 世纪的经济社会结构中逐渐发展起来的。19 世纪后半期是西方"科学主义"时代，随着启蒙主义和现代性思想的介入，有关科学、工具理性以及技术的思想开始逐渐从生产领域向社会领域渗透，并最终影响了政治学。传统的政治学主要以"统治"理念为基础，以寻求秩序为归依，而工具理性以及社会科学的发展为在政治学内实现"寻求秩序"的要求铺平了道路，使得"技术理性成为了社会和政治发展的康庄大道"②。如果说"寻求秩序"是政治科学的主要目标，那么公共行政就是最好的实现目标的工具。所以，自 1887 年行政学开始创建之时，公共行政就已经被科学主义和技术主义纳入"现代性"的大竞技场之内。

　　正是因为传统公共行政所置身的整体社会精神状态，所以传统的公共行政总是在思考这样的问题：不强调公共行政本身的价值追求，那不是公

---

① 张富：《公共行政的价值向度》，中央编译出版社 2007 年版，第 12 页。
② 张康之：《论公共行政领域中的价值选择》，《江海学刊》2000 年第 1 期，第 25 – 40 页。

共行政需要思考和完成的功能；对于公共行政，其主要的功能在于，一旦目标以及价值给定，怎样利用一系列的组织和协调机制恰当地将所拥有的人力资源以及物质资源等有效地整合起来，最大可能地实现公共行政的目标。公共行政学的创始人威尔逊就是这样界定公共行政的价值的："行政学研究的目标在于了解：首先，政府能够适当地和成功地进行什么工作。其次，政府怎样才能以尽可能少的成本完成这些适当的工作。"① 所以，以传统的公共行政观来看，"效率"——达到目标的成本最小化，就是公共行政的基本价值追求。登哈特的论述是对这一价值最深刻的表达："在行政科学中，最基本的就是效率，行政科学的基本目的就是以最少的人力和材料的消耗来完成手头上的工作。效率是行政管理的价值尺度中的头号公理。"②

最终，以"效率"追求的公共行政学范式在 19 世纪末 20 世纪初形成，这一范式的核心是由如下几个要素构成的：威尔逊的"政治—行政"二分法、泰勒的科学管理理论、韦伯的官僚制理论以及由此为基础形成的一系列管理原则。首先，政治与行政的二分是保证公共行政的效率观的前提，毕竟技术理性本身是推导不出价值追求的，职能是整个"价值—手段"链的环节。但是，一旦政治与行政实现二分，则行政管理本身就可以视为一种事务性领域，这样，行政管理就与政治无关，政治是政治家的世界，而行政管理则是技术职员的工作，政策依赖于行政，但行政却不依赖于政治③。最终，古德诺在威尔逊的基础上明确提出了政治与行政之间的二分法，将政治视为国家意志的表达，而将行政视为国家意志的实现。其次，科学管理理论的兴起为公共行政的效率观提供了理论指导。科学管理意图将所有的管理活动科学化，意图利用科学原理将管理的普遍原理和原则系统化。行政学界则利用科学管理的原则寻找管理原则，并最终形成了一套有关有效行政的管理原则体系。最后，马克斯·韦伯的官僚制原理为公共行政的效率原理找到了组织工具。官僚制理论将组织的职能分工、层次制、终身任职以及非人格化等特点结合起来，意图寻找到一种最优的组织形式，这样的组织将"精密、速度、明确、档案知识、连续性、仲裁权、统一性、严格服从、减少冲突和人事成本"等结合起来，最终形成了一整套有关行

---

① 彭和平等：《国外公共行政理论精选》，中共中央党校出版社 1997 年版，第 12 – 15 页。
② ［美］罗伯特·登哈特：《公共组织理论》（第 2 版），扶松茂、丁力译，华夏出版社 2002 年版，第 67、116、112、114 页。
③ 彭和平等：《国外公共行政理论精选》，中共中央党校出版社 1997 年版，第 12、15 页。

政管理效率观的组织结构体系。

二、公平行政

经过了五六十年的繁荣，效率行政逐渐发展到顶峰，但从20世纪50年代开始，公共管理学者对传统的以效率为基础的公共行政价值逐渐产生不满情绪。公共行政学者逐渐利用新的视角审视公共行政的核心价值，批判了早期效率行政。这一学派以弗雷德里克森（Frederickson）为代表，最终发展出了以社会公平理论为基础的公共行政理论，将社会公平价值置于公共行政价值体系的核心，摒弃了效率作为公共行政核心价值的合理性，最终实现了从效率至上到公平至上的转换。

如上所述，传统的公共行政是将"政治—行政"二分置于首位，而将经济效率置于行政管理的核心，最终形成了一套"管理原则"。随着行为主义的发展，西蒙对这一套行政管理原则进行了挑战[1]，但是其没有在根本上挑战"政治—行政"二分法，甚至进一步重申了这一取向的重要性。西蒙倡导利用逻辑实证主义以及科学技术手段实现对公共行政更为精确的研究，寻找一种真正的以效率为基础的，以寻找管理技术和管理科学规律的公共行政。这一取向导致了对新公共行政学派的强力抨击，在新公共行政学者看来，行政和政治从来都不是二分的，对于公共行政来说，增进社会公平既是政治价值的一部分，也是公共行政的基本价值，其永远都不可能游离于政治世界之外。以公平为基础的行政观将直面现实的社会冲突，以此为基础寻找新的公共政策，最终通过行政改革促进社会公平的实现。如是，"公共行政的研究不能仅限于对行政过程的狭隘研究，还必须关注民主社会中政策的形成、确定和实施的方式"[2]。

所以，新公共行政将社会公平作为公共行政"公共性"的核心，并给"公共性"赋予了非常多样化的内涵。"社会公平是我们用一系列价值偏好，包括组织设计偏好和行为方式偏好的关键词语。社会公平强调公共管理者在决策和组织推行过程中的责任与义务；社会公平强调公共行政管理的变

---

[1] ［美］赫伯特·A. 西蒙：《管理行为》，詹正茂译，机械工业出版社2004年版，第372页。

[2] ［美］罗伯特·登哈特：《公共组织理论》（第2版），扶松茂、丁力译，华夏出版社2002年版，第67、116、112、114页。

革；社会公平强调对公众要求做出积极的回应而不是以追求行政组织自身需要满足为目的。"① 所以，以社会公平为基本价值的公共行政是当时美国"平民主义"价值体系在公共行政领域的体现，意图通过利用政治权力实现那些社会中缺乏政治资源以及经济资源的弱势群体的福利改善。并且，以公平为基础，新公共行政还意图通过利用"分权"、"参与"、"沟通"等手段实现公共行政从科学行政和精英行政转向参与行政和民主行政。

三、绩效行政

新公共行政的公平行政由于其在实践上的缺陷并没有取得根本的突破，而新公共行政价值体系，即绩效行政，却在一系列非常复杂的社会经济环境中形成了。当时，西方各国面临严重的财政危机、公共行政管理的效率低下，政府逐渐失去了人们的信任，一场新的改革运动逐渐拉开了序幕，新公共管理逐渐成为指导西方国家政府行政体系改革的思潮。新公共管理的理论基础主要是公共选择理论以及企业管理理论，按照欧文·休斯的界定，新公共管理的核心就在于对外的市场化以及对内的企业化②。与此类似，《布莱克维尔政治学百科全书》是这样界定新公共管理的："宁要劳务承包，而不要通过没有终结的职业承包而直接劳动的倾向；宁要提供公共服务的多元结构，而不要把普通税金作为资助不具有公共利益的公共事业基础的倾向。"③ 克里斯托弗·胡德将新公共管理的特征概括为七个方面：向职业化管理的转变、标准与绩效测量、产出控制、单位的分散化、竞争、私人部门管理的风格、纪律与节约④。

在新公共管理看来，新公共行政时期所强调的公共行政价值至少应该暂时搁置一旁。新公共管理对公共行政的价值定位是以对国家的政府职能与社会之间关系的重新定位为基础的：对于政府来说，政府以及公务员是"企业经理和管理人员"。社会公众主要扮演两种角色：首先，社会公众为

---

① H. George Frederickson, *New Public Administration*, Alabama: The University of Alabama Press University, 1980: 5.

②④ ［美］欧文·E. 休斯：《公共管理导论》，张成福译，中国人民大学出版社2001年版，第41、72、73页。

③ 克里斯托弗·胡德：《布莱克维尔政治学百科全书》，邓正来译，中国政法大学出版社1992年版，第613页。

政府提供税收，是"纳税人"；其次，社会公众享受政府的服务，作为所缴纳税收的回报，社会公众也是"顾客"或"客户"，税收则是政府服务的"价格"。所以，政府服务应该以顾客的需求为导向，增强对社会公众需要的回应能力。与此同时，政府应该更加重视政府的产出，即"重视提供公共服务的质量和水平，包括经济、效率和效果等"①。无论是传统的"效率行政"还是平民主义时代的"公平行政"都强调政府规模的扩大和能力的增强，但新公共管理不同，它主张对公共领域的市场化，利用市场职能实现对公共管理职能的替代；而这种替代本身也是与新公共管理所强调的价值取向是高度相关的：市场机制所提供的竞争压力往往是公共行政领域实现管理创新、技术创新以及制度创新的内在驱动力，也是提高效率的根本动力。

总之，新公共管理是以"管理主义"为基础的，强调对传统行政价值的"效率"回归，追求绩效构成了新公共管理的核心价值。但是与"效率主义"不同，新公共管理强调公共产品的生产在何种程度上产生了这样的结果：公共服务的投入产出是否是最有效率的；在这样的产出和质量水平上，公众是否是最满意的。在新公共管理看来，政府确实需要回应顾客的需求，但是这只是追求公共产品绩效的一个副产品，公平本身不是新公共管理意图实现的目标，社会公平的实现不是依靠公共行政活动的公平来实现的，而是通过更有效地提供社会公众需要的产品来实现，没有绩效就没有公平。所以，在新公共管理的技术层次，企业管理的手段，如绩效核算体系以及绩效评估框架、竞标、企业化、全面质量管理、流程再造等都构成了政府追求更高效率的制度手段。

四、服务和治理：新公共服务视角下的公共行政价值

轰轰烈烈的新公共管理运动在持续了 30 多年之后逐渐开始降温，而市场化导致的一系列弊端开始启示公共行政学者，新公共行政时期的公平行政观被重新发现，并被赋予了新的内涵，这就是现在逐渐兴起的新公共服

---

① ［美］戴维·奥斯本、特德·盖布勒：《改革政府》，周敦仁译，上海译文出版社 2006 年版，第251页；金太军：《西方公共行政价值取向的历史演变》，《江海学刊》2000 年第 6 期，第 37－41页。

务理论所强调的服务观。新公共服务理论是由登哈特夫妇提出的，这一视角一方面强调社会公平，但更重要的是，这一视角强调公民在整体的公共治理系统中扮演的角色。所以，在新公共服务的理论体系中，民主、平等、社会公正以及公民参与等一系列的价值逐渐成为公共行政的核心价值。但新公共服务并没有彻底将新公共管理所强调的价值抛弃，而是主张将效率以及结果的价值与政府服务以及对公民的回应相结合。此时，问题的关键就不是绩效问题，而是怎样最好地实现对公民需求的回应。

登哈特承认新公共管理价值的重要性，也承认新公共管理在整个理论以及实践领域对公共行政造成的影响。但是，新公共管理也造成了这样的结果：政府官员不再将政府活动的核心聚焦在控制官僚机构以及提供公民所需要的服务方面，而是将自身转变为一个具有私有化倾向的政府企业家。虽然登哈特的观点有些不切合实际之处，但是，其警告还是具有意义的：如果说新公共管理总是在强调"掌舵而不是划桨"，那么其结果往往导致他们忘记了这艘船本身①。所以，按照登哈特的观点，政府的核心价值不是掌舵——如新公共管理所言的，也不是划桨——如传统的效率行政观所言，而是"服务"。行政机构的核心使命在于帮助公民表达其共同的公共利益需求，而不是意图通过政治控制的手段决定公民的需要；如果说现阶段的公共政策是不同集团相互博弈和妥协的结果，那么公共行政的核心价值就在于促成这种决策结构，使不同的利益主体实现共同协商，最终实现公共政策的共同制定。

所以，在新公共服务理论看来，"新公共服务是建立在公共利益的观念之上，是建立在公共行政人员为公民服务并确实全心全意为他们服务之上的"②。所以，公共行政的核心价值在于建立一种具有集体共享性的公共利益观念，这个目标的实现不是在寻找解决问题的方案，而是在寻找问题本身；公共行政官员不是需要通过折中的手段实现利益的妥协和手段的妥协，而是需要切实地创造一种共享的公共利益和公共责任，促使公民在这一条件下采取符合公共利益的一致行动。这样的行动是确保公共行政活动的结

---

① ［美］罗伯特·B. 登哈特、珍妮特·V. 登哈特：《新公共服务：服务，而不是掌舵》，丁煌译，中国人民大学出版社2004年版，第241页。

② ［美］罗伯特·B. 登哈特：《公共组织理论》（第2版），扶松茂、丁力译，华夏出版社2002年版，第208页。

果是真正的具备长远的公共利益观念的①。所以，在新公共服务理论看来，政府活动的终极价值在于满足公民的需求，如是，政府与公民之间的关系就不可能是企业与顾客之间的关系，因为在这样的关系中，我们很难确定谁是顾客，也很难保证公共服务本身要求的公共性、公平性以及普遍服务性。所以，政府的行政管理不是需要回应顾客的短期"私利"，而是需要关注公民的长期需要以及切实的公共利益。要实现这一目标，公民义务的履行以及对公民呼声的关注就非常重要②，这是对政府与社会公民之间关系的新阐述。

要实现新公共服务的核心价值理念，以政府与公民之间的合作治理以及协商民主为特征的社会治理理论构成了实现这一核心价值的载体。社会治理理论并非摒弃传统的新公共管理所界定的"3E"效率以及"管理主义"的倾向。与此同时，社会治理理论也强调在政策的制定、执行以及结果等各个阶段都保证公平、责任等价值理念的实现，真正实现公共行政之"公共性"的追求。

总的来看，公共行政的价值体系是逐渐变迁的，并且在效率与公平之间具有"来回摆动"的效果。从效率到公平，再从绩效到服务，都体现了这样的摆动趋势。但这只是故事的一方面，在摆动的过程中，原有的价值理念倾向于与新的价值理念逐渐整合，最终实现公共行政价值理念的重构。所以，这种摆动最好被视为螺旋形的上升而不是左右的跳跃，是从单一的两点之间的摆动转向多种价值体系的融合，最终不是摒弃与革新，而是演化与吸纳。这样的逻辑对我国政府行政管理体制改革的价值诉求具有重要的指导意义：我国政府行政管理体系的价值追求首先需要以"服务"为中心，强化政府的责任观念，实现政府责任的再造。与此同时，也需要注重效率理念，实现政府管理体制以及效率体系的革新。以此为基础，可以将我国政府行政管理体系改革的价值诉求界定为一个价值结构体系。在这个体系内，"服务"理念是根本的，而保证服务理念的实现则需要两个方面的价值理念：一是政府责任以及公共价值理念。二是效率理念，需要实现公共服务供给的效率优化，同时需要提高政府内部机制的效率。

---

① [美]罗伯特·B.登哈特、珍妮特·V.登哈特：《新公共服务：服务，而不是掌舵》，丁煌译，中国人民大学出版社2004年版，第241页。
② 丁煌：《西方行政学说史》，武汉大学出版社2004年版，第296页。

第三节　权力结构：政府职能再造

公共行政价值选择的变革本身往往影响了政府的权力结构，政府权力结构的核心问题是有关政府职能分割的问题。在公共行政的研究中，政府职能的核心在于政府—市场—社会三者的职能领域的划分问题，而不同国家的权力结构是不同的，影响这种不同的因素也是非常多样化的。权力结构是影响政府治理制度选择的基础变量，所以需要对权力结构的要素、有效的权力结构以及支撑我国行政管理体系改革的有效权力结构进行深入分析。首先，社会的权力结构是由三个权力要素构成的：政府权力、市场权力以及社会权力，西方国家的公共行政价值的变革也是对三者权力力量的调整过程，即市场权力扩大阶段的市场化以及社会权力扩大阶段的社会治理。其次，影响这一过程的变量则是多样化的，所以我们需要进一步确定不同国家权力结构的因素。最后，我们需要对我国社会权力结构的变迁和演化过程进行分析，说明我国要实现公共行政体系变革所要满足的权力结构条件。

一、三维权力及其结构变革

社会权力主要是由三种权力构成的：政府权力、市场权力以及社会权力，三种权力的相互关系构成了一个国家的权力结构，由于公共行政活动是对政府权力的实践，所以不同的权力结构构成了一个国家公共行政体制的基础。政府权力是指政府拥有的公共权力，其最主要的特征是其权威性以及强制性。对于公共事务的管理而言，政府权力是不可或缺的，这也是传统公共行政价值观下的对政府权力扩张的合法性证明：只有具有权威性以及强制性的政府才能实现公共事务的管理。但是，如果对公共事务的管理完全凭借政府则会产生另外的弊端：政府往往具有自身的偏好和利益，如果政府利益的"内部性"导致政府对自身利益的追求使得忽视了对公共利益的追求，并且，这种追求导致的政府规模扩大的同时也降低了政府管理的效率，所以政府对某些公共事务的管理增加了政府的成本。

与政府权力不同，市场权力是指企业追求利润最大化的权力。对于某些公共产品而言，如果其具有一定的排他性或竞争性的特点，那么企业可以利用其追求利润最大化的机制实现公共产品的供给。这就是后来新公共管理强调的内容：在政府权力可能导致效率低下的情形下，利用市场以及企业的力量来实现公共事务的治理是可以的。于是，西方社会逐渐掀起了公共企业民营化以及市场化的浪潮。民营化不仅包括政府对公共企业的出售，还包括政府管制的改革：首先是放松对这些企业的直接管制，同时，利用其他经济性的、社会性的以及规则性的管制手段实现经济化的激励性管制。总体来看，西方国家的民营化改革市场是成功的。新公共管理所强调的核心是政府生产公共产品的绩效提高，通过民营化和市场化的改革，这一目标基本上得到了实现。以英国为例，英国的民营化和市场化改革之后实现了政府规模的减少，财政支出实现了缩减，并且在股份出售的过程中获得了数百亿英镑的销售收入。随着英国政府对企业自主权的放开、竞争机制的引入使得企业的绩效实现了明显的改善。但是，民营化也导致了一些问题，特别是对于原有的公共部门来说，垄断依然存在，虽然民营化使得企业的绩效提高，但从公共垄断到私人垄断的结果并不一定降低了公共事务管理的复杂性，并且市场化往往是新的风险的根源。

所以，无论是政府权力还是市场权力都是不足的：政府可能失灵，市场也是有可能失灵的，所以政府和市场之外的第三种力量，即社会权力构成了解决公共事业困境的第三种权力来源。社会权力的运作机制与市场或政府权力不同，市场权力的运作依靠激励，政府权力运作依靠权威和强制，但社会权力运作依靠信任。利用信任，公共事业组织可以沟通供需双方的关系，实现公共事业的有效管理。一旦社会权力被引入到整个公共事业的管理之中，就呈现出了"市场—政府—社会"的三维权力结构安排。这种三维权力结构安排之间的有效组合往往使公共事业的效率达到最大化。这样的权力结构安排如果体现在公共行政的价值中，则表现为服务性的公共行政价值理念，如果体现在管制结构安排中，那么社会治理的治理结构是最为贴切的。

总的来看，西方国家所强调的公共行政价值是从官僚制的效率转向公共行政的公平，再从公共行政的公平转向公共服务供给的绩效，接着又从公共服务的绩效转向服务和治理。这样的公共服务价值的强调也进一步影响了西方国家的权力结构变革：无论是官僚效率还是公平行政，公共事务的权力安排是以政府权力为中心的；但在绩效行政时代，政府权力逐渐开始下放到市场权力机构，如企业等；进一步，在服务和治理行政时代，公共事务的权力进一步下放到社会，即依靠更多的非营利性组织以及社会的自我治理组织实现公共事务的治理。最终，有效的权力结构往往是三种权力的有效组合，不同的权力组合在根本上决定了政府的职能范围，也就在根本上决定了行政管理体制改革的进程。但是，这种有效的权力结构的出现是有条件的。

二、有效边界的生成：权力分化与调整

我国权力结构的调整与西方国家权力结构的调整是类似的。首先，在计划经济时期，我国形成了"大政府、小社会"的权力结构格局，这是以政府的高度集权为特点的权力结构。在这样的权力结构中，政府几乎控制了全部的经济社会生活领域，市场和社会都是不存在的。生产、流通以及消费都是由政府安排、分配以及控制的。同样，社会也是不存在的，"政府办社会"的模式使得所有的社会生活都被国家权力所吞没。但是，毕竟这样的权力结构是高度低效的，所以随着市场经济的逐渐放开，我国的政府职能逐渐向市场化过渡。此时，对于市场来说，政府逐渐具有了规则制定者的角色，对于公共事务来说，政府逐渐利用市场机制实现公共事务的管理，而其核心就在于实现"政企分开"，将某些公共事务领域置于市场结构之下，政府只是扮演规则制定者和执行者的角色。

公共治理的市场化是符合当时的世界性潮流的，即强调民营化、私有化以及市场化的潮流。市场化的关键就在于引入一系列以市场为基础的公共事务治理模式，包括私有化、公—私部门合作等，实现利用市场竞争达到治理绩效提升的效果。此时，市场化以及效率被置于我国公共行政管理的核心，并且最终改变了"政府办社会"的传统权力结构，在一定程度上实现了"市场办社会"的权力结构，最终降低了政府供给的成本，提高了行政效率，并且国家的财政开支得到了节约。但是，市场权力的上升在公共行政领域也导致了一些负面的效应，特别是对"公共性"的减损。这主要表现在对公平的破坏、腐败的上升、公共责任的缺失、社会稳定威胁的上升、政府管理的信任危机等。为了克服由于市场化权力上升导致的一系列弊端，以及原有的强大的政府权力造成的弊端，我国权力结构的改革应

该向着第三个权力维度倾斜，即实现"企事分开"以及"政事分开"的原则，重新向社会权力领域分割权力。

权力结构的社会化需要政府逐渐从大政府转型"服务政府"以及有效政府，也需要整个政治体制的民主化。权力结构的社会化需要政府将大部分职能转移到社会部门，或者将能够通过社会组织实现的公共事务管理转移给社会组织。权力结构的去政府化以及社会化的过程严格上来说并不是政府"放权"，而是将本就属于社会的权力实现"还权"：分散化的权力安排往往是社会生活的实质。所以要实现权力结构的社会化，就需要实现政府权力和社会权力的分离，对于我国来说则是指按照"政事分开"的原则，实现政府与公共服务的社会组织之间的分离。要实现这种分离主要包括两个方面：第一，改变原有的公共事业组织对政府权力的依赖，这主要表现在合法性的依赖、资金的依赖以及其他资源的依赖；第二，改变政府对社会组织的强控制，最大化社会自我组织和自我治理可能性。

我国在一定程度上实现了政府权力与市场权力的分离（当然也有弱点，而我国行政性的行业垄断就是典型的分离不彻底的产物）；但是，我国的政府权力和社会权力的分离则相当不彻底。我国只有实现了三维权力的划分与调整，形成公共事务管理的有效边界，我国行政管理体制改革的权力结构基础才能够实现。当然，这样的权力结构并不意味着政府权力或市场权力的退却，相反，三维权力之间的对称和平衡才是这一权力结构的核心。一般来说，有效的权力结构应该是社会权力领域大于市场权力领域，市场权力领域大于政府权力领域。但这并非表明政府权力是最不重要的，相反，政府权力的角色是最关键的，因为在这样的权力结构中，政府将对整个公共事务管理实现规则化的引导，即政府需要利用一系列的公共政策工具、法律法规等手段实现市场权力以及社会权力运作的有效性。在这样的条件下，利用市场机制实现激励结构的再造，改变我国政府权力过大导致的政府失灵和效率低下。同时，利用社会组织实现公共事务管理的自我治理化，进一步降低政府管理的成本，促进公共事务管理中的参与水平，使公共行政的"公共性"最大化。

所以，总的来看，西方国家的公共行政管理体制的价值对公共行政的权力结构造成了重大的影响，或者说，二者是相互影响的，并最终引导出有效的权力结构，实现公共行政管理体制的有效权力结构支撑。但是，我国权力结构的偏政府化导致我国权力结构在整体上的不平衡，无法实现为我国进一步公共行政管理体制改革的权力结构提供支撑。我国行政管理体制的进一步改革需要对我国权力结构进一步调整，实现政府权力、社会权力以及市场权力的相互支撑、相互协调以及相互平衡。

第四节　司法审查：行业行政干预与权力制约

上文介绍了权力结构变革对于改革行政管理体系的重要性，也说明了有效的权力结构是"政府—社会—市场"三者的有效平衡。但问题是，在三维权力结构中，政府权力往往是最强大的，而其他两种权力往往是脆弱的。同样，我国行业垄断的行政性就是我国政府权力制约市场权力行使的例证；对于我国的行业垄断来说，行政性行业垄断也是最大的问题。两方面的问题非常重要：一方面，如果要实现有效的权力结构变革，那么对权力制约的规则变革则是必需的；另一方面，要实现我国行政性行业垄断的反垄断效果，实现行政权力的撤退也是必需的。所以，总的问题则是，怎样利用有效的制度机制实现政府权力的制约？

对于研究行政性行业垄断的学者来说，他们认识到我国行政性行业垄断的特殊性，强调我国行政性行业垄断在本质上是属于体制性和政治性的问题，所以传统的反垄断工具是不能实现行政性行业垄断的反垄断目标的。在学者们看来，要实现反行政性行业垄断的目标，需要在两个方面努力：首先，需要在政治体制上实现变革——也就是权力结构的变革[1]；其次需要实现以《反垄断法》和《行政法》相互配套的反行政垄断法律制度框架[2]。本书第六章对我国反行政性行业垄断的法律制度框架进行了深入分析，而《行政法》和《反垄断法》是整个制度体系的基础。但是，这并不足以实现权力结构的变革，因为《反垄断法》和《行政法》并不能确保权力本身被有效约束。要实现权力结构的真正变革，建构反行政性行业垄断的法律体系，需要对这一体系本身的合理性进行确证，而司法审查制度就是实现这

---

[1] 薛克鹏：《行政垄断的非垄断性及其管制》，《天津师范大学学报》（社会科学版）2007 年第 3 期，第 10－13 页。

[2] 张小强、许明月：《行政垄断的经济分析及其对策》，《重庆大学学报》（自然科学版）2005 年第 3 期，第 142－143 页。

一目标的最有力的手段。

一、司法审查

司法审查权是指现代国家通过司法程序审查和裁定某一立法或行政行为是否违宪的一项重要权力，是防止滥用立法权和行政权的重要手段。司法审查主要包括两个层次：对宪法层面的司法审查以及对行政法的司法审查。反行政垄断的司法审查主要是指在行政法层面的司法审查。在反行政性行业垄断的司法审查过程中，主要有两个标准：合法性标准以及合理性标准①。

合法性标准，是指行政机关在实施管制的过程中必须遵守有关法律法规的规定，如果没有法律法规的依据，行政机关不能做出可能影响相对人的权利或利益的决定。行政机关在对行业进行管制的过程中必须严格按照实体法和程序法的相关规定行事，不能违背实体法或程序法的规定；当行政机关的违法行为对相对人的合法权益造成损害时，应当承担相应的责任。如是，当合法性标准适用于反行政性行业垄断时，要求政府在对行业管制的过程中禁止滥用行政权力，禁止行政管理机关对个人的经营行为、购买行为进行限制。同时，禁止对外地商品进行变相征收税负，如对某些跨地域的商品征收歧视性费用或者规定歧视性价格。也禁止对外地商品和本地商品进行差别对待，例如对外地的商品要求不同的技术标准、检验标准以及不同的检验程序等。禁止利用任何方式阻止外地商品进入本地市场，包括针对外地商品的行政许可、关卡等，同时禁止行政机关采用任何方式组织本地商品的对外出售，或者其他阻碍不同地域商品的自由流通的行为。在招投标的过程中，禁止行政机关设定歧视性的资质要求、评审标准或者利用不合法的信息沟通方式排斥外地企业的本地招投标活动。如果行政机关滥用行政权力对合法的权益造成侵害，必须承担相应的赔偿责任，并追究有关的法律责任。

合理性标准，是指行政机关在实施行政管制的过程当中必须遵守公平以及公正的原则；公共行政机关在实行自由裁量权的过程中必须符合法律规定的目的，不能将不相关的因素纳入自由裁量权的考虑；并且，政府在

---

① 杨临萍：《〈反垄断法〉司法审查的若干问题探讨》，《东方法学》2008 年第 3 期，第 46 - 52 页。

管制的过程中所采用的手段必须是妥当的、必要的以及与法律相称的。我国的《反垄断法》对此也有一定的规定，如第 28 条规定，"经营者集中具有或者可能具有排除、限制竞争效果的，国务院反垄断执法机构应当做出禁止经营者集中的决定。但是，经营者能够证明该集中对竞争产生的有利影响明显大于不利影响，或者符合社会公共利益的，国务院反垄断执法机构可以做出对经营者集中不予禁止的决定"就说明了在行政管制过程中遵循利益相衬的原则。

如果认真考量《反垄断法》，我们就会发现合理性标准一直是贯穿其中的主线。这说明，对于我国行政垄断的司法审查来说合理性标准的司法审查是非常关键的。但是《反垄断法》只是我国行业反垄断法律体系的一个部分，另外，我国的行业反垄断还依赖于《行政法》以及《行政诉讼法》，但在构成我国行政法的基本原则中，合理性标准以及合法性标准之间仍然存在一定的争议①。但一般情况下，二者均是我国行政法体系的基本原则。但是，合理性司法审查既是司法审查的基本原则，也是司法实践中的一项具体标准②。这对于中国来说具有非常特殊的意义，因为对于我国的行业反垄断来说，司法审查既要解决政府权力本身的不对称问题，也需要解决政府滥用权力的问题，而合理性司法审查可以在两个方面都有所建树，所以对行政权力的合理性司法审查既有利于解决我国权力结构本身的不对称问题，也有利于解决我国行业垄断的行政性导致的权力滥用问题。

在以权利为基础的社会，"政府及其权力行为始终处于一个对象性的地位上，并且是为权利而存在的。只有政府的一切行为都必须用法加以规范，才能保证权力的存在可以正确有效地服务于权利，才能使权利本位的基本价值得到实现"③。在这种情况下，司法权与行政权之间的界限是非常明晰的："司法机关是适用法律的机关，行政机关是执行法律的机关，执行法律就需要较大的灵活性。因此，只要行政机关没有超越其权限，即使决定是错误的，也是没有法律错误的，所以其所作所为就处于司法豁免状态，对此不能进行司法审查。"④ 所以，行政行为在形式上以及程序上必须是合法

---

① 姬亚平：《行政合法性、合理性原则质疑》，《行政法学研究》1998 年第 3 期，第 73 页。
② 刘东亮：《我国行政行为司法审查标准之理性选择》，《法商研究》2006 年第 2 期，第 42 页。
③ 陈安明：《中国行政法学》，中国法制出版社 1992 年版，第 55 页。
④ 陈少琼：《我国行政诉讼应确立合理性审查原则》，《行政法学研究》2004 年第 4 期，第 69 - 71 页。

的，被置于严格的法律框架之下，而合法性审查则成为行政权力合法性司法审查的主要内容。但是，现代社会的基础不是来自个人主义和自由主义的权利观，而是在社会本位的基础上，政府广泛介入经济社会生活，更加积极地行使行政权力的结果。如是，服务政府以及福利国家逐渐出现，随着行政权力的扩张，行政权力的内涵以及形式都发生了变化，自由裁量权也随之扩大，逐渐改变了法律以及权力之间的关系，此时，"法治所要求的并不是消除广泛的自由裁量权，而是法律应当能够控制它的行使"①。行政权力扩张的过程也导致了合理性司法审查重要性的上升，因为合法性司法审查再也无法承担游离于法律控制之外的行政自由裁量权。为防范行政权力的滥用，合理性司法审查成为关键，是维持公共权力控制体系平衡的基础②。从世界范围来看，对行政行为的合理性司法审查在实质上也是一直存在的③，我国有关行政行为的法律规定也具备合理性司法审查的要素。例如，我国《行政诉讼法》第五十四条规定，"具体行政行为有下列情形之一的，判决撤销或者部分撤销，并可以判决被告重新做出具体行政行为：主要证据不足的；适用法律、法规错误的；违反法定程序的；超越职权的；滥用职权的"，就体现了合理性司法审查的标准④。同时，这一规定也说明了，对我国行政诉讼法的合法性进行司法审查"也在一定程度上吸纳了部分合理性司法审查的内容"⑤。

如塞尔兹尼克所言，"法治诞生于法律机构取得足够独立的权威对政府权力的行使进行规范约束的时候"⑥，可见，行政权力的行使能否被独立的司法机构进行审查是行政行为合法性的前提：因为对行政权力的"制约的同时也是引导和支持着这种权力行使，是使权力正当化和合法化的一个机制和过程"⑦。一旦行政权力与司法权力独立，此时，可诉性就是行政行为的本质属性⑧。对于我国的行政性行业垄断来说，由于其在本质上是限制竞

---

① ［英］威廉·韦德：《行政法》，徐炳译，中国大百科全书出版社1997年版，第56页。
②③ 吴偕林：《论行政合理性原则的适用》，《法学》2004年第12期，第29-30页。
④ 王学栋：《中美行政行为司法审查标准的比较与反思》，《河北法学》2004年第11期，第21页。
⑤ 陈少琼：《我国行政诉讼应确立合理性审查原则》，《行政法学研究》2004年第4期，第69-71页。
⑥ ［美］P.诺内特、P.塞尔兹尼克：《转变中的法律与社会》，张志铭译，中国政法大学出版社1994年版，第59页。
⑦ 苏力、贺卫方：《学问中国》，江西教育出版社1998年版，第184页。
⑧ 郝明金：《论可诉性是行政行为的本质属性》，《法学论坛》2006年第3期，第77页。

争的行为，并且由于我国的权力结构本身就是政府权力过于强大的不对称性结构，所以，我国的行业性行政垄断行为在根本上应该进行合理性司法审查①，这既是限制行政性行业垄断的基础，也是构建合理的权力结构的基础。

二、有效司法审查体系的建构

对于防止行政权力的过分强大而导致权力结构的不对称以及行政机关滥用行政权力的可能性时，行政行为的司法审查具有独特的优势。首先，行政行为的司法审查符合现代的法律制度发展。随着政府扩张和行政权力的扩大，行政权力对公民个人权利的侵犯逐渐增多，正如博登海默所言，"在权力不受制约的地方，它极易造成紧张、摩擦和突变。在权力可以通行无阻的社会制度中，发展趋势往往是社会上的权势者压迫或剥削弱者"②。所以对行政权力加以适当的限制，特别是对行政自由裁量权的限制就具有非常重要的意义③。其次，法院的利益不相关在一定程度上可以实现其地位的独立。例如，虽然我国的《反不正当竞争法》以及《反垄断法》都对行政垄断进行了禁止，但是将裁决权赋予了上级机关，最终由于利益的卷入性导致我国行政性行业垄断的禁止成为"空法律"。所以，我国反行政性行业垄断最主要的就是将裁决权赋予更为独立的司法机关，而不是将其继续置于上级机关的手中。最后，司法审查的过程是行政性行业垄断造成的利益受损主体对行政性行业垄断的机构的诉讼行为，由于其具有利益相关性，且具有更为庞大的规模，所以往往可以有效地解决信息不对称问题，降低法律本身的执行成本。

但是，对行政行为进行合理性司法审查，以及司法审查的独特优势是一回事，而建构司法审查的体系则是另一回事。对于反行政性行业垄断的司法审查制度建构，需要借鉴美国《反垄断法》的"同等对待原则"："行政机关在实施垄断限制竞争时与企业实施垄断限制竞争时处于同等的法律地位，同样地受反垄断法律的调整……亦即政府行政机关在限制和排斥竞

---

① 陈发源：《行政垄断的合理性司法审查》，《商业研究》2011 年第 10 期，第 181－184 页。
② ［美］E. 博登海默：《法理学——法哲学及其方法》，张智仁译，上海人民出版社 1992 年版，第 93 页。
③ 郭道晖：《法治行政与行政权的发展》，《现代法学》1999 年第 11 期，第 11－13 页。

争方而除非有国家特别授权外，不享有特权。"① 以此为基础，反行政性行业垄断的司法审查体系还必须包括如下内容：首先，原告的范围是广泛的，凡是行政机关造成的行政性行业垄断行为影响了其利益的主体，都可以成为诉讼人，包括消费者、生产者、经营者，还包括行政机关。其次，被告的范围也是非常广泛的，包括政府部门以及地方人民政府的各个层级。再次，法院的受理范围是非常广泛的，凡是行政机关利用行政权力导致市场竞争过程被排斥、限制或禁止都可以成为受理的对象。而我国当下的行政诉讼法是不同的，我国行政诉讼过程中法院的受理范围更为狭窄。最后，法院的管辖范围应该提高。当下我国法院的管辖范围相对过低，要建构有效的司法审查体制，必须提高法院管辖的层级。例如，对省级人民政府和国务院所属政府部门所提起的诉讼应由最高人民法院受理，对乡级人民政府和县级人民政府及其下属行政机关所提起的诉讼应由中级人民法院受理。

总之，我国行政权力不对称的权力结构以及由此导致的行政性行业垄断，要求我国的行政管理体系以及反行业垄断的法律体系在再造过程中实现对行政行为的司法审查，特别是对行政行为的合理性审查，这是由我国特殊的社会权力结构决定的。进一步，要建构有效的司法审查体系，需要扩大被告的范围、扩大原告的范围、扩大法院受理的范围、提高法院受理的层级。

第五节　国家—市场—社会：行业垄断的治理制度变革

我们已经对影响行政管理体系的行政价值以及权力结构、法律制度体系进行了讨论，接下来，对下一个层次，即公共治理制度层次进行讨论。首先，行政价值的变革以及权力结构的变革是政府管理体制改革或者说是治理结构以及治理机制变革的制度背景。效率行政以及公平行政是以政府权力为基础的，导致的结果是政府权力结构以及官僚制构成了行政管理制度的核心；但是，随着绩效行政价值的出现，市场权力构成了权力结构的重要组成部分，市场化治理制度成为整个行政管理体系的基础；而随着服

---

① J. Mark, R. Lee, *Antitrust Law and Local Government*, Greenwood Rress, 1985: 62.

务以及社会治理行政价值的变革，社会权力进一步成为整个权力结构的一维之后，社会治理的手段成为最重要的行政管理制度手段。这说明，我国政府行政管理体制的变革是以系统化的、多样化的权力结构为特点的，也是以多维权力结构为特点的，这进一步决定了我国行政管理体制的改革是以制度的多样化为特点的，而这是首先需要进一步说明的问题。其次，治理制度的选择是在制度成本以及制度背景的双重作用下的结果，在我国特殊的行政性行业垄断的背景下，我国自然垄断行业的治理结构应该逐渐转向具有更多的市场化以及社会化特点的制度体系。

一、理解制度的多样性

随着行政价值逐渐从效率行政和公平行政所要求的官僚制治理制度转型到绩效行政所要求的市场权力的上升，新公共管理所强调的市场制度成为公共治理的主要制度实践之一。但是新公共管理承认制度安排的多样性，但将公共治理制度选择集中在"官僚—市场"之间，对于制度安排多样性的深入探讨则是非常不足的。并且，随着西方国家公共治理实践的转向，对这些国家的经验研究对制度多样性问题也有探讨。例如，20 世纪 80 年代美国地方公共治理的市场制度逐渐扩散，但到 21 世纪初则出现了"逆合同化"趋势以及更多的"公私混合"制度实践[1]；美国监狱私有化历程就是这一趋势的体现：当下监狱服务的治理制度并非简单的在公共或私人部门之间进行非此即彼的选择[2]。类似的趋势也体现在欧洲社会和公共治理制度的变迁历程中：①地方公共服务的治理制度逐渐"回归"公共部门。②地方公共治理制度逐渐更具"社区化"色彩[3]。

可见，对于公共治理制度的安排问题，可以得出如下结论：①"市场—官僚"之间的二分法是不够的，市场和官僚之间还有多种多样的"混

---

[1] Simon Domberger, *The Contracting Organization：A Strategic Guide to Outsourcing*，Cambridge：Oxford University Press, 1998：82；句华：《美国地方政府公共服务合同外包的发展趋势及其启示》，《中国行政管理》2008 年第 7 期，第 106－107 页。

[2] 王廷惠：《美国监狱私有化：目标与效果分析》，《中国行政管理》2005 年第 6 期，第 106－109 页。

[3] ［德］赫尔穆特·沃尔曼：《从公共部门转向私有部门，再回归公共部门？——欧洲国家的服务提供：介于国家地方政府和市场之间》，《德国研究》2011 年第 2 期，第 18－24 页。

合安排"。②社会组织以及地方社区的"自我治理"体系也应该视为公共治理制度安排多样性的一个维度。如果将生产公共服务的主体分解为三个不同的主体,如图7－2所示,即政府、市场/营利组织和社会(包括市民和社会组织)。区域A代表传统的官僚制制度,即政府是主要的生产者;区域B代表市场化制度,市场组织或非营利组织是公共服务的生产主体;区域C代表社会化的制度,即公民自我组织的社会组织或规则体系实现公共治理。其中,市场化制度是指政府和市场化组织或者非营利组织签订合同实现公共治理,包括合同签订以及履行等一系列规则;官僚制度是指生产和服务的提供都是在科层体系中完成的,科层制规则是官僚制度的核心。社会制度是指公民通过社会互动形成一整套实现公共治理的社会规则,它是公民通过自主治理来解决其所面临的公共问题,这种方式在先前的研究中没有很好地体现,这也契合现有研究强调超越"国家—市场"二分法的努力①。不仅如此,除了这三种比较极端的制度安排之外,更常见的是三种制度安排之间的混合安排。区域D代表政府和市场之间的混合安排,即"公私伙伴关系"或"混合安排"②;区域E代表的是政府和市民组织之间的混合安排,即"参与式治理"③;区域F代表的是社会和市场之间的混合安排,市民组织往往构成非正式的社会规范对市场或非营利组织进行约束;区域G则代表当下最重要的公共治理制度安排,即政府、市场与社会等多主体之间的"合作治理"④,是结构化的"网络治理"模式⑤。

前文已经对官僚制以及市场制度进行了比较深入的讨论。但是,第三章提到"公私合作治理"问题,也提到有关利用"缺失的第三维"的问题,而这在改革行政管理体制之内对于不同公共治理制度的选择来说具有非常重

① Elinor Ostrom, "Beyond Markets and States: Polycentric Governance of Complex Economic Systems", *American Economic Review*, 2010, 100: 1－33.

② Emanuel S. Savas, *Privatization and Public-Private Partnerships*, London: Chatham House, 2000: 89; Lester M. Salamon, *Partners in Public Service*, Baltimore: Johns Hopkins University Press, 1995: 57.

③ B. Guy Peters, *The Future of Governing*, Lawrence: University Press of Kansas, 2001: 139.

④ Chris Ansell, and Alison Gash, "Collaborative Governance in Theory and Practice", *Journal of Public Administration Research and Theory*, 2007, 11: 543－571; Kirk Emmerson, Tina Nabatchi and Stephen Balogh, "An Integrative Framework of Collaborative Governance", *Journal of Public Administration Research and Theory*, 2011, 5: 3－29.

⑤ Stephen Goldsmith and William D. Eggers, *Governing by Network*, Washington D. C.: The Brookings Institution, 2004: 17.

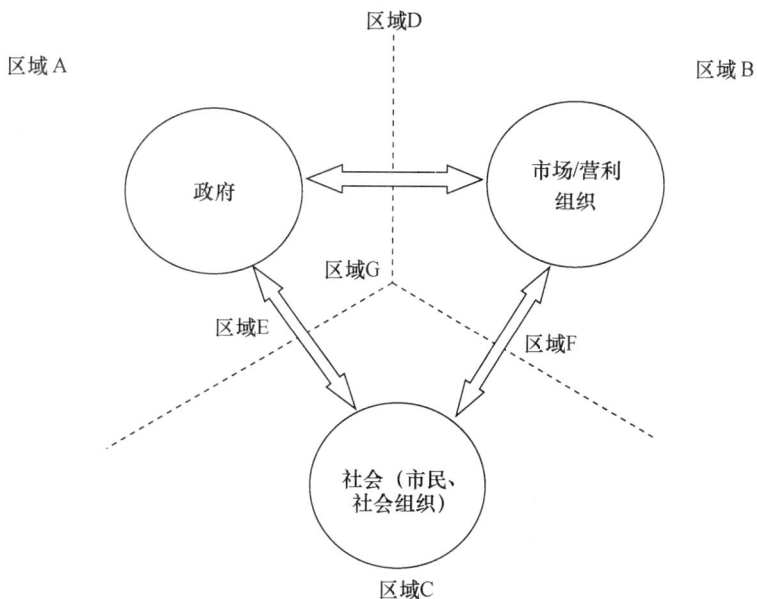

图 7 - 2　公共治理制度安排的多样性

要的意义。所以，接下来主要讨论两种治理制度安排：公私合作以及合作
治理制度，这对于我国行政管理体制改革以及行业治理的革新都具有非常
重要的启示意义。

二、公私合作

20 世纪 60 年代，美国利用公私合作的方式在城市基础设施建设领域逐
渐引入公私合作模式。1975 年，穆雷的研究发现，在公共治理的过程中，
一种新的情况即公共与私人、政府与市场决策之间的混合，导致二者之间
的界限逐渐模糊。到 80 年代，公私合作被大量应用于英国和美国[①]。公私
合作主要是指公共部门和私人部门为了实现共同的目标和责任的分担以及
知识的共享，这种相互之间的合作可能是正式的，也可能是非正式的；可

[①] Stephen Linder, "Coming to Terms with the Public-Private Partnership. A Grammar of Multiple Meanings", *American Behavioral Scientist*, 1999：35 - 51.

能是以合同为基础的，也可能是自愿的；可能是两个部门之间的，也可能是多个部门之间的①。这一制度框架的关键在于公共部门以及私人部门之间往往以各自的能力为基础，这一制度框架能够保证共同目标的实现②。这种模式与新公共管理所强调的"市场化"不同，这种模式强调对公共部门和私人部门各自优势和资源的相互整合，达到 1 + 1 > 2 的效果③。要达到这样的效果，这一制度框架就具有非常重要的意义，所以在公私合作的制度体系中，建立透明的以及可持续的规制框架对于有效合作的展开以及资源配置的优化都具有重要的意义④。

公私合作在本质上还是以市场为基础的，也是以绩效行政的价值理念为先导的，其最重要的结果在于激励机制的引入，使在具体的行业内部形成一种价值、成本以及投资的理念⑤。一般来说，私人机构的引入可以通过竞争机制提高公共治理的经济绩效⑥；即使在竞争的过程中失败了，作为纳税人来说，其福利依然得到了改善，因为公共部门与私人部门的竞争本身就保证了效率的提高⑦；并且，公私合作制度能够通过风险分配的"黄金原则"使风险得以合理分配⑧。并且，公私合作虽然是以市场权力的上升为特

① M. Lewis, "Risk Management in Public-Private Partnerships", Working Paper, *School of International Business*, University of South Australia, 2002: 75.
② P. Nijkamp, M. Van der Burch and G. Vidigni, "A Comparative Institutional Evaluation of Public Private Partnerships in Dutch Urban Land-use and Revitalization Projects", *Urban Studies*, 2002: 1865 – 1880.
③ Widdus, R., "Public Private Partnerships for Health: Their Main Targets, Their Diversity and Their Future Directions", Bulletin of the World Health Organization, 2001: 713 – 720.
④ Di Lodovico, A. M., "Privatization and Investment under Weak Regulatory Commitment", PhD Dissertation, University of California, Berkeley, CA. Zouggari, M. (2003), "Public Private Partnerships: Major Hindrances to the Private Sector's Participation in the Financing and Management of Public Infrastructures", Water Resources Development, 1998: 123 – 129.
⑤ Spackman, M., "Public-private Partnerships: Lessons from the British Approach", Economic Systems, Vol. 26, p. 283 – 301; Nijkamp, P., Van der Burch, M. and Vidigni, G., "A Comparative Institutional Evaluation of Public Private Partnerships in Dutch Urban Land-use and Revitalization Projects", Urban Studies, 2002: 1865 – 1880.
⑥ Savas, E. S., Privatization and Public Private Partnerships, Seven Bridges Press, New York, NY, 2000: 92.
⑦ David M. Van Slyke, The Mythology of Privatization in Contracting for Social Services. Public Administration Review Volume 63, Issue 3, May 2003: 296 – 315.
⑧ Deloitte Research, The Changing Landscape for Infrastructure Funding and Finance. http://www.deloitte.com/assets/DcomRomania/Local% 20Assets/Documents/EN/Public% 20sector/ro _ InfrastructureFunding. pdf, 2006.

征的，但这并不意味着公共部门角色的撤退，或者政府权力的撤退；相反，公共部门必须适应由市场权力上升导致的角色转换，而这往往需要更精巧和更高超的技巧①；因为在公私合作的制度模式中，公共部门与私人部门之间形成的往往是相互依赖以及相互控制的关系②。

当然，公私合作模式本身也是有风险的，这也进一步证明了每一种制度安排都是有"制度成本"的。首先，公私合作之间的合同是非常复杂的，根据约翰斯通和荣姆泽克的研究，当私人获益的比例降低、对产出的衡量比较困难、产出衡量的时间比较长以及供应方的竞争比较少的情况下，公私合作的风险会上升③。而对公私合作效果的经验研究也发现公私合作制度的绩效差异。马丁和帕克对 1983～1988 年英国国有企业的私有化的绩效研究发现，一些企业绩效的提升只是暂时的，随着时间的推移，企业的绩效依然是降低的④。拉马穆提对拉丁美洲公用事业私有化的研究显示，电信行业的私有化确实是提高绩效的，但航空以及公共交通的绩效并没有明显的改善⑤。霍尔对欧盟地区的公私合作制度的经验研究也表明公用事业的价格在整体上涨幅超过或接近一般物价增长水平，说明公共治理的"公共性"并没有得到确保⑥。可见，由于公私合作制度本身存在的风险，以及其所需要的严格条件，导致公私合作虽然具有一定的优势，但往往因为运作过程本身的缺陷导致绩效改善没有实现预期的水平；而由于市场化行政带来的强激励，公共治理的"公共性"在公私合作的过程中是很难真正得到保证的。

---

① Scharle, P. , "Public Private Partnerships as a Social Game", Innovation, 2002: 227 - 252.

② Baker, R. C. , "Investigating Enron as a Public Private Partnership", *Accounting*, *Auditing & Accountability Journal*, 2003: 446 - 466.

③ Jonhston, Jocelyn M. and Barbara S. Romzek. , "Contracting and Accountability in State Medicaid Reform: Rhetoric, Theories, and Reality". *Public Administration Review*, 1999: 186.

④ Martin, S. and P. Arker, D. , "Privatization and Economic Performance Throughout the UK Business Cycle". *Managerial and Decision Economics*, 1995: 225 - 237.

⑤ Ramamurt. Ravi, *Privatizing Monopolies Lessonsfrom the Telecommunications and Transpori Sections in Latin America*, John Hopkins Un, Iversity Press, 1996: 382.

⑥ Andy Hall, "Public-private Sector Partnerships in an Agricultural System of Innovation: Concepts and Challenges," UNU-MERIT Working Paper Series #2006 - 002, United Nations University-Maastricht Economic and Social Research and Training Centre on Innovation and Technology: Maastricht , The Netherlands, 2006: 51.

三、合作治理

随着市场化制度实践的弊端逐渐出现，西方国家的公共治理制度安排也逐渐出现多样化的趋势。例如，美国在 20 世纪 80 年代广泛尝试公共服务外包，但到 21 世纪初期，美国的公共治理制度逐渐脱离了"绩效行政"的束缚，逐渐开始寻求在公平与效率之间的平衡，从而出现公私混合安排的形式①。公私混合、公私合作逐渐超越了政府与市场之间的二分，从而形成了更为多样化的政府管理制度体系。葛德史密斯和埃格斯利用公私合作的程度以及网络管理的能力两个维度将政府管理制度进行了划分，得出四种制度结构，包括层级制政府、第三方政府、网络化政府以及协同政府②，而网络化治理将公私合作以及高水平的网络管理能力结合，并服务公民更多的选择权，成为最有效的公共治理制度实践，结构化的网络治理就是合作治理制度。但我们在讨论合作治理之前，首先需要讨论的是治理这一概念。

对于斯托克而言，制度代表的是一种观念，也是一种环境的创造；这种环境可以为良好秩序的形成以及集体行动提供条件③。库伊曼对社会政治的治理的定义更为精确，他认为"所有这些相互安排，在这些安排中，公共和私人参与者目标都在于解决社会问题，或者创造社会机会，并且关注让这些行为发挥作用的制度安排"。所以，治理包括治理结构和治理过程的设计与实施，以及调整统治方式的再设计和再实施④。在政治学语境下，治理展现为政府、市场和社会的结构化，德莱斯勒的表述最为说明问题，"治理是一个中立的概念，它关注特定政治个体的操作和管理的运行机制，并同时强调政府、市场和社会三方的互动"⑤。

---

① 句华：《美国地方政府公共服务合同外包的发展趋势及其启示》，《中国行政管理》2008 年第 7 期，第 106 - 107 页。
② Goldsmith, Stephen and William D. Eggers, *Governing by Network*, Washington D. C.：The Brookings Institution，2004：38.
③ Stoker G., Governance as Theory：Five Propositions. *International Social Science Journal*，1998，155 (50)：17 - 28.
④ Kooiman J., Social-Political Governance：Overview, Reflection and Design. *Public Management*，1999，1 (1)：67 - 92.
⑤ Drechsler W. Governance, Good Governance and Government：The Case for Estonian Administrative Capacity，*Journal of the Humanities and Social Science*，2004，58 (4)：388 - 396.

所以，在本质上，对公共治理的制度选择是一个寻求社会最优解的过程，这是与公共行政价值的选择有关的，也是与社会权力的上升有关的：在社会最优解的求解过程中，公共行政行为是寻求社会整体的价值观念而不是仅仅关注个人的利益和偏好。正是由于无论是政府计划还是市场制度都无法有效实现社会价值，所以社会权力的上升以及社会价值实现的最好方式就是社会治理手段①。无论是政府单一供给，还是利用公共选择的方式，利用市场机制，建立市场供给体系以及用脚投票都不能达成社会最优解。合作治理利用社会选择理论，将市场与计划，以及反复的对话协商、集体决策，最终的结果往往是实现公民真实需求和价值观②。同时，合作治理模式也是分层次的：最低层次治理是对日常问题的治理；第二层次的治理是对支撑日常问题治理的制度的维护，是在政府、市场以及社会三个主体之间的关系层面讨论的；最高层次的治理讨论的治理的规范化以及治理的评价③，或者"元治理"的问题④。这进一步说明了行政管理体系本身的相互嵌套性，社会治理模式在元治理的层次上讨论的是治理的行政价值选择，合作治理的中间层次是有关权力结构以及制度体系的问题，而最低层次的合作治理讨论的是具体的治理制度适用问题。

四、选择过程：制度成本以及制度背景

上文我们对公共行政管理的不同治理制度模式进行了分析，特别是从官僚制度到市场制度，以及超越市场制度的"公私合作"制度和"合作治理"制度，这是我们讨论行政管理体系变革的最基本的层次。如图7-1所示，在具体的行政管理体系的变革中，不同制度的选择是与两个变量有关的：一方面是不同的制度本身的成本，即个人选择的结果；另一方面是不同制度结构的约束造成的结果。德霍格的研究发现，任何公共治理的模式

① Lowery D. , A Transactions Costs Model of Metropolitan Governance： Allocation Versus Redistribution in Urban America, *Journal of Public Administration Research and Theory*, 2000, 10 (1)： 49 - 78.

② Hefetz A. and Mildred Warner, Beyond the Market vs. Planning Dichotomy： Understanding Privatization and its Reverse in US CitiesLocal Government Studies, 2007, 33 (4)： 555 - 572.

③ Kooiman J. , Governing as Governance. London： Sage, 2003： 3 - 46.

④ Henrik P. B. , Reviews of Governing as Governance, *Public Administration*, 2007, 85 (1)： 227 - 253.

都可能存在风险。在竞争模式中往往由于竞争的不足、投机取巧以及非法行为等导致公共治理的失效；谈判模式往往是在供应商较少的条件下最为适用，但政府往往会主导谈判、政府与企业的内幕交易以及过程的不透明导致治理失败；合作治理主要是基于相互之间的信任，但隐含的则是双方或多方逐渐转为相互依赖关系，政府很可能受制于供应商①。所以在政府行政管理体制的改革过程中，无论是官僚模式（直接管制）、市场模式（民营化）还是合作治理，都有可能面临风险，所以最终的治理结构往往是选择风险最小的制度的结果。

另外，制度结构也约束了对治理制度安排的选择。例如，社会化的合作治理就高度依赖于一个国家或地区的民主发展的程度以及社会组织的发展程度。以我国为例，由于社会组织往往由于其"非分配约束"特征，使得其在公共治理的过程中扮演的角色是非常关键的。但社会组织本身的能力不足以及对政府的依赖，是我国公共行政改革社会化的最大障碍②。朗迪和格莱格利对新西兰 1992～2002 年的公共服务市场化绩效的研究发现"通过讲故事或描述的方式，让执行者和管理者与议会、公众在一种开放的对话环境下，进行克服技术难题的对话，回应民众的需要才是必须要做的事情"③。而格利夫和杰普森的研究则发现，丹麦之所以出现公共管理体制改革的困境，正是因为缺乏公民有效参与；要实现公共管理体制的重建，必须实现公民参与④。

在我国行业垄断与政府部门具有内在亲和性的条件下，需要寻找两种更为有效的路径实现行业垄断的规制：市场化的政府以及社会化的政府。市场化的政府意味着绩效行政价值的选择、市场权力的上升以及市场治理

---

① Dehoog R. H. , Competition, Negotiation or Cooperation: Three Models for Service Contracting, *Administration and Society*, 1990, 122: 371.

② 乐园：《公共服务购买：政府与民间组织的契约合作模式——以上海打浦桥社区文化服务中心为例》，清华大学 NGO 研究所《中国非营利评论》（第二卷），社会科学文献出版社 2008 年版，第 144 页。

③ Zsuzsanna Lonti and Robert Gregory, Accountability or count ability? Performance Measurement in the New Zealand Public Service, 1992 – 2002. *The Australian Journal of Public Administration*, 2007: 468 –484 .

④ Carsten Greve, Peter Kragh Jespersen, New Public Management and its Critics: Alternative Roads to Flexible Service Delivery to Citizens? In Luc Rouban. Citizen and The New Governance: Beyond New Public Management, Amsterdam: IOS Press, 1999: 153.

制度的选择；而社会化政府则意味着服务型政府的价值选择、社会权力的上升以及社会治理制度的选择。同时，在具体的治理制度选择的过程中，寻找成本最低的、最有效的治理制度来实现公共管理制度体系的重建。

第六节　行政管理体制与行业行政干预：制度结构与有效治理

由于我国的行业垄断是与我国的行政管理体制改革联系在一起的，所以前文讨论的行业治理体系的改革框架也是我国行政管理体系改革的框架。在这一框架内，最重要的问题依然是选择最有效的治理结构实现对行业的有效治理。问题的关键就是，是哪些变量决定了行业治理制度的有效性，以及怎样构建最有效的反行业垄断的制度体系，实现行业的有效治理。

首先，制度体系的变革需要说明的问题是政府应该干预哪些行业、采用哪些手段。弗里曼对日本产业政策的研究得到了如下四个结论：第一，在第二次世界大战后的"黄金年代"里，我们增长最快、最繁荣的时期正是国家干预和管理在国际和国内达到顶峰的时期；第二，国际竞争和商业周期的历史经验告诉我们国家干预教育和科研的重要性；第三，事实证明，国家对货币稳定、国际汇率、利率、金融和信贷体系的信心问题的干预是不可避免的；第四，那些新技术（生物技术、计算机、网络、数字化银行、廉价的全球远距离通信、空间技术）有它们自身对规则和管理的要求。[①] 同样，对于我国的行政性行业垄断来说，问题的关键就在于，如果行政性行业垄断是特殊的，则应该寻找最为有效的边界：哪些行政性行业垄断是可以豁免的[②]，哪些行政性行业垄断是可以纳入"公益性"行政垄断范围之内的[③]。

清晰界定了政府干预行业的边界之后，最重要的问题就是建构反行业垄断的制度体系，而这一制度体系是与我国行政管理体系嵌套在一起的，

---

① Freeman C., *Technology Policy and Economic Performance*：*Lessons from Japan.* London：Printer，1987：82.

② 娄丙录：《论行政垄断的可豁免性》，《河南社会科学》2010 年第 9 期，第 98 – 100 页。

③ 倪振峰：《公益型行政垄断初探》，《法学杂志》2011 年第 4 期，第 33 – 36 页。

主要包括三个层次的制度建构。首先，制度体系的价值应该是多样化的、分层次的以及结构化的，包括服务、效率以及公平等价值；其次，制度结构应该实现"政府—市场—社会"的三维权力结构的平衡，并利用一系列的法律机制，如司法审查制度等，实现制度结构的支撑；最后，治理制度的选择是多样化的，市场化以及社会化是整个治理制度的关键。并且，三个层次具有相互嵌套性，我国要实现行业反垄断制度的重构，就必须实现行政管理体系的重构，要实现行政管理体系的重构，必须从三个层次系统性地实现制度结构的变革。

参考文献

［冰岛］思拉恩·埃格特森：《经济行为与制度》，吴经邦等译，商务印书馆 2004 年版。

［德］ 赫尔穆特·沃尔曼：《从公共部门转向私有部门，再回归公共部门？——欧洲国家的服务提供：介于国家地方政府和市场之间》，《德国研究》2011 年第 2 期。

［德］路德维希·艾哈德：《来自竞争的繁荣》，祝世康译，商务印书馆 1983 年版。

［德］罗尔夫·斯特博：《德国经济行政法》，苏颖霞、陈少康译，中国政法大学出版社 1997 年版。

［德］马克斯·韦伯：《经济与社会》，林荣远译，商务印书馆 2004 年版。

［德］马克斯·韦伯：《社会学的基本概念》，顾忠华译，广西师范大学出版社 2005 年版。

［德］马克斯·韦伯：《新教伦理与资本主义精神》，康乐、简惠美译，广西师范大学出版社 2007 年版。

［德］米歇尔·鲍曼：《道德的市场》，肖君、黄承业译，中国社会科学出版社 2003 年版。

［德］魏伯乐、［美］奥兰·扬、［瑞士］马塞厄斯·芬格：《私有化的局限》，王小卫、周缨译，上海人民出版社 2006 年版。

［美］E. 博登海默：《法理学——法哲学及其方法》，张智仁译，上海人民出版社 1992 年版。

［美］E. 吉尔霍恩、W. E. 科瓦西克：《反垄断法律与经济》（英文），中国人民大学出版社 2001 年版。

［美］P. 诺内特、P. 塞尔兹尼克：《转变中的法律与社会》，张志铭译，中国政法大学出版社 1994 年版。

［美］W. 吉帕·维斯库等：《反垄断与管制经济学》，陈甫军等译，机械工业出版社 2004 年版。

［美］阿兰·斯密德：《制度与行为经济学》，刘璨、吴水荣译，中国人民大学出版社 2004 年版。

［美］埃莉诺·奥斯特罗姆等：《制度激励与可持续发展》，毛寿龙译，上海三联书店 2000 年版。

［美］安东尼·唐斯：《官僚制内幕》，郭小聪等译，中国人民大学出版社 2006 年版。

［美］彼得·诺兰：《中国石油和天然气工业的机构改革》，《战略与管理》 2000 年第 1 期。

［美］查尔斯·T. 葛德塞尔：《为官僚制正名——一场公共行政的辩论》 （第四版），复旦大学出版社 2007 年版。

［美］查尔斯·蒂利：《强制、资本与欧洲国家》，魏洪钟译，上海人民出版社 2007 年版。

［美］查尔斯·沃尔夫：《政府或市场》，谢旭译，重庆出版社 2009 年版。

［美］戴维·奥斯本、特德·盖布勒：《改革政府》，周敦仁译，上海译文出版社 2006 年版。

［美］戴维斯、诺思：《制度变迁的理论：概念与原因》，载科斯、阿尔钦、诺思：《财产权利与制度变迁——产权学派与新制度学派论文集》，上海人民出版社 1994 年版。

［美］丹尼尔·F. 史普博：《管制与市场》，余晖等译，上海人民出版社 2008 年版。

［美］道格拉斯·C. 诺思：《理解经济变迁过程》，钟正生等译，中国人民大学出版社 2008 年版。

［美］道格拉斯·C. 诺思：《历史中经济组织的分析框架》，载盛洪：《现代制度经济学》（第二版·上卷），中国发展出版社 2009 年版。

［美］道格拉斯·C. 诺思：《制度、制度变迁与经济绩效》，杭行译，上海人民出版社 2008 年版。

［美］道格拉斯·C. 诺思、罗伯特·托马斯：《西方世界的兴起》，厉以平、黄磊译，华夏出版社 2009 年版。

［美］费勒尔·海迪：《比较公共行政》（第六版），刘俊生译，中国人民大学出版社 2006 年版。

〔美〕格里高利・曼昆：《经济学原理》（第 5 版），梁小民译，北京大学出版社 2009 年版。

〔美〕哈罗德・德姆塞茨：《经济发展的主次因素》，载梅纳尔：《制度、契约与组织——从新制度经济学的透视》，经济科学出版社 2003 年版。

〔美〕赫伯特・A. 西蒙：《管理行为》，詹正茂译，机械工业出版社 2004 年版。

〔美〕杰弗里・菲佛、杰勒尔德・R. 萨兰基克：《组织的外部控制：对组织资源依赖的分析》，东方出版社 2006 年版。

〔美〕理查德・A. 波斯纳：《法律的经济分析》，蒋兆康译，中国大百科全书出版社 1997 年版。

〔美〕理查德・A. 波斯纳：《反托拉斯法》，孙秋宁译，中国政法大学出版社 2003 年版。

〔美〕琳达・约斯、约翰・M. 霍布森：《国家与经济发展》，黄兆辉译，吉林出版集团 2009 年版。

〔美〕罗伯特・B. 登哈特、珍妮特・V. 登哈特：《新公共服务：服务，而不是掌舵》，丁煌译，中国人民大学出版社 2004 年版。

〔美〕罗伯特・登哈特：《公共组织理论》（第 2 版），扶松茂、丁力译，华夏出版社 2002 年版。

〔美〕罗纳德・科斯：《企业、市场与法律》，盛洪、陈郁译，上海人民出版社 2009 年版。

〔美〕罗斯科・庞德：《法理学（第三卷）》，廖德宇译，法律出版社 2007 年版。

〔美〕罗斯科・庞德：《通过法律的社会控制——法律的任务》，沈宗灵、董世忠译，商务印书馆 1984 年版。

〔美〕曼瑟・奥尔森：《国家的兴衰》，李增刚译，上海人民出版社 2007 年版。

〔美〕曼瑟・奥尔森：《集体行动的逻辑》，陈郁等译，上海人民出版社 1995 年版。

〔美〕米尔顿・弗里德曼：《资本主义与自由》，张瑞玉译，商务印书馆 2004 年版。

〔美〕尼尔・弗雷格斯坦：《市场的结构——21 世纪资本主义社会的经济社会学》，甄志宏译，上海人民出版社 2008 年版。

［美］尼古拉斯·施普尔伯：《国家职能的变迁》，杨俊峰等译，辽宁教育出版社 2004 年版。

［美］欧内斯特·盖尔霍恩、威廉姆·科瓦契奇、斯蒂芬·卡尔金斯：《反垄断法与经济学》（第 5 版），任勇、邓志松、尹建平译，法律出版社 2009 年版。

［美］欧文·E. 休斯：《公共管理导论》，张成福译，中国人民大学出版社 2001 年版。

［美］切斯特·巴纳德：《经理人员的职能》，王永贵译，机械工业出版社 2007 年版。

［美］萨瓦斯：《民营化与公私部门的伙伴关系》，周志忍译，中国人民大学出版社 2002 年版。

［美］斯蒂格勒：《产业组织与政府管制》，潘振民译，上海三联书店 1996 年版。

［美］斯蒂格勒：《政府管制与信息经济学》，潘振民译，上海三联书店 1996 年版。

［美］威廉·G. 谢泼德、乔安娜·M. 谢泼德：《产业组织经济学》，张志奇等译，中国人民大学出版社 2007 年版。

［美］威廉姆·A. 尼斯坎南：《官僚制与公共经济学》，王浦劬译，中国青年出版社 2004 年版。

［美］文森特·奥斯特罗姆：《多中心》，载迈克尔·麦金尼斯：《多中心体制与地方公共经济》，上海三联书店 2000 年版。

［美］文森特·奥斯特罗姆：《美国联邦主义》，王建勋译，上海三联书店 2003 年版。

［美］文森特·奥斯特罗姆、蒂伯特·瓦伦：《大城市地区的政府组织》，载迈克尔·麦金尼斯：《多中心体制与地方公共经济》，上海三联书店 2000 年版。

［美］小艾尔弗雷德·D. 钱德勒：《看得见的手》，重武译，商务印书馆 1987 年版。

［美］约翰·L. 坎贝尔、J. 罗杰斯·霍林斯沃斯、科恩·N. 林德伯格：《美国经济治理》，董运生译，上海人民出版社 2009 年版。

［美］约翰·康芒斯：《制度经济学》，于树生译，商务印书馆 1962 年版。

［美］约翰·肯尼思·加尔布雷思：《不确定的年代》，刘颖、胡莹译，江苏

人民出版社 2009 年版。

［美］约拉姆·巴泽尔：《产权的经济分析》，费方域、段毅才译，上海人民出版社 1997 年版。

［美］约拉姆·巴泽尔：《国家理论——经济权利、法律权利和国家范围》，钱勇译，上海财经大学出版社 2006 年版。

［美］约瑟夫·E. 斯蒂格利茨：《私有化更有效率吗》，《经济理论与经济管理》2011 年第 10 期。

［美］约瑟夫·E. 斯蒂格利茨：《政府为什么干预经济》，郑秉文译，中国物资出版社 1998 年版。

［美］约瑟夫·熊彼特：《资本主义、社会主义与民主》，吴良健译，商务印书馆 1999 年版。

［美］詹姆斯·布坎南、戈登·塔洛克：《同意的计算》，陈光金译，中国社会科学出版社 2000 年版。

［美］詹姆斯·威尔逊：《官僚机构——政府机构的作为及其原因》，孙艳译，北京三联书店 2006 年版。

［美］张伯伦：《垄断竞争理论》，郭家麟译，北京三联书店 1980 年版。

［日］本之锦哉等：《经济法》，日本青林书院 1986 年版。

［日］田中英夫、竹内昭夫：《私人在法实现中的作用》，李薇译，法律出版社 2006 年版。

［日］增岛俊之：《日本的行政改革》，熊达云等译，天津社会科学院出版社 1998 年版。

［日］植草益：《微观管制经济学》，朱绍文等译，中国发展出版社 1992 年版。

［瑞典］理查德·斯威德伯格：《经济社会学原理》，周长城等译，中国人民大学出版社 2005 年版。

［意］尼古拉·阿克塞拉：《经济政策原理》，郭庆旺、刘茜译，中国人民大学出版社 2001 年版。

［英］安东尼·吉登斯：《第三条道路》，郑戈译，北京大学出版社 2000 年版。

［美］保罗·萨缪尔森：《经济学》（第18 版），萧琛等译，人民邮电出版社 2008 年版。

［英］弗里德里希·冯·哈耶克：《自由宪章》，冯克利译，中国社会科学出

版社 1999 年版。

［英］弗里德里希·冯·哈耶克：《作为一种发现过程的竞争》，载邓正来编
　　译：《哈耶克文集》，首都经济贸易大学出版社 2001 年版。

［英］卡尔·波兰尼：《大转型：我们时代的政治与经济起源》，刘阳、冯钢
　　译，浙江人民出版社 2007 年版。

［英］迈克尔·曼：《社会权力的来源（第二卷）》，陈海宏等译，上海人民
　　出版社 2007 年版。

［英］琼·罗宾逊：《不完全竞争经济学》，陈良璧译，商务印书馆 1961
　　年版。

［英］威廉·韦德：《行政法》，徐炳译，中国大百科全书出版社 1997 年版。

［英］亚当·斯密：《国民财富的性质和原因的研究》，郭大力译，商务印书
　　馆 1972 年版。

［英］约翰·伊特韦尔：《新帕尔格雷夫经济学大辞典》（第四卷），中译
　　本，经济科学出版社 1996 年版。

白让让：《规制重建滞后与"厂网分开"的双重效率损失》，《财经问题研
　　究》2008 年第 1 期。

白雪峰、王宇奇：《开放条件下中国石油产业集中度初探》，《科技与管理》
　　2003 年第 6 期。

包锡妹：《反垄断法的经济分析》，中国社会科学出版社 2003 年版。

曹海晶、周昕：《行政垄断的法律界定及规制》，《江苏行政学院学报》2002
　　年第 1 期。

曹士兵：《反垄断法研究》，法律出版社 1996 年版。

车海刚：《反垄断的认识误区》，《中国经济时报》2001 年 1 月 16 日。

陈安明：《中国行政法学》，中国法制出版社 1992 年版。

陈承堂：《行业协会的垄断问题研究》，《行政法学研究》2008 年第 1 期。

陈代云：《产业组织与公共政策：规制抑或放松规制》，《外国经济与管理》
　　2000 年第 6 期。

陈发源：《行政垄断的合理性司法审查》，《商业研究》2011 年第 10 期。

陈富良：《S－P－B 规则均衡模型及其修正》，《当代财经》2002 年第 7 期。

陈明吉：《城市供水管网水质二次污染与防治对策》，《净水技术》2008 年
　　第 5 期。

陈少琼：《我国行政诉讼应确立合理性审查原则》，《行政法学研究》2004

年第 4 期。

陈太清：《行业协会：反垄断的第三种途径》，《生产力研究》2011 年第 11 期。

陈新民：《德国公法学基础理论》（上册），山东人民出版社 2001 年版。

陈秀山：《现代竞争理论与竞争政策》，商务印书馆 1997 年版。

陈志成：《行政垄断的多维解读》，《中国行政管理》2002 年第 3 期。

仇澄：《中国反垄断立法研究》，《行政与法》2002 年第 1 期。

崔运武：《公共事业管理概论》，高等教育出版社 2002 年版。

邓保同：《论行政性垄断》，《法学评论》1998 年第 4 期。

丁煌：《西方行政学说史》，武汉大学出版社 2004 年版。

丁启军：《基于管制视角的行业性行政垄断问题研究》，山东大学博士论文，2011 年。

丁启军：《行政垄断行业高利润来源研究》，《工业经济研究》2010 年第 5 期。

丁启军、王会宗：《管制效率、反垄断法与行政垄断行业改革》，《财贸研究》2009 年第 4 期。

冯洁：《陕西地电与国网武斗背后：输电线路引爆多年积怨》，《南方周末》2012 年 5 月 17 日第 13 版。

高娟、李贵宝：《最新颁布实施的〈城市供水水质标准〉的特点》，《中国水利》2005 年第 15 期。

高尚全：《加快推进垄断行业改革》，《市场经济研究》2004 年第 2 期。

郭道晖：《法治行政与行政权的发展》，《现代法学》1999 年第 11 期。

郭砚莉、汤吉军：《英国私有化的经验及对我国国有企业改革的启示》，《长白学刊》2011 年第 1 期。

郭跃：《美国反垄断法价值取向的历史演变》，《美国研究》2005 年第 1 期。

国家统计局：《中华人民共和国国民经济和社会发展统计公报（2000～2008）》，《国研网数据公报》，《中国电力工业发展状况》（2000～2008）。

过勇、胡鞍钢：《行政垄断、寻租与腐败》，《经济社会体制比较》2003 年第 2 期。

郝明金：《论可诉性是行政行为的本质属性》，《法学论坛》2006 年第 3 期。

何高潮：《政治现象与政治学研究：一个理性选择理论的看法》，载郑宇硕、罗全义：《政治学新论——西方理论与中华经验》，香港中文大学出版社 1997 年版。

侯怀霞：《行政垄断的成因、类型及法律对策》，《山西大学学报（哲学社会科学版）》2001 年第 6 期。

胡汝银：《竞争与垄断：社会主义微观经济分析》，上海三联书店 1988 年版。

胡薇薇：《我国制定反垄断法势在必行》，《法学》1995 年第 3 期。

黄欣、周昀：《行政垄断与反垄断立法研究》，《中国法学》2001 年第 3 期。

黄勇、邓志松：《论管制行政垄断的我国反垄断法特色——兼论行政垄断的政治与经济体制根源》，《法学杂志》2010 年第 7 期。

姬亚平：《行政合法性、合理性原则质疑》，《行政法学研究》1998 年第 3 期。

贾西津、沈恒超、胡文安：《转型时期的行业协会》，社会科学文献出版社 2004 年版。

建设部课题组：《市政公用事业改革与发展研究》，中国工业出版社 2004 年版。

姜彦君：《中外行政性垄断与反垄断立法比较研究》，《政法论坛》2002 年第 3 期。

蒋悟真：《反垄断法中的公共利益及其实现》，《中外法学》2010 年第 4 期。

金太军：《西方公共行政价值取向的历史演变》，《江海学刊》2000 年第 6 期。

句华：《美国地方政府公共服务合同外包的发展趋势及其启示》，《中国行政管理》2008 年第 7 期。

克思斯托弗·胡德《布莱克维尔政治学百科全书》，邓正来译，中国政法大学出版社 1992 年版。

孔峰、牛东晓：《寡头发电商市场力与报价机制分析》，《中国电机工程学报》2005 年第 25 期。

乐园：《公共服务购买：政府与民间组织的契约合作模式——以上海打浦桥社区文化服务中心为例》，清华大学 NGO 研究所《中国非营利评论》（第二卷），社会科学文献出版社 2008 年版。

李东升：《自然垄断性中央企业的政府管制变革》，《中国行政管理》2009 年第 9 期。

李贵宝、周怀东、刘晓茹：《我国生活饮用水水质标准发展趋势及特点》，《中国水利》2005 年第 9 期。

李国海：《反垄断法公共利益理念研究》，《法商研究》2007 年第 5 期。

李国武：《行业协会的目标置换倾向及其原因分析》，《江苏行政学院学报》2008 年第 3 期。

李健：《我国航空运输业放松管制绩效研究》，《工业技术经济》2011 年第 7 期。

李将军：《西方国家企业国有化和私有化问题研究》，《经济论坛》2010 年第 4 期。

李南鸿：《对我国电力工业体制改革中规制侵占和行业寻租问题的分析及政策建议》，《经济师》2003 年第 5 期。

李善民、余鹏翼：《电力短缺、经济增长与政府规制》，《经济理论与经济管理》2004 年第 10 期。

李煜兴：《日本行政规制改革的全景透析及其启示》，《现代日本经济》2006 年第 1 期。

梁上上：《论行业协会的反竞争行为》，《法学研究》1998 年第 4 期。

林仲豪：《日本行政垄断规制改革及启示》，《经济问题》2007 年第 12 期。

刘兵勇：《试论反垄断的理论基础》，《江苏社会科学》2002 年第 5 期。

刘昌黎：《现代日本经济概论》，东北财经大学出版社 2002 年版。

刘东亮：《我国行政行为司法审查标准之理性选择》，《法商研究》2006 年第 2 期。

刘广一、于尔铿、宋永华等：《合同的基本类型及其在电力市场中的作用》，《中国电力》1999 年第 3 期。

刘戒骄：《自然垄断产业的放松管制和管制改革》，《中国工业经济》2000 年第 11 期。

刘世锦、张文魁：《我国民航运输企业改革与重组的思路研究》，《管理世界》2000 年第 4 期。

刘志彪、姜付秀：《我国产业行政垄断的制度成本估计》，《江海学刊》2003 年第 1 期。

娄丙录：《论行政垄断的可豁免性》，《河南社会科学》2010 年第 9 期。

卢炯星、李晓丽：《反垄断法视域中的公共利益问题》，《山东社会科学》2010 年第 7 期。

吕晓萍:《对我国行政垄断现状的分析》,《当代经济研究》2002 年第 2 期。

罗建文、高洪波:《行政垄断的道德反思》,《中国行政管理》2004 年第 12 期。

马茹萍:《反垄断法应管制行政垄断》,《经营与管理》2007 年第 2 期。

马甜:《转型期自然垄断产业民营化进程与全要素生产率的变动——以中国电力产业为例》,《当代财经》2010 年第 2 期。

门建辉:《自然垄断行业放松管制的理论分析》,《南京社会科学》1999 年第 3 期。

孟雁北:《反垄断法视野中的行业协会》,《云南大学学报(法学版)》2004 年第 3 期。

孟雁北:《竞争法》,中国人民大学出版社 2004 年版。

鸣胜:《反行政垄断的法律思考》,《学海》2002 年第 4 期。

倪振峰:《公益型行政垄断初探》,《法学杂志》2011 年第 4 期。

聂孝红:《行政垄断纳入我国〈反垄断法〉的必要性》,《河北法学》2007 年第 2 期。

牛帅:《行政性垄断导致行业生产成本低效》,《财经科学》2009 年第 10 期。

潘志玉:《论民法上的公共利益》,《政法论丛》2008 年第 3 期。

彭和平等:《国外公共行政理论精选》,彭和平等译,中共中央党校出版社 1997 年版。

漆多俊:《中国反垄断立法问题研究》,《法学评论》1997 年第 4 期。

秦晖:《问题与主义》,吉林出版社 1999 年版。

秦钰慧、张丽霞:《我国生活饮用水水质卫生规范简介》,《环境与健康杂志》2002 年第 19 期。

全国人大常委会法制工作委员会经济法室:《〈中华人民共和国反垄断法〉条文说明、法理理由及相关规定》,北京大学出版社 2007 年版。

尚明:《对企业滥用市场支配地位的反垄断法规规制》,法律出版社 2007 年版。

申理峰:《关于中国城市水务企业产权改革问题的思考》,《经济与管理》2005 年第 7 期。

沈敏荣:《法律的不确定性——反垄断法规则分析》,法律出版社 2001 年版。

沈宗灵:《法理学》,高等教育出版社 1994 年版。

石淑华:《20 世纪 90 年代以来中国垄断性产业经济增长方式分析——以电力、电信产业为例》,《贵州财经学院学报》2006 年第 4 期。

石淑华:《行政垄断的经济学分析》,社会科学文献出版社 2006 年版。

史际春:《反行政垄断要确立平等观》,《法制日报》2001 年 9 月 16 日第 3 版。

史际春:《关于中国反垄断法概念和对象的两个基本问题》,载《中国反垄断法研究》,人民法院出版社 2001 年版。

宋序彤、许俊仪:《我国城市供水排水产业发展分析》,《中国给水排水》2005 年第 1 期。

宋则:《反垄断理论研究》,《经济学家》2001 年第 1 期。

苏东水:《产业经济学》,高等教育出版社 2000 年版。

苏力、贺卫方:《学问中国》,江西教育出版社 1998 年版。

唐义德:《电力市场竞争、规制与结构转换》,湖南大学博士学位论文,2008 年。

田檬檬:《反行政垄断初探》,《河北法学》2004 年第 10 期。

万峰:《日本资本主义史研究》,湖南人民出版社 1984 年版。

王保树:《论反垄断法对行政垄断的规制》,《法学家》1998 年第 3 期。

王春晖、吴一平:《规制分权化、组织合谋与制度效率——基于中国电力行业的实证研究》,《中国工业经济》2006 年第 4 期。

王会宗:《行政垄断与经济效率——基于中国铁路运输业的实证分析》,《经济问题》2009 年第 9 期。

王俊豪:《论深化中国垄断行业改革的政策思路》,《中国行政管理》2009 年第 9 期。

王俊豪:《政府规制经济学导论》,商务印书馆 2003 年版。

王俊豪:《中国垄断性产业管制机构的设置和运行机制》,商务印书馆 2008 年版。

王俊华:《美国政府放松经济管制的趋势》,《中国青年政治学院学报》2002 年第 3 期。

王良才:《从世界各国石油工业的组织结构看中国石油工业的改革》,《国际石油经济》1997 年第 4 期。

王廷惠:《美国监狱私有化:目标与效果分析》,《中国行政管理》2005 年第

6 期。

王为农:《关于我国反垄断立法的再思考》,《中国法学》2004 年第 3 期。

王为农、陈杰:《离依法行政还有多远——行政体制改革破除行政垄断》, 《河北法学》2006 年第 6 期。

王伟等:《电能现货拍卖交易中企业间默契合谋行为分析》,《电力系统自动 化》2005 年第 23 期。

王祥薇:《电力企业滥用市场支配地位行为的法律规制》,《安徽警官职业学 院学报》2007 年第 4 期。

王晓晔:《反垄断立法热点问题》,社会科学文献出版社 2007 年版。

王晓晔:《竞争法研究》,中国法制出版社 1999 年版。

王晓晔:《入世与中国反垄断法的制定》,《法学研究》2003 年第 2 期。

王晓晔:《我国反垄断法立法框架》,《法学研究》1996 年第 4 期。

王晓晔:《依法规范行政性限制竞争行为》,《法学研究》1998 年第 3 期。

王晓晔:《依法规范行政性限制竞争行为》,载王晓晔:《反垄断与市场经 济》,法律出版社 1998 年版。

王学栋:《中美行政行为司法审查标准的比较与反思》,《河北法学》2004 年第 11 期。

王学庆:《电力行业的政府管制问题研究》,《经济研究参考》2003 年第 25 期。

王学庆:《垄断性行业的政府管制问题研究》,《管理世界》2003 年第 8 期。

王雅莉、毕乐强:《公共规制经济学》,清华大学出版社 2005 年版。

王晲:《我国反垄断法一般理论及基本制度》,《中国法学》1997 年第 2 期。

温观音:《产权与竞争:关于行政垄断的研究》,《现代法学》2006 年第 7 期。

吴宏伟:《竞争法有关问题研究》,中国人民大学出版社 2000 年版。

吴宏伟、魏炜:《论反垄断法的价值目标》,《法学家》2005 年第 3 期。

吴宏伟、余金保:《再论行政垄断的法律管制》,《湖南社会科学》2009 年 第 2 期。

吴洪、彭惠、岳宇君:《国有垄断—私有化—公私合作:国外电信业体制变 革新趋势及对我国的启示》,《经济体制改革》2011 年第 4 期。

吴偕林:《论行政合理性原则的适用》,《法学》2004 年第 12 期。

夏大慰、史东辉:《政府规制理论、经验与中国的改革》,经济科学出版社

2003 年版。

夏业良:《反垄断的民间力量》,《21 世纪经济报道》2001 年 2 月 19 日第
　　22 版。

肖兴志:《公用事业市场化与规制模式转型》,中国财政经济出版社 2008
　　年版。

肖兴志:《日本规制改革模式的形成逻辑》,《外国经济与管理》2000 年第
　　9 期。

肖兴志:《自然垄断产业规制体制改革的战略思考》,《改革》2002 年第
　　6 期。

谢泗薪、李荣、都业富:《天空开放下管制放松与中国民航制度创新的博弈
　　分析》,《南开经济研究》2005 年第 3 期。

谢永刚:《水权制度与经济绩效》,经济科学出版社 2004 年版。

徐梅:《试论日本电信业放松规制及其启示》,《日本学刊》2000 年第 3 期。

许洁、吴光伟:《论我国电力产业政府规制的变迁与阻滞》,《经济纵横（月
　　刊创新版)》2007 年第 1 版。

薛克鹏:《行政垄断不应由〈反垄断法〉调整》,《山西师大学报(社会科学
　　版)》2001 年第 2 期。

薛克鹏:《行政垄断的非垄断性及其管制》,《天津师范大学学报（社会科学
　　版)》2007 年第 3 期。

薛兆丰:《乱来的反垄断法》,《21 世纪经济报道》2001 年 9 月 17 日。

杨兰品:《中国行政垄断问题研究》,经济科学出版社 2006 年版。

杨兰品:《中国转型时期垄断问题研究》,《经济评论》1999 年第 4 期。

杨临萍:《〈反垄断法〉司法审查的若干问题探讨》,《东方法学》2008 年第
　　3 期。

杨骞:《我国烟草产业行政垄断的社会成本估算》,《当代财经》2010 年第
　　4 期。

杨嵘:《进入壁垒与石油产业组织效应》,《当代经济科学》2001 年第 2 期。

杨巍、王为农:《关于行政垄断及其法律管制》,《浙江社会科学》2002 年
　　第 3 期。

杨秀玉:《我国电信行业经济效率分析》,《山东经济》2010 年第 2 期。

杨秀玉:《中国电信产业行政垄断及其绩效的实证分析》,《上海财经大学学
　　报》2009 年第 8 期。

易成：《论我国行政垄断的成因及对策》，《当代经济》2004 年第 10 期。

于华阳、于良春：《行政垄断形成根源与运行机制的理论假说》，《财经问题研究》2008 年第 1 期。

于立：《产业经济学理论与问题研究》，经济管理出版社 2000 年版。

于良春：《反行政垄断：竞争政策的若干思考》，载于良春主编：《反行政性垄断与促进竞争政策前沿问题研究》，经济科学出版社 2008 年版。

于良春、张伟：《中国行业性行政垄断的强度与效率损失研究》，《经济研究》2010 年第 3 期。

于良春等：《自然垄断与政府管制》，经济科学出版社 2003 年版。

于左：《反垄断执法权力配置与行政垄断规制困境——泰国两则反垄断案例的启示》，《财经问题研究》2005 年第 5 期。

余晖：《受管制市场里的政企同盟——以中国电信业为例》，《中国工业经济》2000 年第 1 期。

余晖：《行政性垄断如何终结》，《中国经济时报》2001 年 4 月 25 日第 8 版。

俞燕山：《我国基础设施产业改革的政策选择》，《改革》2002 年第 1 期。

张敦富：《城市经济学》，中国轻工业出版社 2005 年版。

张帆：《对自然垄断的管制》，载汤敏、茅于轼：《现代经济学前沿专题》，商务印书馆 1993 年版。

张富：《公共行政的价值向度》，中央编译出版社 2007 年版。

张红凤：《西方管制经济学的变迁》，经济科学出版社 2005 年版。

张康之：《论公共行政领域中的价值选择》，《江海学刊》2000 年第 1 期。

张鸣胜：《反行政垄断的法律思考》，《学海》2002 年第 4 期。

张冉：《中国行业协会研究综述》，《甘肃社会科学》2007 年第 5 期。

张淑芳：《行政垄断的成因分析及法律对策》，《法学研究》1999 年第 4 期。

张文显：《法理学》，高等教育出版社、北京大学出版社 1999 年版。

张小强、许明月：《行政垄断的经济分析及其对策》，《重庆大学学报（自然科学版)》2005 年第 3 期。

张昕竹：《论垄断行业改革的理论基础》，《经济社会体制比较》2011 年第 3 期。

赵守日：《美日等国的放松管制运动及其对深圳审批制度改革的启示》，《经济体制改革》1998 年第 5 期。

郑海良、李向科：《我国当前水务产业的投融资困境与出路》，《中国给水排水》2008 年第 7 期。

郑鹏程:《反行政垄断悖论及其消解》,《忻州师范学院学报》2001 年第
2 期。

郑鹏程:《论对我国自然垄断行业的法律调整》,《中国软科学》2001 年第
8 期。

郑鹏程:《论法律对行政垄断的综合规制》,《求索》2003 年第 1 期。

郑鹏程:《论现代反垄断法实施中的协商和解趋势——兼论行政垄断的规制
方式》,《法学家》2004 年第 4 期。

郑鹏程:《行政垄断的法律控制研究》,北京大学出版社 2002 年版。

中华人民共和国国家统计局工业统计司编:《我国钢铁、电力、煤炭、机械
纺织、造纸工业的今昔》,统计出版社 1958 年版。

种明钊:《竞争法》,法律出版社 1997 年版。

朱泽山:《我国政府在反垄断中的职责和重点指向》,《经济体制改革》2001
年第 5 期。

A. C. Pigou, The Economics of Welfare, London: Macmillan, 1948.

A. Hefetz and Mildred Warner, "Beyond the Market vs. Planning Dichotomy: Un-
derstanding Privatization and its Reverse in US Cities", *Local Government
Studies*, 2007, 33 (4): 555 - 572.

A. M. Di Lodovico, *Privatization and Investment under Weak Regulatory Commit-
ment*, PhD dissertation, University of California, Berkeley, CA, 1998.

A. Roncaglia, *Sraffa and the Theory of Price*. Chichester: John Wiley &
Sons, 1978.

A. T. Peacock and J. Wiseman, *The Growth of Public Expenditure in the United
Kingdom*, London: George Allen and Unwin Ltd, 1967.

A. Wagner, *Three Extracts on Public Finance*, *In Musgrave and Peacock*, *e-
d. Classics in the Theory of Public Finance*, New York: Macmillan
Co. , 1958.

Alfred Edward Kahn, *The Economics of Regulation: Principals and Institutions*,
Vol. 1, New York: Wiley, 1970.

Alfred Edward Kahn, *The Economics of Regulation: Principles and Institutions*,
Cambridge, Mass: MIT Press, 1988.

Alfred Edward Kahn, *The Economies of Regulation: Principles and lnstitut-*

ions. Vol. 2, New York: Willey, 1971.

Andy Hall, "Public – private Sector Partnerships in an Agricultural System of innovation: Concepts and Challenges", *UNU-MERIT Working Paper Series #* 2006 – 002, United Nations University-Maastricht Economic and Social Research and Training Center on Innovation and Technology: Maastricht, The Netherlands, 2006.

Antony Atkinson, Tomas Piketty and Emmanuel Saez, *Top Incomes in the Long Run of History*, NBER Working Paper, 2009, No. W5408.

Armen Alchian and William R. Allen, *University Economics* (15th ed), *Belmont California*: Wadsworth Publishing Company, 1964.

Avner Greif, "Cultural Beliefs and the Organization of Society: A Historical and Theoretical Reflection on Collectivist and Individualist Societies", *Journal of Political Economy*, 1994, 102: 912 – 950.

Aviad Heifetz, Ella Segev, Eric Talley, "Market Design with Endogenous Preferences", *Games and Economic Behavior*, 2007, 58: 123 – 153.

B. Guy Peters, *The Future of Governing*, Lawrence: University Press of Kansas, 2001.

C. Tiebout, "A Pure Theory of Local Government Expenditures", *Journal of Political Economy*, 1956, 60: 415 – 424.

C. D. Jacobson and J. A. Tarr, "Ownership and Financing of Infrastructure: Historical Perspectives", *A Background Paper for the* 1994 *World Development Report*, 1993.

C. Freeman, *Technology Policy and Economic Performance: Lessons from Japan*, London: Printer, 1987.

Carsten Greve and Peter Kragh Jespersen, "New Public Management and its Critics: Alternative Roads to Flexible Service Delivery to Citizens?" In Luc Rouban, eds. , *Citizen and The New Governance: Beyond New Public Management*, Amsterdam: IOS Press, 1999.

Chang Ha-Joon, "State-Owned Enterprises Reform", United Nations, *Department of Economics and Social Affairs*, 2007.

Chris Ansell, and Alison Gash, "Collaborative Governance in Theory and Practice", *Journal of Public Administration Research and Theory*, 2007, 11:

543 – 71.

D. Haarmeyer and A. Mody, "Tapping the Private Sector: Reducing Risk to At-tract Expertise and Capital to Water and Sanitation", Washington, D. C. : The World Bank, 1997.

D. Lowery, "A Transactions Costs Model of Metropolitan Governance: Allocation versus Redistribution in Urban America", *Journal of Public Administration Research and Theory*, 2000, 10 (1): 49 – 78.

D. Sappington and J. E. Stiglitz, "Privatization, Information and Incentives", *Journal of Policy Analysis and Management*, 1987, 6 (4).

David M. Van Slyke, "The Mythology of Privatization in Contracting for Social Services", *Public Administration Review*, 2003, 63 (3): 296 – 315.

David Martimort, "The Life Cycle of Regulatory Agencies: Dynamic Capture and Transaction Costs", *Review of Economic Studies*, 1999. Vol. 66, Issue 4.

Deloitte Research, "The Changing Landscape for Infrastructure Funding and Fi-nance ", http://www. deloitte. com/assets/DcomRomania/Local% 20Assets/Documents/EN/Public%20sector/ro_ InfrastructureFunding. pdf, 2006.

Delos F. Wilcox, *Municipal Franchises: A Description of the Terms and Conditions upon which Private Corporations enjoy Special Privileges in the Streets of Ameri-can Cities, Volume I*, New York: McGraw Hill, 1910.

Douglass C. North, "Institutions", *Journal of Economic Perspectives*, 1991, 5: 97 – 112.

Dudley H. Chapman, *Molting Time for Antitrust: Marker Realities, Economic Fal-lacies, and European Innovations*, New York: Praeger Publishers, 1991.

Duncan Williamson, "An Introduction to the Underlying Principles of Unbundling Costs: What it is and How to Do it", http://www. duncanwil. co. uk/pdfs/unbub. pdf, 2001, 12.

E. Berlin, C. J. Cicchetti, and W. J. Gillen, *Perspective on Power*, Cambridge, Mass: Ballinger Publishing, 1974.

E. Lindahl, "Just Taxation: A Positive Solution" (1919), in R. Musgrave and A. Peacock, eds. , *Classics in the Theory of Public Finance*, New York: St. Martin, s Press, 1967.

Earl Warren, "Webster and the Court", *Dartmouth College Alumni Magazine* ,

1969, 5 (19).

Edwin Chadwick, "Results of Different Principles of Legislation and Administration in Europe, of Competition for the Field, as Compared with Competition within the Field, of Service", *Journal of the Statistical Society of London*, 1859, 22: 383 – 420.

Elinor Ostrom, "A Diagnosis Approach for Going Beyond Panaceas", Processings of the National Academy of Sciences, 2007, 104 (39).

Elinor Ostrom, "Beyond Markets and States: Polycentric Governance of Complex Economic Systems", *American Economic Review*, 2010, 100: 1 – 33.

Emanuel S. Savas, *Privatization and Public-Private Partnerships*, London: Chatham House, 2000.

Eirik G. Furubotn and Rudolf Richter, *Institutions and Economic Theory: The Contribution of the New Institutional Economics*, Detroit: University of Michigan Press, 1996.

F. M. Scherer, Industrial Market Structure and Economic Performance, 2nd ed., Chicago: Rand McNally, 1980.

Francis M. Bator, "The Anatomy of Market Failure", *Quarterly Journal of Economics*, 1958, 72 (3).

Frank N. Magill, *Survey of Social Sience-Economics Series* Vol. 4, Salem Press. Inc, 1991.

Fred M. Westfield, "Regulation and Conspiracy", *The American Economic Review*, 1965. Vol. 55, No. 3.

G. Abed and H. Davoodi, *Corruption, Structural Reforms, and Economic Performance in the Transition Economies*, International Monetary Fund, IMF Working Paper, 2000, WPPOO: 132.

G. Roth, *The Private Provision of Public Services in Developing Countries*, Oxford, 1987.

G. Stoker, "Governance as Theory: Five Propositions", *International Social Science Journal*, 1998, 155 (50): 17 – 28.

Gary S. Becker, "A Theory of Competition among Pressure Groups for Political Influence", *The Quarterly Journal of Economics*, 1983, 98 (3).

George J. Stigler, *The Organization of Industry*, Illinois: Irwin, 1968.

George J. Stigler, "The Theory of Economic Regulation", *Journal of Economics and Management Science*, 1971, 2 (1).

George J. Stigler, "Free Riders and Collective Action: An Appendix to Theories of Economic Regulation" *Bell Journal of Economics*, 1974, 5, Autumn: 359 – 365.

George J. Stigler and Claire Friedl, "What Can Regulaors Regulate: The Case of Electricity", *Journal of Law and Economics*, 1962, 10 (5): 3 – 16.

Giuliano Amato, *Antitrust and The Bounds of Power*, Oxford: Hart Publishing, 1997.

H. Averch and L. Johnson, "The Behavior of the Firm Under Regulatory Constraint", *American Economic Review*, 1962, 12.

H. George Frederickson, *New Public Administration*, Alabama: The University of Alabama Press University, 1980.

Harold Demsetz, "Why Regulate Utilities?" *Journal of Law and Economics*, 1968, (11) 1: 55 – 65.

Harold Demsetz, "Information and Efficiency: Another Viewpoint", *Journal of Law and Economists*, 1969, (12).

Harold Demsetz, "The Private Provision of Public Goods", *Journal of Law and Economics*, 1970, 13: 292 – 306.

Harold Demsetz, "Industry Structure, Market Rivalry, and Public Policy", *Journal of Law and Economics*, 1973 (1): 3 – 91.

Harold Hotelling, "The General Welfare in Relation to Problems of Taxation and of Railway and Utility Rates", *Econometrica*, 1938, 6 (3).

Harvey Averch and Leland L. Johnson, "Behavior of the Firm Under Regulatory Constraint", *American Economic Review*, 1962, 52 (1052).

Harvey Leibenstein, "Allocative Efficiency vs. 'X-Efficiency'", *The American Economic Review*, 1966, 56 (3): 392 – 415.

I. Kirzner, "Entrepreneurial Discovery and the Competitive Process: An Australian Approach", *Journal of Economic Literature*, X X X V, 1997.

IFC (International Finance Corporation), "Introduction and Background Information on Privately Financed Infrastructure Projects", http://www. uncitral. org/ English/texts/procurem/3 – 22 – e. pdf, 1996, 2.

Irving Fisher, "The Business Cycle Largely a 'Dance of the Dollar'", *Journal of* the American Statistical Association, 1923, 18: 1024 – 1028.

J. Beecher, P. Mann and J. Landers, *Cost Allocation and Rate Design for Water Utilities. Columbus*, Ohio: The National Regulatory Research Institute, 1992.

J. Bonbright, *Principle of Public Utilities Rates*, Columbia University Press, 1961.

J. E. Stiglitz, *Regulating Multinational Corporations*: *Towards Principles of Cross-border Legal Frameworks in a Globalized World Balancing Rights with Responsibilitie*, American University International Law Review, 2007.

J. Dupiuit, "On the Measurement of the Utility of Public Works", In K. J. Arrow and T. Scitovsky, eds. *Readings in Welfare Economics*, Homewood: Irwin, 1969.

J. J. Laffont, *Regulation and Development*, Cambridge : Cambridge University Press, 2005.

J. Kooiman, "Social-Political Governance: Overview, Reflection and Design", *Public Management*, 1999, 1 (1): 67 – 92.

J. Kooiman, *Governing as Governance*, London: Sage, 2003.

J. Mark, R. Lee, *Antitrust Law and Local Government*, Greenwood Rress, 1985.

J. S. Bain, "Relation of Profit Rate to Industry Condcentration: American Manufacturing, 1936 – 1940", *Quarterly Journal of Economics*, 1951 (65): 293 – 324.

J. S. Bain, *Barriers to New Competition*, New York: Harvard University Press, 1956.

J. S. Bain, *Industrial Organization*, New York: Harvard University Press, 1959.

J. Stern, "Electricity and Telecommunications Regulatory Institutions in Small and Developing Countries", *Utilities*, 2000, 9: 133 – 157.

James May, "Antitrust in the Formative Era: Political and Economic Theory in Constitutional and Antitrust Analysis, 1880 – 1918", *Ohio State Law Journal*, 1989, 50: 257 – 391.

James Q. Wilson, *The Politics of Regulation*, New York: Basic Books, 1980.

Jerrold G. Van Cise, "Antitrust Past Present Future", in Theodore P. Kovaleffed, ed. , *The Antitrust Impulse*, Vol. 1, *An Economic Historical and Legal Analysis*, M. E. Sharpe, 1991.

Jill J. McCluskey, "Game Theoretic Approach to Organic Foods: An Analysis of Asymmetric Information and Policy", *Agricultural and Resource Economics*

Review, 2000 (29): 3 – 9.

Jocelyn M. Jonhston and Barbara S. Romzek, "Contracting and Accountability in State Medicaid Reform: Rhetoric, Theories, and Reality", *Public Administration Review*, 1999, 59.

John C. Panzar and Robert D. Willig, "Free Entry and Sustainability of Natural Monopoly", *Bell Journal of Economics*, 1977, 8 (1).

John C. Panzar and Robert D. Willig, "Economics of Scope", *American Economics Review*, 1981, 71 (2).

John Stuart Mill, *The Principles of Political Economy*, New York: D. Appleton And Company, 1848.

John Vickers and George Yarrow, *Privatization: An Economic Analysis*, Boston: MIT Press, 1988.

Jonathan B. Baker, "A Perface to Post Chicago Antitrust", in Antonio Cucinotta et al., ed., *Post Developments in Antitrust Law*, Edward Elegar, 2002.

Judith A. Rees, "Regulation and Private Participation in the Water and Sanitation Sector", http://www.gwpforum.org, 1998, 7.

K. J. Arrow, "Economic Welfare and the Allocation of Resource for Invention", In R. R. Nelson, ed. *The Rate and Direction of Inventive Activity: Economic and Social Factor*, Princeton University Press, 1962.

K. M. Howe, *Public Utility Economics and Financial*, Princeton Hall Inc, 1982.

K. Wicksell, "A New Principle of Just Taxation" (1896), Reprinted in: R. Musgrave and A. T. Peacock, eds., *Classics in the Theory of Public Finance*, New York: St. Martin's Press, 1967.

Kirk Emmerson, Tina Nabatchi and Stephen Balogh, "An Integrative Framework of Collaborative Governance", *Journal of Public Administration Research and Theory*, 2011, 5: 3 – 29.

L. Hurwicz, "Optimality and Informational Efficiency in Resource Allocation Processes", in Arrow, Karlin and Suppes, ed. *Mathematical Methods in the Social Sciences*, Stanford University Press, 1960.

L. Hurwicz, "On Informationally Decentralized Systems", in R. Radner and C. B. McGuire, eds. *Decision and Organization*, Amsterdam: North – Holland, 1972.

Lester M. Salamon, *Partners in Public Service*, Baltimore: Johns Hopkins University Press, 1995.

Lester M. Salamon, eds., *The Tools of Government: A Guide to a New Governance*, New York: Oxford University Press, 2002.

M. A. Utton, *The Economics of Regulating Industry*, Oxford: Blackwell, 1986.

M. E. Slade and Jacquemin A, "Strategic Behaviour and Collusion", in G. Norman and Manfred LaManna, eds. *The New Industrial Economics*. Aldershot: Edward Elgar, 1992.

M. Lewis, "Risk Management in Public-Private Partnerships", Working Paper, *School of International Business*, University of South Australia, 2002.

M. Spackman, "Public-private Partnerships: Lessons from the British Approach", *Economic Systems*, 2002, 26: 283 – 301.

M. Zouggari, "Public Private Partnerships: Major Hindrances to the Private Sector's Participation in the Financing and Management of Public Infrastructures", *Water Resources Development*, 2003, 19 (2): 123 – 129.

Malcolm Newson, *Land, Water and Development: River Basin Systems and Their Sustainable Management*, London: Routledge, 1992.

Marc T. Law and Gary Libecap, "The Determinants of Progressive Era Reform: The Pure Food and Drugs Act of 1906", http://www.nber.com/books/corruption/law-libecap4 – 3 – 05. pdf, 2004.

Mark Granovetter, "Economic Action and Social Structure: The Problem of Embeddedness", *American Journal of Sociology*, 1985, 91: 483 – 510.

Martin Loeb and Wesley A. Magat, "A Decentralized Method for Utility Regulation", *Journal of Law and Economics*, 1979, 22: 399 – 404.

Matthias Finger and Jeremy Allouche, *Water Privatization: Trans-National Corporations and the Re-Regulation of the Water Industry*, London: Spon Press, 2001.

Michael R. Darby, and Edi Karni, "Free Competition and the Optimal Amount of Fraud", *Journal of Law and Economics*, 1973, 16 (1).

Mike Feintuck, *The Public Interest in Regulation*, Oxford University Press, 2004.

OECD, *Privatising State-owned Enterprises: An Overiew of Policies and Practices in*

OECD Contries, Paris: OECD Publishing, 2003.

OECD, *Corporate Governance of State-owned Enterprises: A Survey of OECD Contries*, Paris: OECD Publishing, 2005.

OFWAT, *Competition in the Water Industry: Inset Appointments and Their Regulation*, Birmingham: Office of Water Services, 1995.

Oliver E. Williamson, *Markets and Hierarchies: Analysis and Antitrust Implementations*, New York: Free Press, 1975.

Oliver E. Williamson, *The Economic Institutions of Capitalism*, New York: Free Press, 1985.

Oliver E. Williamson, *The Mechanism of Governance*, Oxford: Oxford University Press, 1996.

Oliver E. Williamson, "The New Institutional Economics: Taking Stock, Looking Ahead", *Journal of Economic Literature*, 2000, 38: 595 – 613.

Oliver E. Williamson, "Transaction Cost Economics and Organizational Theory", In Neil J. Smelser and Richard Swedberg, ed. , *The Handbook of Economic Sociology*, New York: Russell Sage Foundations, 1994.

Partha Dasgupta and Ismail Serageldin, ed. , *Social Capital: A Multifaceted Perspective*, Washington D. C. : The International Bank for Reconstruction and Development, 2000.

Paul L. Joskow and Schmalanseer, *Markets for Power Analysis for Electric Utility Deregulation*, Cambridge: MIT Press, 1983.

Paul L. Joskow, "Deregulation and Regulatory Reform in the US Electric Power Sector", In Sam Peltzman and Clifford Winston, eds. , *Deregulation of Network Industries: What's Next?* Brookings Institution Press, Washington, D. C. , 2000.

Paul L. Joskow, "Electricity Sector Restructuring and Competition:Lessons Learned", *Cuadernosde Economia* (Latin American Journal of Economics), 2003, 40: 548 – 558.

Paul L. Joskow, "Introducing Competition in Network Industries:From Hierarchies to Markets in Electricity", *Industrial and Corporate Change*, 1996, 5: 314 – 382.

Paul L. Joskow, "Markets for Power in the US: An Interim Assessment", *The Energy Journal*, 2006, 27 (1): 3 – 36.

Project Finance, "Made in Europe", 1999, December.

P. B. Henrik, "Reviews of Governing as Governance", *Public Administration*, 2007, 85 (1): 227 – 253.

P. Nijkamp, M. Van der Burch and G. Vidigni, "A Comparative Institutional E-valuation of Public Private Partnerships in Dutch Urban Land-use and Revital-ization Projects", *Urban Studies*, 2002, 39 (10): 1865 – 1880.

P. Samuelson, "Pure Theory of Public Expenditure and Taxation", In J. Margolis and H. Guitton, eds., *Public Economics: An Analysis of Public Production and Consumption and Their Relations to the Private Sectors*, London: Mac-millan, 1966, 98 – 123.

P. Scharle, "Public Private Partnerships as a Social Game", *Innovation*, 2002, 15 (3): 227 – 252.

Ravi Ramamurt, *Privatizing Monopolies Lessonsfrom the Telecommunications and Transport Sections in Latin America*, John Hopkins University Press, 1996.

Richard A. Posner, "The Appropriate Scope of Regulation in the Cable Television Industry", *The Bell Journal of Economics and Management Science*, 1972, 3 (1): 98 – 129.

Richard A. Posner, "Theories of Economic Regulation", *Bell Journal of Econom-ics and Management Science*, 1974, 5 (2): 336.

Richard E. Hirsh, *Power Loss: The Origins of Deregulation and Restructuring in the American Utility System*, Cambridge: MIT Press, 1999.

Robert Skidelsky and Baron Skidelsky Keynes, *The Return of the Master*, Allen Lane, 2009.

Robert W. Harbeson, "Railroads and Regulation, 1877 – 1916: Conspiracy or Public Interest", *The Journal of Economic History*, 1967, 27 (2).

Roger Sherman, *The Regulation of Monopoly*, Cambridge: Cambridge University Press, 1991.

Ronald H. Coase, "The Institutional Structure of Production", *American Econom-ic Review*, 1992, 9: 713 – 719.

Ronald H. Coase, "The Nature of the Firm", *Journal of Law and Economic Re-view*, 1936, 54: 94.

Ronald H. Coase, "The Problem of Social Cost", *Journal of Law and Economic*

Review, 1960, 54: 94.

Ronald R. Braeutigam and John C. Panzar, "Effects of the Change from Rate-of-Return to Price-Cap Regulation", *The American Economic Review*, 1993, 83 (2).

Ross D. Eckert, "The Life Cycle of Regulatory Commissioners", *Journal of Law and Economics*, 1981, 24 (1).

Rudolph J. Peritz, *Competition Policy in America: History, Rhetoric, Law*, Oxford University Press, 2000.

R. Anderson, "EPA Paints Bleak Picture for Water Infrastructure Investment", http://www.usmayors.org/uscm/us_ mayor_ newspaper/documents/10_ 18_ 99/epa_ article.htm. , 1999.

R. A. Musgrave, *Financial System*, New Heaven: Yale University Press, 1969.

R. C. Baker, "Investigating Enron as a Public Private Partnership", *Accounting, Auditing& Accountability Journal*, 2003, 16 (3): 446 – 466.

R. H. Dehoog, "Competition, Negotiation or Cooperation: Three Models for Service Contracting", *Administration and Society*, 1990, 122.

R. R. Braeutigam, "Optimal Policies for Natural Monopolies", In R. Schmalensee and R. D. Willig, eds. Handbook of Industrial Organization. Vol . Ⅱ, Amsterdam: North Holland, 1989.

R. Widdus, "Public Private Partnerships for Health: Their Main Targets, Their Diversity and Their Future Directions", *Bulletin of the World Health Organization*, 2001, 79 (4): 713 – 720.

Sam Peltzman, "Toward a More General Theory of Regulation", *The Journal of Law and Economies*, 1976, 19 (2).

Simon Domberger, *The Contracting Organization: A Strategic Guide to Outsourcing*, Cambridge: Oxford University Press, 1998.

Stephen A. Rhoades and Jim Burke, "Economic and Political Foundations of Section 7 Enforcement in the 1980s", in Theodore P. Kovaleff, ed. , *The Antitrust Impulse*, Vol. 1, *An Economic Historical and Legal Analysis*, M. E. Sharpe, 1991.

Stephen Breyer, *Regulation and Its Reform*, Cambridge: Harvard University Press, 1982.

Stephen Goldsmith and William D. Eggers, *Governing by Network*, Washington D. C. : The Brookings Institution, 2004.

Stephen Linder, "Coming to Terms with the Public-Private Partnership. A Grammar of Multiple Meanings", *American Behavioral Scientist*, 1999, 43 (1): 35 – 51.

Steven K. Vogel. *Freer, Markets, More Rules: Regulatory Reform in Advanced Countries*, Ithaca and London: Cornell University Press, 1996.

S. E. Savas, *Privatizing the Public Sector*, N. J. : Chatham House, 1982.

S. E. Savas, *Privatization and Public-Private Partnerships*, N. J. : Chatham House, 2000.

S. Macaulay, "Non-contractual Relations in Business: A Preliminary Study", *American Sociological Review*, 1963, 28: 55 – 67.

S. Martin and D. Parker, "Privatization and Economic Performance Throughout the UK Business Cycle", *Managerial and Decision Economics*, 1995, 16: 225 – 237.

S. Stoft, *Power System Economics: Designing Markets for Electricity*, New York: IEEE Press, 2002.

S. Sundar and S. K. Sarkar, "Private Sector Participation in Water Supply", http: //www. terlin . org/features/art56. htm. Sep, 1999.

The World Bank, *Water Resources Sector Strategy: Strategic Directions for World Bank Engagement*, 2000.

Thomas O. Malle, "Privatisation: A UK Success Story", http://www. freemarket-foudation. com/htmupload/PUBDoc393. doc, 1998.

Tirole J. , *The Theory of Industry Organization*, Cambridge: The MIT Press, 1989.

T. H. Farrer, *The State in its Relation to Trade*, London: Macmillan and Co, 1992 (Originally Published in 1883).

V. Held, *The Public Interest and Individual Interest*, Basic Books, 1970.

V. Suresh, "Strategies for Sustainable Watersupply for All: India Experience", http: //www. oieau. fr/ciedd/contributions/at3/contribution/suresh. htm (undated), 1999.

Walt W. Powell and Paul DiMaggio eds. , *The New Institutionalism in Organizational Analysis*, Chicago: University of Chicago Press, 1991.

Wei Li, Lixin Colin Xu, "The Political Economy of Privatization and Competition: Cross-Country Evidence from the Telecommunications Sector", *Journal of Comparative Economics*, 2002, 30, 439 – 462.

William J. Baumol and Robert D. Willig, "Fixed Costs, Sunk Costs, Entry Barriers, and Sustainability of Monopoly", *Quarterly Journal of Economics*, 1981, 96 (3).

William J. Baumol, John C. Panzar and Robert D. Willig, *Contestable Markets and the Theory of Industrial Structure*, New York: Harcourt Brace Jovanovich Ltd, 1982.

William J. Baumol, "Macroeconomics of Unbalanced Growth: The Anatomy of Urban Crisis", *American Economic Review*, 1967, 57 (6).

William J. Baumol, "On the Proper Cost Tests for Natural Monopoly in a Multi-project Industry", *American Economic Review*, 1977, 67 (5).

William W. Sharkey, "Existence of Sustainable Prices for Natural Monopoly", *Bell Journal of Economies*, 1982, 8 (1).

World Bank, *Infrastructure for Development*, World Development Report, 1994.

World Bank, *World Development Report*, 1997: *The State in a Changing World*, Washington, D. C., World Bank, 1997.

W. Drechsler, "Governance, Good Governance, and Government: The Case for Estonian Administrative Capacity", *Journal of the Humanities and Social Science*, 2004, 58 (4): 388 – 396.

W. Kip Viscusi, John M. Vernon and Joseph E. Harrington, *Economics of Regulation and Antitrust*, Cambridge: MIT Press, 1992.

Zhang Chi and Thomas C. Heller, "Reform of the Chinese Electricpower Market", *Working Paper*, 9.

Zsuzsanna Lonti and Robert Gregory, "Accountability or Count Ability? Performance Measurement in the New Zealand Public Service, 1992 – 2002", *The Australian Journal of Public Administration*, 2007, December, 66 (4): 468 – 484.

索　引

后　记

　　本书是在我做博士后项目研究的基础上完成的。在中国人民大学做博士后研究的短短两年时间，是我一生中最难忘的一段经历，也是我思想历程的重大转折点。在进入中国人民大学做博士后研究之前，我满脑子都是法律理论和法律框架，一直认为法律是解决各种问题的准则和规则。进入中国人民大学一年以后，我的思想被"颠覆"了。这么短的时间内，我的理论水平能够发生质的变化，直接得益于我的合作导师毛寿龙教授和他组织、指导的读书会。毛老师不仅用自己的学术和人格魅力影响和教育着我，还通过读书会的形式影响和改变着更多的学子，在此，我要衷心感谢我的合作导师毛寿龙教授！没有他的耐心教导，我还处在"偏科"阶段，没有他指导我采取灵活的研究手段和方法，我想跨学科研究只能是纸上谈兵。

　　本书的雏形是我申报的中国博士后科学基金申报书。第一次申报的时候，毛老师看了看我写的材料，认为"还欠火候"，让我深入研究以后下次再报。果不出所料，第一次没有评上。毛老师严肃地指出了我第一次申报中存在的问题，并进行耐心指导。第二次，当我把申报材料拿去让他签字时，他满意地说："这样的申报材料才有人看！等好消息吧。"获得中国博士后科学基金资助后，我丝毫不敢懈怠，立即进行深入研究。在毛老师的指导下，我仔细搜集资料，详细进行调研，并与相关实务部门进行交流，获得了较为翔实的素材。在撰写过程中，几经修改，每次得到毛老师指导的时候都有醍醐灌顶的感觉。本书的面世不仅注入了毛老师的心血，更注入了毛老师的思想精髓。为此，我再次感谢毛老师的付出！

　　在进行项目研究和完成本书撰写的过程中，中国人民大学的谢明教授、许光建教授、秦惠民教授、蓝志勇教授，国家行政学院的褚松燕教授，中国政法大学的江平教授、赵威教授都给了我有益的指导和教导，在此，深表感谢！

我还要感谢我的父母与家人。十几年的寒窗苦读，枯燥的学术研究，无论何时他们都在背后默默支持我，在精神上给了我莫大的支持。本书的出版也是给父母和家人的一个交代。

本书的出版是对自己的法学研究与公共管理研究相结合的一个阶段性总结。其研究的目的也是希望通过将我国行业反垄断与公共行政改革相结合，走出一条符合中国行业发展和中国政治治理的科学道理。这个领域的研究我将锲而不舍。

最后，希望本书对读者们的学习与研究有所帮助，不足之处，还请各位同人提出宝贵的建议和意见！

谢国旺

2014 年 9 月